1000 Preguntas de examen tipo test sobre la Ley 40/2015, de 1 de octubre, de Régimen Jurídico del Sector Público

Abril, 2024

Curso de test *online* de

Ley Ley 40/2015, de 1 de octubre, de Régimen Jurídico del Sector Público

Este libro incluye un acceso de **30 días GRATIS** al Curso* de test *online* donde encontrarás los siguientes recursos:

- 1000 preguntas EXTRA de MADTEST sobre la Ley 39/2015.
- Preguntas comentadas *online*.
- Acceso a descuentos y ofertas exclusivas.

Accede registrándote en nuestra web:

https://mad.es/iniciar-sesion

Valida en la sección "BIBLIOTECA", el código que encontrarás en la última página interior de tu libro.

Para disfrutar más tiempo de todas estas ventajas, adquiere tu Curso de test *online* por 180 días más pinchando en la opción RENOVAR que aparece en la sección "CURSOS".

NOTA IMPORTANTE:

* El acceso al CURSO tendrá una duración de 30 días RENOVABLES mediante pago, desde la validación de códigos, o hasta el 30 de junio de 2026, lo que se cumpla antes.

MAD se reserva el derecho a ampliar dichas fechas.

1000 Preguntas de examen tipo test sobre la Ley 40/2015, de 1 de octubre, de Régimen Jurídico del Sector Público

Autores

JUAN CARLOS USERO LÓPEZ
Licenciado en Derecho
Funcionario del Cuerpo Superior de Administradores Generales
Consejero Técnico

CLARA INÉS CARRILLO PARDO
Licenciada en Derecho

FRANCISCO JESÚS TORRES FONSECA
Licenciado en Derecho

ENCARNA ROJO FRANCO
Autora de libros de texto: Oposiciones y Certificados de Profesionalidad
Profesora de Derecho Público

Mª VIRGINIA SÁENZ DE MIERA JAÉN
Profesora de Comercio y Marketing
Licenciada en Derecho

JOSÉ LUIS GARRIDO VELA
Licenciado en Derecho

MAGALÍ RIERA ROCA
Licenciada en Derecho

© 7 Editores Recursos para la Cualificación Profesional y el Empleo, S.L. (7 Editores)
© Los autores
Primera edición, abril 2024 (132 páginas)
Derechos de edición reservados a favor de 7 Editores
IMPRESO EN ESPAÑA
Diseño Portada: 7 Editores
Edita: 7 Editores
Avda. San Francisco Javier, 9 · Edificio Sevilla 2 · Planta 11 · Módulos 25-27 · 41018 Sevilla
Teléfono: 954 784 411 · WEB: www.mad.es · e-mail: administracion@7editores.com
ISBN: 978-84-142-8177-2
© "Editorial Mad" y "Eduforma" son nombres comerciales registrados de
7 Editores Recursos para la Cualificación Profesional y el Empleo, S.L.

Presentación

El presente manual contiene una colección de cuestionarios tipo test que incluyen 1000 preguntas sobre cada uno de los Títulos y Disposiciones de la Ley 40/2015, de 1 de octubre, de Régimen Jurídico del Sector Público. Está especialmente dirigido a opositores de todas las categorías, ya que se trata de una Ley transversal que es requerida en la mayoría de los Programas de las Convocatorias, así como a profesionales del Derecho Administrativo y empleados públicos que quieran profundizar en sus conocimientos sobre la Ley a efectos prácticos.

Con la compra de este manual, tendrás acceso a tu campus online donde encontrarás que todas las preguntas se encuentran referenciadas en los Artículos y Disposiciones de la Ley. Asimismo, las soluciones se hallan comentadas con apoyo en doctrina, sentencias o resoluciones, lo que lo convierte en un manual de uso imprescindible para favorecer la comprensión y un estudio realmente eficaz de la Norma.

Además, también encontrarás 1000 preguntas comentadas extras sobre la Ley 39/2015, de 1 de octubre, del Procedimiento Administrativo Común de las Administraciones Públicas, y una serie de recursos didácticos para completar su preparación, como son la realización de los test online. Consulta las condiciones en el interior de tu manual.

1. De conformidad con el artículo 8 de la Ley 40/2015, de 1 de octubre, de Régimen Jurídico del Sector Público, la competencia para el dictado de actos administrativos:

a) Es irrenunciable y siempre se ejercerá por los órganos administrativos que la tengan atribuida como propia.

b) Se puede delegar en todo caso.

c) Es irrenunciable y se ejercerá por los órganos administrativos que la tengan atribuida como propia, salvo los casos de delegación o avocación, en los términos previstos en la ley.

d) Es irrenunciable y se ejercerá por los órganos administrativos que la tengan atribuida como propia, salvo los casos de delegación de firma o suplencia, en los términos previstos en la ley.

2. En ningún caso podrán ser objeto de delegación, tal y como dispone la Ley 40/2015, de 1 de octubre, competencias relativas a:

a) La resolución de los recursos de alzada.

b) La adopción de disposiciones de carácter general.

c) Las resoluciones en materia de personal.

d) Las resoluciones de responsabilidad patrimonial.

3. Según dispone el artículo 23 de la Ley 40/2015, de 1 de octubre, de Régimen Jurídico del Sector Público, es motivo de abstención:

a) Tener interés personal en el asunto de que se trate o en otro en cuya resolución pudiera influir la de aquel, ser administrador de sociedad o entidad interesada, o tener cuestión litigiosa pendiente con algún interesado.

b) Tener parentesco de consanguinidad dentro del cuarto grado o de afinidad dentro del tercero, con cualquiera de los interesados, con los administradores de entidades o sociedades interesadas o con sus asesores o representantes legales.

c) Haber prestado servicios profesionales de cualquier tipo y en cualquier circunstancia o lugar en los cinco últimos años a persona natural interesada directamente en el asunto.

d) Haber prestado servicios profesionales de cualquier tipo y en cualquier circunstancia o lugar en los cinco últimos años a persona jurídica interesada directamente en el asunto.

4. La recusación de acuerdo con el artículo 24 de la Ley 40/2015, de 1 de octubre, de Régimen Jurídico del Sector Público, la promueve:

a) La autoridad.

b) El superior jerárquico de la autoridad o funcionario.

c) El interesado.

d) El funcionario.

5. Según dispone el artículo 23 de la Ley 40/2015, de 1 de octubre, de Régimen Jurídico del Sector Público, NO es un motivo de abstención:

a) Haber tenido intervención como perito en el procedimiento de que se trate.

b) Tener parentesco de afinidad dentro del segundo grado, con cualquiera de los interesados, con los administradores de entidades o sociedades interesadas y también con los asesores, representantes legales o mandatarios que intervengan en el procedimiento.

c) Tener parentesco de afinidad dentro del cuarto grado, con cualquiera de los interesados, con los administradores de entidades o sociedades interesadas y también con los asesores, representantes legales o mandatarios que intervengan en el procedimiento.

d) Haber tenido intervención como testigo en el procedimiento de que se trate.

6. De conformidad con lo previsto en el Capítulo III, del Título Preliminar, de la Ley 40/2015, de 1 de octubre, de Régimen Jurídico del Sector Público, entre otros, son principios de la potestad sancionadora:

a) Principio de legalidad, tipicidad, proporcionalidad y presunción de inocencia.

b) Principio de legalidad, irretroactividad, tipicidad y presunción de inocencia.

c) Principio de legalidad, tipicidad y proporcionalidad.

d) Principio de legalidad, tipicidad y presunción de inocencia.

7. Según el artículo 9 de la Ley 40/2015, de 1 de octubre, de Régimen Jurídico del Sector Público, la delegación de competencias:

a) Será revocable en cualquier momento por el órgano que la haya conferido.

b) Es irrevocable.

c) Será revocable solo por el Consejo de Gobierno.

d) Será revocable solo por el Consejo de Ministros.

8. De acuerdo con el artículo 3 de la Ley 40/2015, de 1 de octubre, de Régimen Jurídico del Sector Público, ¿cuáles son los principios de actuación de las Administraciones Públicas?

a) Jerarquía, cooperación, descentralización, desconcentración y colaboración.

b) Eficacia, desconcentración, jerarquía, descentralización y cooperación.

c) Coordinación, descentralización, jerarquía, eficacia y desconcentración.

d) Cooperación, jerarquía, descentralización, eficiencia y servicio a los ciudadanos.

9. ¿Qué principios deberán respetar en su actuación las Administraciones Públicas, conforme al artículo 3 de la Ley 40/2015, de 1 de octubre, de Régimen Jurídico del Sector Público?

a) Los de buena fe y confianza legítima.
b) Los de eficiencia y servicio a los ciudadanos.
c) Participación, objetividad y transparencia de la actuación administrativa.
d) Los de transparencia y participación.

10. ¿Qué principios deberán respetar en sus relaciones las Administraciones Públicas?

a) Buena fe, confianza legítima y lealtad institucional.
b) Los de eficiencia y servicio a los ciudadanos.
c) Los de transparencia y participación.
d) Los de cooperación y colaboración.

11. Las Administraciones Públicas se relacionarán entre sí y con sus órganos, organismos públicos y entidades vinculados o dependientes, conforme al artículo 3.2 de la Ley 40/2015, de 1 de octubre, de Régimen Jurídico del Sector Público:

a) A través de medios electrónicos.
b) A través de medios electrónicos, que aseguren la interoperabilidad y seguridad de los sistemas y soluciones adoptadas por cada una de ellas garantizando la protección de los datos de carácter personal, y facilitando preferentemente la prestación conjunta de servicios a los interesados.
c) Directamente y sin dilación garantizando la protección de los datos de carácter personal, y facilitarán preferentemente la prestación conjunta de servicios a los interesados.
d) Preferentemente a través de medios electrónicos, que aseguren la prestación conjunta de servicios a los interesados.

12. ¿Cuál de las siguientes respuestas es correcta, de acuerdo con lo dispuesto en el artículo 3.4 de la Ley 40/2015, de 1 de octubre, de Régimen Jurídico del Sector Público?

a) Cada Administración Pública actúa para el cumplimiento de sus fines con personalidad jurídica única.
b) Las Administraciones Públicas se configuran como órganos territoriales.
c) Las Administraciones Públicas están integradas por entes locales.
d) Cada Administración instrumental actúa para el cumplimiento de sus fines con personalidad jurídica única.

13. Conforme a lo dispuesto en el artículo 5.3 de la Ley 40/2015, de 1 de octubre, de Régimen Jurídico del Sector Público, ¿qué requisito, de los siguientes, debe cumplirse para la creación de cualquier órgano administrativo?

a) Determinar su forma de descentralización en la Administración Pública de que se trate.
b) Fijar los objetivos de interés común a cumplir.
c) La dotación de los créditos necesarios para su puesta en marcha y funcionamiento.
d) Deben cumplirse todos los requisitos anteriores.

14. De acuerdo con lo dispuesto en el artículo 8.1 de la Ley 40/2015, de 1 de octubre, de Régimen Jurídico del Sector Público, ¿cómo es la competencia que ejerce un órgano administrativo que la tenga atribuida como propia?

a) Es compartida con el órgano de superior jerarquía.
b) Es irrenunciable.
c) Es renunciable ante el órgano superior del mismo ente.
d) Es renunciable ante el órgano superior del mismo ente, a través de la técnica de la avocación.

15. Señala la respuesta correcta. De acuerdo con lo dispuesto en el artículo 8 de la Ley 40/2015, de 1 de octubre, de Régimen Jurídico del Sector Público:

a) Se pueden crear órganos que supongan duplicación de otros ya existentes.
b) La delegación de firma y la suplencia supone alteración de la titularidad de la competencia.
c) La encomienda de gestión supone alteración de la titularidad de la competencia.
d) Salvo los casos de avocación o delegación la competencia es irrenunciable.

16. Señala la respuesta correcta. Según el artículo 9 de la Ley 40/2015, de 1 de octubre, de Régimen Jurídico del Sector Público:

a) Los órganos de las diferentes Administraciones Públicas no podrán delegar el ejercicio de competencias que tengan atribuidas en otros órganos de la misma Administración, aun cuando no sean jerárquicamente dependientes.
b) No podrán ser objeto de delegación las competencias relativas a asuntos que se refieran a las relaciones con las Asambleas Legislativas de las Comunidades Autónomas.
c) Se podrán delegar las competencias relativas a asuntos que se refieran a las relaciones con las Cortes Generales.
d) Podrá ser objeto de delegación la resolución de recursos en los órganos administrativos que hayan dictado los actos objeto de recurso.

17. A tenor de lo dispuesto en el artículo 9.3 de la Ley 40/2015, de 1 de octubre, de Régimen Jurídico del Sector Público, ¿dónde deberán publicarse la delegación de competencias y su revocación?

a) En el Boletín Oficial del Estado, siempre.

b) En el Diario Oficial de la Comunidad Autónoma.

c) En el Diario Oficial de la Provincia.

d) El medio de publicación dependerá de la Administración a que pertenezca el órgano delegante y el ámbito territorial de competencia de este.

18. Señala la respuesta correcta. Conforme a lo dispuesto en el artículo 9 de la Ley 40/2015, de 1 de octubre, de Régimen Jurídico del Sector Público:

a) La delegación será revocable en cualquier momento por el órgano que la haya conferido.

b) Las resoluciones administrativas que se adopten por delegación se considerarán dictadas por el órgano delegado.

c) Salvo autorización expresa de un Reglamento, no podrán delegarse competencias que se ejerzan por delegación.

d) La delegación será revocable en cualquier momento por el órgano que la haya aceptado.

19. ¿Cuál de las respuestas referidas a la avocación es correcta, teniendo en cuenta lo dispuesto en el artículo 10 de la Ley 40/2015, de 1 de octubre, de Régimen Jurídico del Sector Público?

a) La avocación se realizará mediante acuerdo motivado que deberá ser notificado a los interesados, si los hubiere, con anterioridad a la incoación del procedimiento.

b) Contra el acuerdo de avocación solo cabrá el recurso de alzada.

c) La avocación se realizará mediante acuerdo motivado que deberá ser notificado a los interesados, si los hubiere, con anterioridad a la resolución final que se dicte.

d) Contra el acuerdo de avocación solo cabrá el recurso de reposición.

20. De acuerdo con el artículo 11 de la Ley 40/2015, de 1 de octubre, de Régimen Jurídico del Sector Público, ¿qué supone la encomienda de gestión?

a) Supone cesión de elementos sustantivos de la competencia.

b) Supone cesión de titularidad de la competencia.

c) Supone la avocación del órgano superior, que la podrá ejercer cuando lo estime oportuno.

d) Supone cesión de la realización de actividades de carácter material o técnico de la competencia de los órganos administrativos.

21. A tenor de lo dispuesto en el artículo 11.3. b) de la Ley 40/2015, de 1 de octubre, de Régimen Jurídico del Sector Público, ¿qué ocurre cuando la encomienda de gestión se realice entre órganos de distintas Administraciones?

a) Se formalizará en la forma que normativamente se establezca.

b) Se formalizará mediante firma del correspondiente convenio entre ellas.

c) Se formalizará mediante firma del correspondiente contrato administrativo entre ellas.

d) Se formalizará mediante firma del correspondiente concierto entre ellas.

22. Señala la respuesta correcta. En relación con la delegación de firma, de acuerdo con lo dispuesto en el artículo 12 de la Ley 40/2015, de 1 de octubre, de Régimen Jurídico del Sector Público:

a) No alterará la competencia del órgano delegante y para su validez no será necesaria su publicación.

b) Permite que cualquier funcionario pueda delegar la firma de sus resoluciones en otros dependientes.

c) Para su validez será necesaria su publicación.

d) Altera la competencia del órgano delegante.

23. La suplencia, a tenor de lo dispuesto en el artículo 13 de la Ley 40/2015, de 1 de octubre, de Régimen Jurídico del Sector Público:

a) La nombra el titular del órgano objeto de la suplencia.

b) No implicará alteración de la competencia.

c) Implica alteración de la competencia del órgano delegante.

d) Se formalizará mediante firma del correspondiente convenio.

24. Señala la respuesta correcta. De acuerdo con lo dispuesto en el artículo 13 de la Ley 40/2015, de 1 de octubre, de Régimen Jurídico del Sector Público, en relación con la suplencia:

a) Corresponde a quien designe el órgano suplido.

b) Implica que los titulares de los órganos administrativos podrán ser suplidos temporalmente.

c) Corresponde a quien designe el órgano suplente.

d) Se ejercerá por quien designe el órgano administrativo inmediato inferior del mismo.

25. ¿Qué hará el órgano administrativo que se estime incompetente, conforme a lo dispuesto en el artículo 14.1 de la Ley 40/2015, de 1 de octubre, de Régimen Jurídico del Sector Público, para la resolución de un asunto?

a) Remitirá el asunto al órgano que considere competente, debiendo notificar esta circunstancia a los interesados.

b) Abandonará el conocimiento del asunto.

c) Resolverá el asunto en todo caso y luego lo tramitará al órgano competente.

d) Directamente y sin dilación garantizará la protección de los datos de carácter personal, y facilitará preferentemente la prestación conjunta de servicios a los interesados.

26. Señala la respuesta correcta. En relación con las decisiones de competencia y a tenor de lo dispuesto en el artículo 14 de la Ley 40/2015, de 1 de octubre, de Régimen Jurídico del Sector Público:

a) Los interesados que sean parte en el procedimiento no podrán dirigirse al órgano que se encuentre conociendo de un asunto para que decline su competencia y remita las actuaciones al órgano competente.

b) Los interesados en un procedimiento no podrán dirigirse al órgano que estimen competente para que requiera de inhibición al que esté conociendo del asunto.

c) Los conflictos de atribuciones solo podrán suscitarse entre órganos de una misma Administración no relacionados jerárquicamente, y respecto a asuntos sobre los que no haya finalizado el procedimiento administrativo.

d) Los conflictos de atribuciones solo podrán suscitarse entre órganos de una misma Administración relacionados jerárquicamente, y respecto a asuntos sobre los que no haya finalizado el procedimiento administrativo.

27. Conforme a lo dispuesto en el artículo 6 de la Ley 40/2015, de 1 de octubre, de Régimen Jurídico del Sector Público, ¿cómo podrán dirigir los órganos administrativos las actividades de sus órganos jerárquicamente dependientes?

a) Mediante decretos, instrucciones y órdenes de servicio.

b) Mediante instrucciones y órdenes de servicio.

c) Mediante disposiciones que avalen la eficacia de los actos.

d) Mediante circulares y órdenes de servicio.

28. A tenor del artículo 6.1 de la Ley 40/2015, de 1 de octubre, de Régimen Jurídico del Sector Público, ¿dónde se publicarán las instrucciones y órdenes de servicio cuando una disposición específica así lo establezca?

a) En el Boletín Oficial que corresponda.

b) En el Diario de la Consejería correspondiente.

c) En el Diario de Sesiones de la Asamblea.

d) En el Boletín Oficial del Estado.

29. ¿Dónde se integrarán los órganos colegiados, según lo dispuesto en el artículo 15.2 de la Ley 40/2015, de 1 de octubre, de Régimen Jurídico del Sector Público?

a) Quedarán integrados en la Administración Pública de su elección.

b) Se integrarán en las normas de funcionamiento de la Administración Pública a la que pertenezcan.

c) Quedarán integrados en la Administración Pública que corresponda.

d) Quedarán integrados en la Administración instrumental.

30. Conforme a lo dispuesto en el artículo 19 de la Ley 40/2015, de 1 de octubre, de Régimen Jurídico del Sector Público, ¿quién dirime con su voto, en un órgano colegiado, los empates que puedan darse en un acuerdo?

a) El Presidente del Órgano Colegiado.

b) Cualquier miembro del Órgano Colegiado.

c) El Secretario del Órgano Colegiado.

d) El vocal de conflictos.

31. ¿Qué podrán formular los miembros de un órgano colegiado que discrepen del acuerdo mayoritario, conforme a lo dispuesto en el artículo 19 de la Ley 40/2015, de 1 de octubre, de Régimen Jurídico del Sector Público?

a) Una denuncia contra la adopción de ese acuerdo.

b) Un voto particular.

c) Una queja al superior jerárquico del órgano colegiado.

d) Su desacuerdo y posterior recusación.

32. ¿Cómo puede asistir a las reuniones el Secretario de un órgano colegiado, si es funcionario, de acuerdo con lo dispuesto en el artículo 19.4 de la Ley 40/2015, de 1 de octubre, de Régimen Jurídico del Sector Público?

a) Con voz, pero sin voto.

b) Con voto, exclusivamente.

c) Con voz y voto.

d) Igual que el Presidente, siempre que ejerza potestades administrativas.

33. Conforme a lo dispuesto en el artículo 17.6 de la Ley 40/2015, de 1 de octubre, de Régimen Jurídico del Sector Público, los miembros de un órgano colegiado que voten en contra de un acuerdo o se abstengan:

a) Quedarán sujetos a la responsabilidad que, en su caso, pueda derivarse de los acuerdos.
b) Quedará reflejado en el acta, la cual no podrá aprobarse en la misma sesión.
c) Quedarán exentos de la responsabilidad que, en su caso, pueda derivarse de los acuerdos.
d) Se hará constar expresamente tal circunstancia.

34. A tenor de lo dispuesto en el artículo 23 de la Ley 40/2015, de 1 de octubre, de Régimen Jurídico del Sector Público, ¿cuál de los siguientes supuestos es motivo de abstención?

a) El tener parentesco de afinidad dentro del primer grado.
b) El tener parentesco de afinidad dentro del segundo grado.
c) El tener parentesco de afinidad dentro del tercer grado.
d) El tener parentesco de afinidad dentro del cuarto grado.

35. De acuerdo con el artículo 23 de la Ley 40/2015, de 1 de octubre, de Régimen Jurídico del Sector Público, ¿cuál de los siguientes supuestos es motivo de abstención?

a) El tener parentesco de consanguinidad dentro del primer grado.
b) El tener parentesco de consanguinidad dentro del segundo grado.
c) El tener parentesco de consanguinidad dentro del tercer grado.
d) El tener parentesco de consanguinidad dentro del cuarto grado.

36. Conforme a lo dispuesto en el artículo 24.4 de la Ley 40/2015, de 1 de octubre, de Régimen Jurídico del Sector Público, ¿en cuánto tiempo resolverá el superior jerárquico del recusado en un procedimiento si este niega la causa de recusación?

a) En el plazo de dos días.
b) En el plazo de tres días.
c) En el plazo de seis días.
d) En el plazo de nueve días.

37. De conformidad con la Ley 40/2015, la constitución de un órgano administrativo no requerirá:

a) Sus funciones y competencias.
b) Dotación de los créditos necesarios.

c) Designación de su titular.
d) La forma de integración en su Administración Pública.

38. La Ley 40/2015, de 1 de octubre, de Régimen Jurídico del Sector Público, establece que, en todo caso, la avocación:

a) Se realizará mediante resolución motivada que deberá ser notificada a los interesados en el procedimiento, en todo caso, con anterioridad a la resolución final que se dicte.
b) Se realizará mediante acuerdo motivado que deberá ser notificado a los interesados en el procedimiento, si los hubiere, con anterioridad a la propuesta de resolución que se dicte.
c) Se realizará mediante acuerdo motivado que deberá ser notificado a los interesados en el procedimiento, si los hubiere, con anterioridad o simultáneamente a la resolución final que se dicte.
d) Se realizará mediante resolución motivada que deberá ser notificada a los interesados en el procedimiento, si los hubiere, con anterioridad a la resolución final que se dicte.

39. Un Mesa de Contratación ha sido constituida como órgano colegiado para el estudio de las diferentes ofertas presentadas en un procedimiento. ¿A quién corresponde visar las actas y certificaciones de los acuerdos de un órgano colegiado de la Administración Pública?

a) Al presidente.
b) Al secretario.
c) A los vocales.
d) Al interventor de fondos.

40. Una empresa presenta escrito de recusación contra un vocal de la Mesa de Contratación por entender que concurre uno de los motivos señalados en el artículo 24 de la Ley 40/2015, de 1 de octubre, de Régimen Jurídico del Sector Público. Según esta norma, el recusado manifestará a sus superiores si se da o no en él la causa alegada:

a) En el plazo de tres días.
b) Al día siguiente.
c) En el plazo de 10 días.
d) En el mismo día.

41. Contra la resolución adoptada en materia de recusación, conforme a la Ley 40/2015, de 1 de octubre, de Régimen Jurídico del Sector Público:

a) Cabrá recurso de alzada.
b) Cabrá recurso potestativo de reposición, en el caso de las corporaciones locales.
c) Cabrá cualquier tipo de recurso administrativo.
d) No cabrá recurso administrativo.

42. Según la Ley 40/2015, de 1 de octubre, de Régimen Jurídico del Sector Público, las normas definidoras de infracciones y sanciones:

a) No son susceptibles de aplicación analógica.
b) Son susceptibles de aplicación analógica.
c) Son susceptibles de aplicación analógica cuando lo establece la disposición expresamente.
d) Son susceptibles de aplicación analógica en cuanto favorezcan al presunto infractor.

43. Según la Ley 40/2015, de 1 de octubre, de Régimen Jurídico del Sector Público, respecto a las disposiciones sancionadoras:

a) No producirán efecto retroactivo en ningún caso.
b) Producirán efecto retroactivo cuando perjudique al presunto infractor.
c) Producirán efecto retroactivo en todo caso.
d) Producirán efecto retroactivo en cuanto favorezcan al presunto infractor.

44. Entre los principios de la potestad sancionadora establecidos en el Capítulo III del Título Preliminar de la Ley 40/2015, de 1 de octubre, de Régimen Jurídico del Sector Público, el artículo 27 regula el principio de tipicidad, siendo uno de sus presupuestos:

a) Las leyes reguladoras de los distintos regímenes sancionadores podrán tipificar como infracción el incumplimiento de la obligación de prevenir la comisión de infracciones administrativas por quienes se hallen sujetos a una relación de dependencia o vinculación.
b) El ejercicio de la potestad sancionadora corresponde a los órganos administrativos que la tengan expresamente atribuida, por disposición de rango legal o reglamentario.
c) Solo constituyen infracciones administrativas las vulneraciones del ordenamiento jurídico previstas como tales infracciones por una ley.
d) Solo constituyen infracciones administrativas las vulneraciones del ordenamiento jurídico previstas como tales infracciones por disposición de rango legal o reglamentario.

45. Según establece la Ley 40/2015, de 1 de octubre, de Régimen Jurídico del Sector Público, en lo relativo a las decisiones sobre competencia:

a) Los conflictos de atribuciones solo podrán suscitarse entre órganos de una misma Administración relacionados jerárquicamente.
b) El órgano administrativo que se estime incompetente para la resolución de un asunto remitirá directamente las actuaciones al órgano que considere competente, si este pertenece a distinta Administración Pública.

c) Los interesados que sean parte en el procedimiento podrán dirigirse al órgano que estimen competente para que requiera de inhibición al que esté conociendo del asunto.
d) Podrán suscitarse conflictos de atribuciones respecto a aquellos asuntos cuyo procedimiento administrativo ya haya finalizado.

46. Deberá publicarse en el Boletín Oficial correspondiente:

a) La revocación de una delegación de competencias.
b) La avocación del conocimiento de un asunto.
c) La delegación de firma.
d) Cualquier orden de servicio.

47. Según la Ley 40/2015, de 1 de octubre, de Régimen Jurídico del Sector Público, la encomienda de gestión, la delegación de firma y la suplencia:

a) Suponen, en algún caso, la renuncia a la competencia del órgano que la tiene asignada.
b) Suponen una alteración de la titularidad de la competencia.
c) Suponen una alteración temporal de la titularidad de la competencia.
d) No suponen alteración de la titularidad de la competencia.

48. Según la Ley 40/2015, de 1 de octubre, de Régimen Jurídico del Sector Público, las delegaciones de competencias y su revocación deberán publicarse:

a) En el Boletín Oficial del Estado o en el de la Comunidad Autónoma, según la Administración a la que pertenezca el órgano delegante.
b) En el Boletín Oficial del Estado, en el de la Comunidad Autónoma o en el de la Provincia, según la Administración a la que pertenezca el órgano delegante y el ámbito territorial de competencia de este.
c) En el Boletín Oficial del Estado, en el de la Comunidad Autónoma o en el de la Provincia, según la Administración a la que pertenezca el órgano delegante.
d) En el Boletín Oficial del Estado, en el de la Comunidad Autónoma y en el de la Provincia.

49. Según la Ley 40/2015, de 1 de octubre, de Régimen Jurídico del Sector Público, a diferencia de lo que ocurre con la desconcentración, la delegación de competencias:

a) Supone el traspaso de la titularidad de las mismas al órgano en que se delegan.
b) Solo se puede efectuar en órganos jerárquicamente subordinados.

c) Puede efectuarse en órganos que no sean jerárquicamente dependientes.

d) No admite la revocación de la misma.

50. Conforme a la Ley 40/2015, de 1 de octubre, de Régimen Jurídico del Sector Público, la avocación supone:

a) Que un órgano superior delega de forma motivada asuntos de su competencia en un órgano inferior.

b) Que un órgano superior requiere de un asunto cuya resolución corresponde ordinariamente o por delegación a uno inferior.

c) La denominación de una determinada imagen religiosa.

d) Que un órgano superior resuelve asuntos de su competencia.

51. En relación con la abstención en un procedimiento administrativo de las autoridades y el personal al servicio de las Administración Pública, y conforme con lo previsto en el artículo 23 de la Ley 40/2015, de 1 de octubre, de Régimen Jurídico del Sector Público, indica cuál de estas respuestas no es correcta:

a) La no abstención en los casos en que proceda dará lugar a responsabilidad.

b) Las autoridades y el personal al servicio de las Administraciones Públicas se abstendrán de intervenir en el procedimiento y lo comunicarán a su superior inmediato.

c) Los órganos superiores podrán ordenar a las personas en quienes se dé alguna de las circunstancias señaladas que se abstengan de toda intervención en el expediente.

d) La actuación de autoridades y personal al servicio de las Administraciones Públicas en los que concurran motivos de abstención implicará, necesariamente, la invalidez de los actos en que hayan intervenido.

52. Señala la respuesta correcta en relación con la delegación de competencias recogida en la Ley 39/2015, de 1 de octubre, del Procedimiento Administrativo Común de las Administraciones Públicas:

a) La delegación de competencias puede hacerse a favor de órganos de distinta Administración por razones de eficacia.

b) La delegación de competencias deberá publicarse necesariamente en el Boletín Oficial del Estado y facultativamente en el de la Comunidad Autónoma o en el de la Provincia, según corresponda.

c) La delegación de competencias es irrevocable.

d) La delegación de competencias puede hacerse entre órganos de la Administración, aun cuando no sean jerárquicamente dependientes.

53. ¿Cuál de los siguientes supuestos NO es motivo de abstención en un procedimiento administrativo por parte de un funcionario?

a) Tener cuestión litigiosa pendiente con algún interesado que intervenga en el procedimiento.

b) Tener amistad íntima o enemistad manifiesta con cualquiera de los interesados que intervengan en el procedimiento.

c) Tener parentesco de afinidad dentro del cuarto grado, con cualquiera de los interesados que intervengan en el procedimiento.

d) Haber tenido intervención como perito o como testigo en el procedimiento de que se trate.

54. Indica, de acuerdo con la Ley 40/2015, de 1 de octubre, de Régimen Jurídico del Sector Público, cuál de las siguientes afirmaciones es INCORRECTA en relación con los principios generales que deben regir la actuación de las Administraciones Públicas:

a) Las Administraciones Públicas sirven con objetividad los intereses generales y actúan de acuerdo con los principios de eficacia, jerarquía, descentralización, desconcentración y coordinación, con sometimiento pleno a la Constitución, a la Ley y al Derecho.

b) Las Administraciones Públicas, igualmente, deberán respetar en su actuación los principios de buena fe, confianza legítima y lealtad institucional.

c) Cada una de las Administraciones Públicas actúa para el cumplimiento de sus fines con personalidad jurídica única.

d) Las Administraciones Públicas, en sus relaciones, se rigen por el principio de cooperación y reciprocidad, y en su actuación por los criterios de cercanía y asistencia a los ciudadanos.

55. Cuando los miembros de un órgano colegiado en una votación se abstengan:

a) Quedarán exentos de la responsabilidad que, en su caso, pueda derivarse de los acuerdos.

b) Tendrán la responsabilidad que, en su caso, pueda derivarse de los acuerdos.

c) Tendrán la misma responsabilidad que los demás miembros del órgano colegiado.

d) Quedarán exentos únicamente los que voten en contra de la responsabilidad que, en su caso, pueda derivarse de los acuerdos.

56. En los procedimientos administrativos, ¿en qué momento se podrá promover la recusación de las autoridades y del personal al servicio de las Administraciones Públicas en los que puedan concurrir motivos de abstención?

a) Necesariamente antes del trámite de audiencia.
b) Necesariamente antes de la propuesta de resolución.
c) En cualquier momento de la tramitación del procedimiento.
d) Necesariamente antes de la propuesta de alegaciones.

57. Según la Ley 40/2015, en los órganos colegiados no puede ser objeto de deliberación o acuerdo ningún asunto que no figure en el orden del día:

a) Sin que esta regla admita excepciones.
b) Salvo que sea declarada la urgencia del asunto por el voto favorable de los que hayan asistido.
c) Salvo que asistan todos los miembros del órgano colegiado y sea declarada la urgencia del asunto por el voto favorable de la mayoría.
d) Salvo que habiendo asistido el Secretario y el Presidente así lo decidan de común acuerdo.

58. Un requisito sine qua non para crear un órgano administrativo, conforme al artículo 5 de la Ley 40/2015, de 1 de octubre, de Régimen Jurídico del Sector Público, es que:

a) Sean designados las personas, funcionarios o laborales, que han de prestar servicio en el mismo.
b) Tenga carácter colegiado.
c) Cuente con la dotación de los créditos necesarios para su puesta en marcha y funcionamiento.
d) Se le atribuya la potestad necesaria para determinar sus competencias.

59. Como consecuencia del carácter irrenunciable de la competencia:

a) No puede ser objeto de delegación.
b) Solo se permite la encomienda de gestión.
c) No pueden alterarse los elementos determinantes de su ejercicio.
d) La suplencia no supone alteración de la titularidad de la competencia.

60. La desconcentración de una competencia debe efectuarse, de acuerdo con el artículo 8.2 de la Ley 40/2015, de 1 de octubre, de Régimen Jurídico del Sector Público, en órganos:

a) Jerárquicamente dependientes del que la efectúa.
b) De otras Administraciones Públicas.
c) Que tengan personalidad jurídica independiente.
d) De otra Administración instrumental.

61. A diferencia de lo que ocurre con la desconcentración, la delegación de competencias, conforme a lo dispuesto en el artículo 9.1 de la Ley 40/2015, de 1 de octubre, de Régimen Jurídico del Sector Público:

a) No supone alteración de la titularidad de la competencia.
b) Solo se puede efectuar en órganos jerárquicamente subordinados.
c) Puede efectuarse en órganos jerárquicamente subordinados o no.
d) No admite la revocación de la misma.

62. No puede delegarse, de acuerdo con el artículo 9.2 de la Ley 40/2015, de 1 de octubre, de Régimen Jurídico del Sector Público, la potestad:

a) Organizativa.
b) Resolutoria de recursos.
c) De dictar disposiciones administrativas de carácter general (normativa).
d) Para celebrar un contrato administrativo.

63. La delegación de una competencia que se tiene previamente delegada por otro órgano, conforme el artículo 8.2 de la Ley 40/2015, de 1 de octubre, de Régimen Jurídico del Sector Público:

a) Está taxativamente prohibida.
b) Requiere una previa habilitación expresa por vía reglamentaria.
c) Es la regla general en nuestro ordenamiento jurídico.
d) Ha de estar prevista su autorización expresa en una ley.

64. De acuerdo con el artículo 9.6 de la Ley 40/2015, de 1 de octubre, de Régimen Jurídico del Sector Público, la revocación de una delegación de competencias:

a) Es libre.
b) Está prohibida en nuestro Derecho.
c) Requiere un previo expediente en el que se demuestre la insuficiencia o inadecuación del órgano en que se delegó para ejercerla.
d) Debe hacerse al amparo de una norma con rango formal de ley.

65. Contra el acuerdo de avocación de una competencia que originariamente corresponde a un órgano, conforme al artículo 10.2 de la Ley 40/2015, de 1 de octubre, de Régimen Jurídico del Sector Público:

a) Puede este entablar recurso ante el avocante, si se trata de un órgano que no sea jerárquico superior.
b) Aun cuando el avocante sea un órgano superior, puede entablarse dicho recurso.

c) Solo están legitimados para entablar recurso los interesados en el procedimiento en el que se esté ejerciendo dicha competencia.

d) No es posible interponer ningún recurso.

66. Conforme al artículo 11.3.b de la Ley 40/2015, de 1 de octubre, de Régimen Jurídico del Sector Público, la encomienda de gestión que se realice entre órganos y Entidades de distintas Administraciones requiere, como regla general:

a) Que esté prevista en norma con rango formal de ley que lo autorice expresamente en cada caso.

b) Un convenio entre ellos.

c) Un Acuerdo de Cooperación al efecto.

d) Ajustarse en el procedimiento a la legislación de contratos de las Administraciones Públicas.

67. Cuando un órgano administrativo entienda que es incompetente para resolver un asunto, de acuerdo con el artículo 14.1 de la Ley 40/2015, de 1 de octubre, de Régimen Jurídico del Sector Público:

a) Debe abstenerse de resolver, archivando el expediente previa comunicación al interesado.

b) Se abstendrá de resolver, elevando el expediente a su superior jerárquico.

c) Remitirá el expediente al órgano que considere competente, debiendo notificar esta circunstancia a los interesados.

d) Se abstendrá de resolver, remitiendo el expediente a su inferior jerárquico.

68. Según las normas generales de los órganos colegiados en la Administración General del Estado, conforme al artículo 19.3.a) de la Ley 40/2015, de 1 de octubre, de Régimen Jurídico del Sector Público los miembros de estos deben recibir las convocatorias de las reuniones de los mismos con una antelación mínima de:

a) Un día.

b) Dos días.

c) Tres días.

d) Cuarenta y ocho horas.

69. Las comunicaciones entre órganos administrativos, tras la Ley 40/2015, de 1 de octubre, de Régimen Jurídico del Sector Público y la Ley 39/2015, de 1 de octubre, de Procedimiento Administrativo Común de la Administraciones Públicas, deben efectuarse:

a) Oralmente.

b) Por escrito siempre.

c) Telemáticamente, como regla general.

d) Por cualquier medio que asegure la constancia de su recepción.

70. La redacción y autorización de las actas de las sesiones de los órganos colegiados de la Administración General del Estado es una competencia reservada, conforme a los artículos 18.2 y 19.4.d) de la Ley 40/2015, de 1 de octubre, de Régimen Jurídico del Sector Público al/a los:

a) Secretario de los mismos.

b) Presidente.

c) Miembros que se designen.

d) Vocal más antiguo.

71. Para que conste en el acta la trascripción íntegra de la intervención de un miembro del órgano colegiado de la Administración General del Estado, de acuerdo con el artículo 19.5 de la Ley 40/2015, de 1 de octubre, de Régimen Jurídico del Sector Público:

a) Deberá aportarla en el acto o en el plazo que señale el Presidente.

b) Deberá aportarla en el acto o en el plazo de cuarenta y ocho horas.

c) Ha de haberse utilizado en la sesión de que se trate un medio de reproducción de las intervenciones.

d) Ha de entregarla al Secretario con anterioridad a la sesión de que se trate.

72. Las resoluciones administrativas que se adopten por delegación indicarán expresamente estas circunstancias y se considerarán dictadas:

a) Tanto por el órgano delegante como por el órgano delegado.

b) Por el órgano delegado.

c) Por el mismo órgano.

d) Por el órgano delegante.

73. El visado de las actas y certificaciones de los acuerdos de un órgano colegiado en la Administración General del Estado, de acuerdo con el artículo 19.2.f) de la Ley 40/2015, de 1 de octubre, de Régimen Jurídico del Sector Público, se reserva al:

a) Presidente del mismo.

b) Secretario del órgano.

c) Miembro a quien específica mente se encomiende esta función.

d) Vocal más antiguo.

74. La expedición de las certificaciones de un acuerdo de un órgano colegiado en la Administración General del Estado, corresponde de acuerdo con el artículo 19.4.e) de la Ley 40/2015, de 1 de octubre, de Régimen Jurídico del Sector Público, a/al:

a) Presidente del órgano.

b) Secretario del mismo.

c) Funcionario habilitado al efecto.

d) Vocal más antiguo.

75. Conforme al artículo 19.4 de la Ley 40/2015, de 1 de octubre, de Régimen Jurídico del Sector Público, los votos particulares por discrepar del acuerdo mayoritario adoptado por un órgano colegiado en la Administración General del Estado:

a) Invalidan el acuerdo adoptado.

b) Han de formularse en la sesión en que se adopta el acuerdo.

c) Deben ser autorizados por el Presidente del órgano.

d) Podrán formularse por escrito en el plazo de dos días.

76. Con carácter general, cuando el cumplimiento de una obligación establecida por una norma con rango de ley corresponda a varias personas conjuntamente, responderán de las infracciones que, en su caso, se cometan y de las sanciones que se impongan:

a) De forma solidaria.

b) De forma subsidiaria.

c) De forma individualizada.

d) De cualquiera de las formas anteriores, cuando así lo determine la resolución.

77. Las sanciones administrativas:

a) Podrán implicar subsidiariamente privación de libertad solo cuando sean de naturaleza pecuniaria.

b) Podrán implicar subsidiariamente privación de libertad, cuando sean de naturaleza no pecuniaria.

c) En ningún caso podrán implicar, directa o subsidiariamente, privación de libertad.

d) En todo caso, cuando sean de naturaleza pecuniaria, implicarán directamente, privación de libertad.

78. Las infracciones y sanciones prescribirán según lo dispuesto en las leyes que las establezcan. Si estas no fijan plazos de prescripción, las infracciones muy graves prescribirán:

a) A los quince años.

b) A los cinco años.

c) A los siete años.

d) A los tres años.

79. La responsabilidad patrimonial del Estado por el funcionamiento de la Administración de Justicia se regirá por:

a) Ley 1/2000, de 7 de enero, de Enjuiciamiento Civil.

b) La Ley Orgánica 6/1985, de 1 de julio, del Poder Judicial.

c) Real Decreto 429/1993, de 26 de marzo, por el que se aprueba el Reglamento de los procedimientos de las Administraciones Públicas en materia de responsabilidad patrimonial.

d) Real Decreto de 14 de septiembre de 1882 por el que se aprueba la Ley de Enjuiciamiento Criminal.

80. ¿Cómo denomina la Ley 40/2015 al punto de acceso electrónico cuya titularidad corresponda a una Administración Pública, organismo público o entidad de Derecho Público, que permite el acceso a través de internet a la información publicada y, en su caso, a la sede electrónica correspondiente?

a) Intrexnet.

b) Extranet.

c) Intranet.

d) Portal de internet.

81. Los Convenios suscritos por la Administración Pública con sujetos de derecho público y privado, deberán remitirse al órgano competente de fiscalización, cuando superen el importe previsto en la ley 40/2015, dentro de un plazo de:

a) Tres meses.

b) Cinco meses.

c) Diez meses.

d) Un año.

82. En los Convenios suscritos por la Administración Pública con sujetos de derecho público y privado, las aportaciones financieras que se comprometan a realizar los firmantes:

a) Podrán ser superiores a los gastos derivados de la ejecución del convenio.

b) No podrán ser superiores a los gastos derivados de la ejecución del convenio.

c) No podrán ser superiores a los gastos derivados de la inscripción del convenio.

d) Podrán ser inferiores a los gastos derivados de la ejecución del convenio, si es posteriormente autorizada la ampliación.

83. ¿Cuándo se perfeccionan los convenios celebrados por la Administración Pública con sujetos de derecho público y privado?

a) Por la firma de la Administración Pública.

b) Por la firma de una de las partes.

c) Por la inscripción de dicho convenio.

d) Por la prestación del consentimiento de las partes.

84. En el ámbito de la responsabilidad patrimonial de las Administraciones Públicas, el procedimiento para fijar el importe de las indemnizaciones se tramitará por:

a) El Ministerio de Economía, Comercio y Empresa.

b) El Ministerio de Hacienda.

c) El Ministerio de Justicia.

d) El Consejo de Ministros.

85. Cuando de la comisión de una infracción derive necesariamente la comisión de otra u otras, se deberá imponer:

a) Únicamente la sanción correspondiente a la infracción más grave cometida, en el grado inferior.
b) Únicamente la sanción correspondiente a la infracción menos grave cometida.
c) Únicamente la sanción correspondiente a la infracción más grave cometida.
d) La sanción correspondiente a la infracción menos grave cometida, en el grado superior.

86. El establecimiento de sanciones pecuniarias deberá prever que la comisión de las infracciones tipificadas:

a) Resulte más beneficiosa para el infractor que el cumplimiento de las normas infringidas.
b) No resulte más beneficiosa para el infractor que el cumplimiento de las normas infringidas.
c) No resulte más beneficiosa para la Administración que el cumplimiento de las sanciones.
d) Resulte más beneficiosa para el infractor que el cumplimiento de las sanciones.

87. Señala la respuesta incorrecta. La graduación de la sanción administrativa considerará especialmente los siguientes criterios:

a) El grado de culpabilidad o la existencia de intencionalidad.
b) La continuidad o persistencia en la conducta infractora.
c) La naturaleza de los perjuicios causados.
d) La reincidencia, por comisión en el término de cinco años de más de una infracción de la misma naturaleza cuando así haya sido declarado por resolución firme en vía administrativa.

88. Interrumpida la prescripción por la iniciación, con conocimiento del interesado, de un procedimiento administrativo de naturaleza sancionadora, se reiniciará el plazo de prescripción si el expediente sancionador estuviera paralizado durante:

a) Quince días.
b) Más de un mes por causa imputable al presunto responsable.
c) Menos de un mes por causa imputable al presunto responsable.
d) Más de un mes por causa no imputable al presunto responsable.

89. En el ámbito de la Administración General del Estado y sus organismos públicos y entidades de derecho público vinculados o dependientes, ¿quiénes podrán celebrar convenios con sujetos de derecho público y privado?

a) Los titulares de los Departamentos Ministeriales y los Presidentes o Directores de las dichas entidades y organismos públicos.
b) Cualquier funcionario de los Departamentos Ministeriales y Viceconsejeros de las dichas entidades y organismos públicos.
c) Los titulares de los Departamentos Ministeriales y Secretarios de las dichas entidades y organismos públicos.
d) Los titulares designados por el Consejo de Gobierno para dichas funciones.

90. Las infracciones y sanciones prescribirán según lo dispuesto en las leyes que las establezcan. Si estas no fijan plazos de prescripción, las infracciones graves prescribirán:

a) A los dos años.
b) A los tres años.
c) A los cinco años.
d) A los seis meses.

91. El plazo de prescripción de las sanciones comenzará a contarse desde el día siguiente a aquel en que:

a) Termine de ejecutarse la resolución por la que se impone la sanción.
b) Sea ejecutable la resolución por la que se impone la sanción.
c) Se determine el tipo de sanción que le corresponde en el acto de admisión a trámite.
d) Se inicie el procedimiento sancionador.

92. Los particulares tendrán derecho a ser indemnizados por las Administraciones Públicas correspondientes, de toda lesión que sufran en cualquiera de sus bienes y derechos, siempre que la lesión sea consecuencia:

a) De sucesos que no hubieran podido preverse, o que, previstos, fueran inevitables.
b) De casos de fuerza mayor.
c) De daños que el particular tenga el deber jurídico de soportar de acuerdo con la ley.
d) Del funcionamiento normal o anormal de los servicios públicos.

93. La sentencia que declare la inconstitucionalidad de la norma con rango de ley producirá efectos:

a) Desde la fecha de notificación a las partes.

b) Desde la fecha de su publicación en el Boletín Oficial de la Comunidad Autónoma correspondiente.

c) Desde la fecha de su publicación en el Boletín Oficial del Estado.

d) Desde que se dicte.

94. En el caso de desestimación presunta del recurso de alzada interpuesto contra la resolución por la que se impone la sanción, el plazo de prescripción de la sanción comenzará a contarse:

a) Desde el mismo día en que finalice el plazo legalmente previsto para la resolución de dicho recurso.

b) Desde el día siguiente a aquel en que finalice el plazo legalmente previsto para la resolución de dicho recurso.

c) Desde el mismo día en que comience el plazo legalmente previsto para la resolución de dicho recurso.

d) Desde el día siguiente a aquel en que comience el plazo legalmente previsto para la resolución de dicho recurso.

95. Cuando lo justifique la debida adecuación entre la sanción administrativa que deba aplicarse, con la gravedad del hecho constitutivo de la infracción y las circunstancias concurrentes, el órgano competente para resolver podrá imponer la sanción:

a) En el grado inferior.

b) En el grado superior.

c) En dos grados superiores.

d) En el tipo básico.

96. En el ámbito administrativo, ¿cuándo prescriben las sanciones impuestas por faltas muy graves?

a) A los diez años.

b) A los cinco años.

c) A los tres años.

d) Al año.

97. No podrán sancionarse los hechos que lo hayan sido penal o administrativamente, en los casos en que se aprecie identidad:

a) De sujetos y de hechos.

b) De hechos.

c) De sujeto y de precepto aplicable.

d) Del sujeto, hecho y fundamento.

98. En el caso de indemnizaciones que proceda abonar cuando el Tribunal Constitucional haya declarado, a instancia de parte interesada, la existencia de un funcionamiento anormal en la tramitación de los recursos de amparo o de las cuestiones de inconstitucionalidad, el procedimiento para fijar el importe de las indemnizaciones se tramitará por el Ministerio correspondiente, con audiencia:

a) Del Tribunal de Cuentas.

b) Del Tribunal de Constitucional.

c) Del Consejo Económico y Social.

d) Del Consejo de Estado.

99. En los supuestos de procedimientos en materia de responsabilidad patrimonial en los que exista una responsabilidad concurrente de varias Administraciones Públicas, la Administración Pública competente deberá consultar a las restantes Administraciones implicadas para que puedan exponer cuanto consideren procedente, en un plazo de:

a) Un mes.

b) Tres meses.

c) Quince días.

d) Diez días.

100. ¿Cuándo podrá sustituirse la indemnización procedente, en el procedimiento de responsabilidad patrimonial de las Administraciones Públicas, por una compensación en especie?

a) Cuando resulte más adecuado para lograr la reparación debida y convenga al interés público, siempre que así lo determine la Administración.

b) Cuando resulte más adecuado para lograr la reparación debida y convenga al interés público, siempre que exista acuerdo con el interesado.

c) Cuando resulte más adecuado para el interés público, siempre que lo autorice el Ministerio correspondiente.

d) En ningún caso podrá sustituirse por compensación en especie.

101. La Administración correspondiente, cuando hubiere indemnizado a los lesionados, exigirá de oficio en vía administrativa de sus autoridades y demás personal a su servicio la responsabilidad en que hubieran incurrido:

a) Por cualquier hecho en el ejercicio de sus funciones.

b) Por omisión inconsciente.

c) Por cualquier negligencia.

d) Por dolo, o culpa o negligencia graves.

102. El establecimiento de una sede electrónica por la Administración Pública conlleva la responsabilidad del titular respecto:

a) De la integridad, veracidad y actualización de la información y los servicios a los que pueda accederse a través de la misma.
b) De la seguridad del sistema y de los servicios a los que pueda accederse a través de la web de cualquier Ministerio.
c) Solo de la veracidad de la información.
d) De la seguridad en los servicios a los que pueda accederse a través de la información.

103. Los Convenios suscritos por la Administración Pública con sujetos de derecho público y privado, deberán remitirse electrónicamente al órgano competente de fiscalización, dentro del plazo previsto en la ley 40/2015, cuando superen el importe de:

a) 1.000.000 euros
b) 300.000 euros.
c) 100.000 euros
d) 600.000 euros.

104. La relación de sellos electrónicos utilizados por cada Administración Pública, incluyendo las características de los certificados electrónicos y los prestadores que los expiden, deberá ser:

a) Privada y accesible mediante autorización expresa.
b) Pública y accesible por medios electrónicos.
c) Pública pero no accesible.
d) Privada o accesible por medios electrónicos.

105. Las infracciones y sanciones prescribirán según lo dispuesto en las leyes que las establezcan. Si estas no fijan plazos de prescripción, las infracciones leves prescribirán:

a) Al año.
b) A los seis meses.

c) A los diez meses.
d) A los dos años.

106. ¿Cómo denomina la Ley 40/2015 a cualquier acto o actuación realizada íntegramente a través de medios electrónicos por una Administración Pública en el marco de un procedimiento administrativo y en la que no haya intervenido de forma directa un empleado público?

a) Actuación administrativa técnica.
b) Actuación administrativa instantánea.
c) Actuación administrativa informatizada.
d) Actuación administrativa automatizada.

107. Con carácter general, los convenios celebrados entre órganos administrativos con sujetos de derecho público y privado deberán tener una duración determinada, que no podrá ser superior a:

a) Diez años.
b) Siete años.
c) Cinco años.
d) Cuatro años.

108. En los procedimientos para la exigencia de la responsabilidad patrimonial de las autoridades y personal al servicio de las Administraciones Públicas, el acuerdo de iniciación del órgano competente se notificará a los interesados y en él deberá constar, entre otros:

a) Que podrán realizar alegaciones durante un plazo de quince días.
b) Que podrán realizar alegaciones durante un plazo de diez días.
c) Que podrán realizar alegaciones durante un plazo de veinte días.
d) Que podrán realizar alegaciones durante un plazo de cinco días.

Soluciones

1. c)	**11.** b)	**21.** b)	**31.** b)	**41.** d)	**51.** d)	**61.** c)	**71.** a)	**81.** a)	**91.** b)
2. b)	**12.** a)	**22.** a)	**32.** a)	**42.** a)	**52.** d)	**62.** c)	**72.** d)	**82.** b)	**92.** d)
3. a)	**13.** c)	**23.** b)	**33.** c)	**43.** d)	**53.** c)	**63.** d)	**73.** a)	**83.** d)	**93.** c)
4. c)	**14.** b)	**24.** b)	**34.** b)	**44.** c)	**54.** d)	**64.** a)	**74.** b)	**84.** c)	**94.** b)
5. c)	**15.** d)	**25.** a)	**35.** d)	**45.** c)	**55.** a)	**65.** d)	**75.** d)	**85.** c)	**95.** a)
6. c)	**16.** b)	**26.** c)	**36.** b)	**46.** a)	**56.** c)	**66.** b)	**76.** a)	**86.** b)	**96.** c)
7. a)	**17.** d)	**27.** b)	**37.** c)	**47.** d)	**57.** c)	**67.** d)	**77.** c)	**87.** d)	**97.** d)
8. c)	**18.** a)	**28.** a)	**38.** c)	**48.** b)	**58.** c)	**68.** b)	**78.** d)	**88.** c)	**98.** d)
9. c)	**19.** c)	**29.** c)	**39.** a)	**49.** c)	**59.** d)	**69.** c)	**79.** b)	**89.** c)	**99.** c)
10. a)	**20.** d)	**30.** a)	**40.** b)	**50.** b)	**60.** a)	**70.** a)	**80.** d)	**90.** a)	**100.** b)

109. Señala la respuesta incorrecta. Los convenios que suscriba la Administración General del Estado o sus organismos públicos y entidades de derecho público vinculados o dependientes se acompañarán además de:

a) El informe de su servicio jurídico.

b) La autorización previa del Ministerio de Presidencia, Justicia y Relaciones con las Cortes, para su firma, modificación, prórroga y resolución por mutuo acuerdo entre las partes.

c) Cualquier otro informe preceptivo que establezca la normativa aplicable.

d) No será necesario solicitar el informe de su servicio jurídico, cuando el convenio se ajuste a un modelo normalizado informado previamente por el servicio jurídico que corresponda.

110. El plazo de prescripción de las infracciones comenzará a contarse:

a) Desde el día en que la infracción se hubiera cometido.

b) Desde el día siguiente a aquel en que la infracción se hubiera cometido.

c) Desde el día en que la infracción se hubiera conocido.

d) Desde el día siguiente a aquél en que la infracción se hubiera conocido.

111. Señala la respuesta incorrecta. En los procedimientos de responsabilidad patrimonial de las Administraciones Públicas, el daño alegado habrá de ser:

a) Efectivo.

b) Evaluable económicamente.

c) Individualizado con relación a una persona o grupo de personas.

d) Determinado en su conjunto cuando sea en relación con un grupo de personas.

112. En el ámbito administrativo, ¿cuándo prescriben las sanciones impuestas por faltas graves?

a) A los cinco años.

b) A los tres años.

c) A los dos años.

d) Al año.

113. En los procedimientos para la exigencia de la responsabilidad patrimonial de las autoridades y personal al servicio de las Administraciones Públicas, el acuerdo de iniciación del órgano competente se notificará a los interesados y en él deberá constar, entre otros:

a) Que la práctica de las pruebas admitidas y cualesquiera otras que el órgano competente estime oportunas se realizarán durante un plazo de veinte días.

b) Que la práctica de las pruebas admitidas y cualesquiera otras que el interesado estime oportunas se realizarán durante un plazo de diez días.

c) Que la práctica de las pruebas admitidas y cualesquiera otras que el órgano competente estime oportunas se realizarán durante un plazo de quince días.

d) Que la práctica de las pruebas admitidas y cualesquiera otras que el interesado estime oportunas se realizarán durante un plazo de cinco días.

114. ¿Quién fijará el importe de las indemnizaciones que proceda abonar cuando el Tribunal Constitucional haya declarado, a instancia de parte interesada, la existencia de un funcionamiento anormal en la tramitación de los recursos de amparo o de las cuestiones de inconstitucionalidad?

a) El Ministerio de Hacienda.

b) El Consejo de Ministros.

c) El Tribunal de Cuentas.

d) El propio Tribunal Constitucional.

115. En los procedimientos de responsabilidad patrimonial de las Administraciones Públicas, en los casos de muerte o lesiones corporales se podrá tomar como referencia la valoración incluida en:

a) Los baremos de la normativa vigente en materia de Decesos.

b) Los baremos de la normativa vigente en materia de Seguros obligatorios y de la Seguridad Social.

c) Los baremos de la normativa establecida por Índice de Garantía de la Competitividad.

d) Los baremos fijados en la Ley 47/2003, de 26 de noviembre, General Presupuestaria, o, en su caso, a las normas presupuestarias de las Comunidades Autónomas.

116. Los medios o soportes en que se almacenen documentos utilizados en las actuaciones administrativas, deberán contar con medidas de seguridad, de acuerdo con lo previsto:

a) En el Código de Seguridad Nacional.

b) En la Ley de Seguridad Administrativa

c) En El Protocolo de Seguridad Nacional.

d) El Esquema Nacional de Seguridad.

117. Señala la respuesta incorrecta. Es causa de resolución de los convenios suscritos por las Administraciones Públicas, sus organismos públicos y entidades de derecho público vinculado o dependientes y las Universidades públicas con sujetos de derecho público y privado:

a) El transcurso del plazo de vigencia del convenio sin haberse acordado la prórroga del mismo.

b) El acuerdo de resolución de la mayoría simple de los firmantes.

c) El incumplimiento de los compromisos asumidos por parte de alguno de los firmantes.

d) El incumplimiento de las obligaciones asumidas por parte de alguno de los firmantes.

118. Las modificaciones, prórrogas o variaciones de plazos de los Convenios suscritos por la Administración Pública con sujetos de derecho público y privado, cuando superen el importe fijado en la Ley 40/2015, se comunicarán:

a) Al Tribunal Constitucional u órgano interno de fiscalización de la Comunidad Autónoma.

b) Al Tribunal de Cuentas u órgano externo de fiscalización de la Comunidad Autónoma.

c) Al Consejo Consultivo del Estado.

d) A la Comisión de fiscalización externa.

119. ¿Cuándo es posible sancionar, como infracción continuada, la realización de una pluralidad de acciones u omisiones?

a) Cuando infrinjan diferentes preceptos administrativos y en ejecución de un plan preconcebido o aprovechando idéntica ocasión.

b) Cuando infrinjan el mismo o semejantes preceptos administrativos y en ejecución de un plan preconcebido o aprovechando idéntica ocasión.

c) Cuando infrinjan diferentes preceptos administrativos y en ejecución de acciones espontáneas, no premeditadas.

d) No es posible sancionar como infracción continuada.

120. Cuando un órgano de la Unión Europea hubiera impuesto una sanción por los mismos hechos, el órgano competente para resolver deberá tenerla en cuenta:

a) A efectos de graduar la que, en su caso, deba imponer, pudiendo aumentarla, sin perjuicio de declarar la comisión de la infracción.

b) Siempre que concurra la identidad de sujeto y fundamento.

c) A efectos de graduar la que, en su caso, deba imponer, pudiendo aumentarla, sin que pueda declarar la comisión de la infracción.

d) Siempre que no concurra la identidad de sujeto y fundamento.

121. La anulación en vía administrativa o por el orden jurisdiccional contencioso administrativo de los actos o disposiciones administrativas:

a) No presupone, por sí misma, la imposición de sanción.

b) Presupone, por sí misma, derecho a la indemnización.

c) No presupone, por sí misma, derecho a la indemnización.

d) Presupone, por sí misma, la imposición de sanción.

122. Salvo que en ella se establezca otra cosa, la sentencia que declare el carácter de norma contraria al Derecho de la Unión Europea, producirá efectos desde la fecha de su publicación en:

a) El Boletín Oficial del Estado.

b) El portal del Consejo General del Poder Judicial.

c) El Boletín Oficial de la Comunidad Autónoma al que pertenezca el Juzgado que dicta sentencia.

d) En el Diario Oficial de la Unión Europea.

123. Interrumpirá la prescripción la iniciación, con conocimiento del interesado, del procedimiento de ejecución, volviendo a transcurrir el plazo si aquel está paralizado por causa no imputable al infractor:

a) Durante quince días.

b) Durante menos de quince días.

c) Durante menos de un mes.

d) Durante más de un mes.

124. Los convenios interadministrativos suscritos con las Comunidades Autónomas serán remitidos:

a) Al Congreso de los Diputados.

b) Al Senado.

c) A las Cortes Generales.

d) Al Tribunal de Cuentas.

125. En los procedimientos para la exigencia de la responsabilidad patrimonial de las autoridades y personal al servicio de las Administraciones Públicas, el acuerdo de iniciación del órgano competente se notificará a los interesados y en él deberá constar, entre otros:

a) Que se formulará propuesta de resolución en un plazo de cinco días a contar desde la finalización del trámite de audiencia.

b) Que se formulará propuesta de resolución en un plazo de diez días a contar desde la finalización del trámite de audiencia.

c) Que se formulará propuesta de resolución en un plazo de quince días a contar desde la finalización del trámite de alegaciones.

d) Que se formulará propuesta de resolución en un plazo de veinte días a contar desde la finalización del trámite de alegaciones.

126. En los supuestos de responsabilidad concurrente de las Administraciones Públicas, dichas Administraciones intervinientes responderán frente al particular:

a) En todo caso de forma solidaria.

b) En todo caso de forma subsidiaria.

c) De forma solidaria, excepcionalmente.

d) De forma subsidiaria, en los casos regulados.

127. La cuantía de la indemnización en los procedimientos de responsabilidad patrimonial de las Administraciones Públicas se calculará, sin perjuicio de su actualización a la fecha en que se ponga fin al procedimiento de responsabilidad, con referencia:

a) Al día de la firma del informe médico que certifica la lesión.
b) Al día en el que el interesado puso en conocimiento de la Administración la existencia de la lesión.
c) Al día en que se tuvo conocimiento de la lesión.
d) Al día en que la lesión efectivamente se produjo.

128. El procedimiento para la exigencia de la responsabilidad patrimonial de las autoridades y personal al servicio de las Administraciones Públicas, se iniciará por acuerdo del órgano competente que se notificará a los interesados y que constará, al menos de:

a) Alegaciones durante un plazo de veinte días.
b) Audiencia durante un plazo de veinte días.
c) Práctica de las pruebas admitidas y cualesquiera otras que el órgano competente estime oportunas durante un plazo de cinco días.
d) Resolución por el órgano competente en el plazo de cinco días, tras la propuesta de resolución.

129. En el procedimiento para la exigencia de la responsabilidad patrimonial de las autoridades y personal al servicio de las Administraciones Públicas, la resolución declaratoria de responsabilidad:

a) No pone fin a la vía administrativa.
b) Pondrá fin a la vía administrativa.
c) Permite reiniciar la vía administrativa.
d) No impide que se vuelva a intentar por vía administrativa.

130. La responsabilidad penal del personal al servicio de las Administraciones Públicas se exigirá de acuerdo con lo previsto en:

a) La legislación social.
b) La legislación administrativa.
c) La legislación civil.
d) La legislación penal.

131. Como regla general, la exigencia de responsabilidad penal del personal al servicio de las Administraciones Públicas:

a) No suspenderá los procedimientos de reconocimiento de responsabilidad patrimonial que se instruyan.
b) Suspenderá los procedimientos de reconocimiento de responsabilidad patrimonial que se instruyan.
c) Hará que se archiven por caducidad los procedimientos de reconocimiento de responsabilidad patrimonial que se instruyan.

d) Supondrá la prescripción de los procedimientos de reconocimiento de responsabilidad patrimonial que se instruyan.

132. Señala la respuesta incorrecta. Solo podrán ser sancionadas por hechos constitutivos de infracción administrativa, cuando resulten responsables de los mismos a título de dolo o culpa:

a) Las personas físicas.
b) Las personas jurídicas.
c) Las entidades sin personalidad jurídica, aun cuando una Ley no les reconozca capacidad de obrar.
d) Los patrimonios independientes o autónomos con reconocida capacidad de obrar.

133. ¿Cómo denomina la Ley 40/2015 a la dirección electrónica, disponible para los ciudadanos a través de redes de telecomunicaciones, cuya titularidad corresponde a una Administración Pública, o bien a uno o varios organismos públicos o entidades de Derecho Público en el ejercicio de sus competencias:

a) Portal web.
b) Sede electrónica.
c) Portal de internet.
d) Sede telemática.

134. Señala la respuesta incorrecta. Los convenios que suscriban las Administraciones Públicas, los organismos públicos y las entidades de derecho público vinculados o dependientes y las Universidades públicas, deberán corresponder a alguno de los siguientes tipos:

a) Convenios constitutivos de Acuerdo internacional administrativo firmados entre las Administraciones Públicas y los órganos, organismos públicos o entes de un sujeto de Derecho internacional.
b) Convenios firmados entre una Administración Pública u organismo o entidad de derecho público y un sujeto de Derecho privado.
c) Convenios intradministrativos firmados entre organismos públicos y entidades de derecho público vinculados o dependientes de una misma Administración Pública.
d) Convenios interadministrativos firmados entre dos o más Administraciones Públicas.

135. Cuando los convenios suscritos por las Administraciones Públicas, sus organismos públicos y entidades de derecho público vinculados o dependientes y las Universidades públicas, con sujetos de derecho público y privado, instrumenten una subvención deberá cumplir con lo previsto en la:

a) Ley 7/1995, de 25 de abril General de Subvenciones.
b) Ley 32/2016, de 23 de mayo, General de Subvenciones.

c) Ley 24/1998, de 1 de octubre, General de Subvenciones.
d) Ley 38/2003, de 17 de noviembre, General de Subvenciones.

136. Los convenios interadministrativos suscritos con las Comunidades Autónomas, serán remitidos a la Cámara Alta por:

a) Ministerio de la Presidencia, Justicia y Relaciones con las Cortes.
b) Ministerio de Transportes y Movilidad Sostenible.
c) Ministerio de Economía, Comercio y Empresa.
d) Ministerio de Política Territorial y Memoria Democrática.

137. Señala la respuesta incorrecta. Los convenios suscritos por las Administraciones Públicas, sus organismos públicos y entidades de derechos públicos vinculados o dependientes y las Universidades públicas, con sujetos de derecho público y privado, deberán incluir, entre otras, las siguientes materias:

a) Mecanismos de seguimiento, vigilancia y control de la ejecución del convenio.
b) Plazo de vigencia del convenio.
c) El régimen de modificación del convenio. A falta de regulación expresa la modificación del contenido del convenio requerirá acuerdo de la mitad de los firmantes.
d) Objeto del convenio y actuaciones a realizar por cada sujeto para su cumplimiento, indicando, en su caso, la titularidad de los resultados obtenidos.

138. Es una causa de resolución de los convenios suscritos por las Administraciones Públicas, sus organismos públicos y entidades de derecho público vinculado o dependientes y las Universidades públicas con sujetos de derecho público y privado:

a) La decisión administrativa declaratoria de la anulabilidad del convenio.
b) El acuerdo de la mitad de los firmantes.
c) El transcurso del plazo de vigencia del convenio habiéndose acordado la prórroga del mismo.
d) El incumplimiento de las obligaciones y compromisos asumidos por parte de alguno de los firmantes.

139. El plazo de prescripción de las infracciones continuadas o permanentes, comenzará a contarse:

a) Desde que finalizó la conducta infractora.
b) Desde que comenzó la conducta infractora.
c) Desde que se descubrió la conducta infractora.
d) Desde cualquier momento en que se estuviera llevando a cabo la conducta infractora.

140. Para hacer efectiva la responsabilidad patrimonial de las autoridades y personal al servicio de las Administraciones Públicas, los particulares exigirán las indemnizaciones por los daños y perjuicios causados:

a) Al personal que ha cometido la infracción.
b) Directamente a la Administración Pública correspondiente.
c) Al personal que ha cometido la infracción y subsidiariamente a la Administración Pública correspondiente.
d) Directamente al Ministerio de Hacienda.

141. Las sedes electrónicas del sector público utilizarán, para identificarse y garantizar una comunicación segura con las mismas:

a) Certificados validados por la Unión Europea de autenticación de sitio web.
b) Certificados validados por la Unión Europea de autenticación de blog o redes sociales.
c) Certificados reconocidos o cualificados de autenticación de sitio web o medio equivalente.
d) Certificados reconocidos de identificación de espacios virtuales.

142. La cuantía de la indemnización en los procedimientos de responsabilidad patrimonial de las Administraciones Públicas se actualizará a la fecha en que se ponga fin al procedimiento de responsabilidad, teniendo en cuenta:

a) El Índice de Inflación de la Unión Europea, fijado por el Banco Central Europeo.
b) El Índice de Precios de la Unión Europea, fijado por el Banco Central Europeo.
c) El Índice de Garantía de la Competitividad, fijado por el Instituto Nacional de Estadística.
d) El Índice de Precios de Consumo, fijado por el Instituto Nacional de Estadística.

143. En el ámbito administrativo, ¿cuándo prescriben las sanciones impuestas por faltas leves?

a) Al año.
b) A los seis meses.
c) A los tres meses.
d) Al mes.

144. Para la exigencia y cuantificación de la responsabilidad patrimonial de las autoridades y personal al servicio de las Administraciones Públicas, no se ponderarán:

a) El resultado no dañoso producido.
b) El grado de culpabilidad.

c) La responsabilidad profesional del personal al servicio de las Administraciones Públicas.

d) La relación de la responsabilidad profesional con la producción del resultado dañoso.

145. Los Convenios suscritos por la Administración Pública con sujetos de derecho público y privado, dentro del plazo previsto en la ley 40/2015, cuando superen el importe fijado en la misma, deberán remitirse:

a) Al Tribunal Constitucional u órgano externo de fiscalización de la Comunidad Autónoma.

b) Al Tribunal de Cuentas u órgano externo de fiscalización de la Comunidad Autónoma.

c) Al Consejo de Estado u órgano externo de fiscalización de la Comunidad Autónoma.

d) Al Consejo Económico y Social.

146. Señala la opción incorrecta. No serán indemnizables los daños que se deriven de hechos o circunstancias:

a) Que no se hubiesen podido prever.

b) Que no se hubiesen podido evitar según el estado de los conocimientos de la ciencia existentes en el momento de producción de aquellos.

c) Que no se hubiesen podido evitar según el estado de los conocimientos de la técnica existentes en el momento de producción de aquellos.

d) Que se hubiesen podido evitar según el estado de los conocimientos de la técnica existentes en el momento de producción de aquellos.

147. En el ejercicio de la competencia en la actuación administrativa automatizada, cada Administración Pública podrá determinar los supuestos de utilización de los sistemas de firma electrónica, pudiendo ser:

a) Código electrónico de verificación de la Administración Pública, órgano, organismo público o entidad de Derecho Público.

b) Código electrónico vinculado a la Administración Pública, órgano, organismo público o entidad de Derecho Público.

c) Sello seguro de verificación y código electrónico vinculados a la Administración Pública, órgano, organismo público o entidad de Derecho Público.

d) Sello electrónico y código seguro de verificación vinculados a la Administración Pública, órgano, organismo público o entidad de Derecho Público.

148. Los convenios interadministrativos suscritos entre dos o más Comunidades Autónomas para la gestión y prestación de servicios propios de las mismas se regirán, en cuanto a sus supuestos, requisitos y términos por lo previsto en:

a) La Ley de Contratos del Sector Público.

b) Sus respectivos Estatutos de autonomía.

c) La Ley 39/2015 de 1 de octubre, del Procedimiento Administrativo Común de las Administraciones Públicas.

d) Sus respectivas leyes de presupuestos autonómicas.

149. Señala la respuesta incorrecta. Los convenios suscritos por las Administraciones Públicas, sus organismos públicos y entidades de derechos públicos vinculados o dependientes y las Universidades públicas, con sujetos de derecho público y privado, deberán incluir, entre otras, las siguientes materias:

a) Cuantías concretas de las indemnizaciones a pagar en caso de cumplimiento de las obligaciones y compromisos asumidos por cada una de las partes.

b) Capacidad jurídica con que actúa cada una de las partes del convenio.

c) Sujetos que suscriben el convenio.

d) Obligaciones y compromisos económicos asumidos por cada una de las partes, si los hubiera.

150. En los procedimientos para la exigencia de la responsabilidad patrimonial de las autoridades y personal al servicio de las Administraciones Públicas, el acuerdo de iniciación del órgano competente se notificará a los interesados y en él deberá constar, entre otros:

a) Que se les concede audiencia durante un plazo de tres días.

b) Que se les concede audiencia durante un plazo de veinte días.

c) Que se les concede audiencia durante un plazo de quince días.

d) Que se les concede audiencia durante un plazo de diez días.

151. Coordinar la Administración del Estado con la de la Comunidad Autónoma, de acuerdo con lo dispuesto en el artículo 154 de la Constitución Española y el artículo 72 de la Ley 40/2015, de 1 de octubre, de Régimen Jurídico del Sector Público, es función de:

a) El Delegado del Gobierno.

b) El Subdelegado del Gobierno.

c) El Ministro de Política Territorial y Memoria Democrática.

d) El Presidente de la Comunidad Autónoma.

152. Conforme al artículo 74 de la Ley 40/2015, de 1 de octubre, de Régimen Jurídico del Sector Público, los Subdelegados del Gobierno dependen de manera inmediata de:

a) El Delegado del Gobierno.

b) Las Comunidades Autónomas.

c) El Ministro de Política Territorial y Memoria Democrática.

d) El Ministerio de la Presidencia, Justicia y Relaciones con las Cortes.

153. Son órganos directivos de la Administración Central, de acuerdo con el artículo 55.3 de Ley 40/2015, de 1 de octubre, de Régimen Jurídico del Sector Público:

a) Los Secretarios de Estado.

b) Los Subdirectores Generales.

c) Los Ministros.

d) El Presidente del Gobierno.

154. Los Subdelegados del Gobierno en las provincias tienen nivel orgánico de:

a) Director General.

b) Subsecretario.

c) Subdirector General.

d) Secretario de Estado.

155. Según establece el artículo 55.3 de Ley 40/2015, de 1 de octubre, de Régimen Jurídico del Sector Público, son órganos superiores de la Administración General del Estado:

a) Los Secretarios de Estado y Subsecretarios.

b) Los Secretarios de Estado y Secretarios Generales con rango de Subsecretarios.

c) Los Secretarios de Estado y Secretarios Generales con rango de Subsecretarios y los Subsecretarios.

d) Los Secretarios de Estado.

156. La denominación de los ministerios se establece en:

a) La Ley del Gobierno.

b) Ley 40/2015, de 1 de octubre, de Régimen Jurídico del Sector Público.

c) Un Real Decreto del Presidente del Gobierno.

d) Un Real Decreto del Consejo de Ministros, a propuesta del Presidente del Gobierno.

157. De acuerdo con lo previsto en el artículo 55.4 de la Ley 40/2015, de 1 de octubre, de Régimen Jurídico del Sector Público, son órganos territoriales de la Administración General del Estado:

a) Solamente los Delegados del Gobierno y los Subdelegados del Gobierno.

b) Los Delegados del Gobierno, los Subdelegados del Gobierno y los Directores Insulares.

c) Los Delegados del Gobierno, los Gobernadores Civiles y los Directores Insulares.

d) Los Delegados del Gobierno, los Subdelegados del Gobierno y los Gobernadores Civiles.

158. Mantener las necesarias relaciones de cooperación y coordinación de la Administración General del Estado y sus Organismos públicos con la de la Comunidad Autónoma y con las correspondientes Entidades locales en el ámbito de la provincia, corresponde al:

a) Delegado del Gobierno.

b) Subdelegado del Gobierno.

c) Presidente de la Comunidad Autónoma.

d) Presidente de la Diputación Provincial.

159. Las Delegaciones del Gobierno se adscriben orgánicamente a:

a) El Ministerio de la Presidencia, Justicia y Relaciones con las Cortes.

b) El Ministerio del Interior.

c) El Ministerio de Política Territorial y Memoria Democrática.

d) La Presidencia de la Comunidad autónoma.

160. No es un órgano directivo de un Ministerio, de acuerdo con lo dispuesto en el artículo 55.3 de Ley 40/2015, de 1 de octubre, de Régimen Jurídico del Sector Público:

a) El Secretario de Estado.

b) El Subdelegado del Gobierno.

c) El Secretario General Técnico.

d) El Secretario General.

161. Conforme a lo dispuesto en el artículo 72.4 de Ley 40/2015, de 1 de octubre, de Régimen Jurídico del Sector Público, los Delegados del Gobierno son nombrados y separados:

a) Por Real Decreto del Presidente del Gobierno.

b) Por Real Decreto del Consejo de Ministros a propuesta del Presidente del Gobierno.

c) Por Real Decreto de Consejo de Ministros a propuesta del Ministro de Política Territorial y Memoria Democrática.

d) Por Real Decreto del Consejo de Ministros a propuesta del Ministro de Interior.

162. El nombramiento de los Subdelegados conforme al artículo 74 de la Ley 40/2015, de 1 de octubre, de Régimen Jurídico del Sector Público:

a) Se producirá por libre designación entre funcionarios de carrera del Estado, de las Comunidades Autónomas o de las Entidades Locales, pertenecientes a Cuerpos o Escalas clasificados como Subgrupo A1.

b) Se producirá por concurso entre funcionarios de carrera del Estado, de las Comunidades Autónomas o de las Entidades Locales, pertenecientes a Cuerpos o Escalas clasificados como Subgrupo A1.

c) Se producirá por oposición entre aspirantes a funcionarios de carrera del Estado, de las Comunidades Autónomas o de las Entidades Locales, pertenecientes a Cuerpos o Escalas clasificados como Subgrupo A1.

d) Se producirá por concurso-oposición entre funcionarios de carrera del Estado, de las Comunidades Autónomas o de las Entidades Locales, pertenecientes a Cuerpos o Escalas clasificados como Subgrupo A1.

163. De acuerdo con el artículo 75 de la Ley 40/2015, de 1 de octubre, de Régimen Jurídico del Sector Público, es competencia de los Subdelegados:

a) Dirigir los servicios integrados de la Administración del Estado.

b) Dirigir los servicios no integrados.

c) Supervisar los servicios no integrados y dirigir los integrados.

d) Supervisar los servicios integrados y dirigir los no integrados.

164. El nombramiento y cese de los Secretarios de Estado de acuerdo con lo establecido en la Ley 50/1997, de 27 de noviembre, del Gobierno, se realizará mediante:

a) Real Decreto del Consejo de Ministros.

b) Orden del Ministro de quien dependa.

c) Resolución del Subsecretario correspondiente.

d) Real Decreto del Presidente del Gobierno.

165. No es un órgano directivo, conforme al artículo 55.3 de Ley 40/2015, de 1 de octubre, de Régimen Jurídico del Sector Público dentro del Ministerio:

a) El Secretario de Estado.

b) El Subdelegado del Gobierno.

c) El Secretario General Técnico.

d) El Secretario General.

166. Señala la respuesta falsa, a tenor de lo dispuesto en la Ley 40/2015, de 1 de octubre, de Régimen Jurídico del Sector Público:

a) En caso de ausencia o enfermedad de un Ministro, será sustituido por el Ministro que designe el Presidente del Gobierno.

b) Los órganos superiores y directivos tienen la condición de alto cargo, sin excepciones.

c) Los Delegados de Gobierno tienen la condición o rango de Subsecretario y los Subdelegados del Gobierno en las provincias el de Subdirector General.

d) La Administración del Estado se estructura en forma departamental.

167. La Ley 40/2015, de 1 de octubre, de Régimen Jurídico del Sector Público, establece que las unidades administrativas:

a) Comprenden dotaciones de plantilla vinculadas funcionalmente por razón de una jefatura común.

b) Se establecen mediante relaciones de puestos de trabajo.

c) Los puestos de trabajo de las unidades se vinculan orgánicamente por razón de sus contenidos.

d) Se establecen mediante las plantillas presupuestarias.

168. Los Delegados del Gobierno según la Ley 40/2015, de 1 de octubre, de Régimen Jurídico del Sector Público, tienen, entre otras, competencias de:

a) Seguridad ciudadana e información de los ciudadanos.

b) Seguridad ciudadana y simplificación de estructuras.

c) Simplificación de estructuras e información de los ciudadanos.

d) Seguridad ciudadana, simplificación de estructuras e información de los ciudadanos.

169. ¿Quién nombra al Delegado del Gobierno en las Comunidades Autónomas conforme al artículo 72.4 de la Ley 40/2015, de 1 de octubre, de Régimen Jurídico del Sector Público?

a) Las Cortes Generales.

b) El Congreso y el Senado en sesión conjunta.

c) El Consejo de Ministros mediante Real Decreto.

d) El Presidente del Gobierno mediante Real Decreto.

170. De acuerdo con el artículo 55.4 de la Ley 40/2015, de 1 de octubre, de Régimen Jurídico del Sector Público, los Delegados del Gobierno tienen rango de:

a) Subsecretarios.

b) Subdirector General.

c) Secretario General.

d) Director General.

171. Los Secretarios Generales según el artículo 64.3 de la Ley 40/2015, de 1 de octubre, de Régimen Jurídico del Sector Público:

a) Tienen categorías de Subsecretarios, y serán nombrados y separados por Real Decreto del Consejo de Ministros, a propuesta del titular del Ministerio o del Presidente del Gobierno.

b) Tienen categorías de Subsecretarios, y serán nombrados y separados por Real Decreto del Consejo de Ministros, a propuesta del Presidente del Gobierno.

c) Tienen categorías de Director General, y serán nombrados y separados por Real Decreto del Consejo de Ministros, a propuesta del titular del Ministerio o del Presidente del Gobierno

d) Tienen categorías de Director General, y serán nombrados y separados por Real Decreto del Consejo de Ministros, a propuesta del Presidente del Gobierno.

172. De acuerdo con lo dispuesto en el artículo 64.3 de la Ley 40/2015, de 1 de octubre, de Régimen Jurídico del Sector Público, con respecto a los Secretarios Generales Técnicos:

a) Los nombramientos habrán de efectuarse con los criterios de competencia profesional y experiencia, entre funcionarios de carrera del Estado, de las Comunidades Autónomas o de las Entidades Locales, a los que se les exija para su ingreso el título de Doctor o Licenciado.

b) Serán nombrados y separados por Real Decreto del Consejo de Ministros, a propuesta del Presidente del Gobierno.

c) Están bajo la inmediata dependencia del Subsecretario y tienen a todos los efectos la categoría de Director General.

d) Están bajo la inmediata dependencia del Subsecretario y tienen a todos los efectos la categoría de Subdirector General.

173. ¿Cuál de las siguientes funciones, conforme a lo dispuesto en el artículo 63 de la Ley 40/2015, de 1 de octubre, de Régimen Jurídico del Sector Público, NO le corresponde al Subsecretario?

a) Apoyar a los órganos superiores en la planificación de la actividad del Ministerio, a través del correspondiente asesoramiento técnico.

b) Asistir a los órganos superiores en materia de relaciones de puestos de trabajo.

c) Nombrar y separar a los Subdirectores.

d) Desempeñar la jefatura superior de todo el personal del Departamento.

174. La Ley 40/2015, de 1 de octubre, de Régimen Jurídico del Sector Público, en el artículo 74 establece que en las Comunidades Autónomas uniprovinciales, las competencias de los Subdelegados del Gobierno:

a) Se delegarán por el Delegado del Gobierno en el Secretario de Estado.

b) Serán asumidas por el Delegado del Gobierno cuando no exista Subdelegado.

c) Nunca puede delegarse.

d) Se delegarán por el Delegado del Gobierno en el Secretario de la Subdelegación del Gobierno.

175. ¿Quién tiene la condición de Alto Cargo, conforme al artículo 55.6 de la Ley 40/2015, de 1 de octubre, de Régimen Jurídico del Sector Público?

a) Los órganos superiores directivos.

b) Los órganos superiores y directivos, excepto los subdirectores generales y los asimilados.

c) Los órganos directivos.

d) Los Subdirectores Generales.

176. El orden jerárquico de los siguientes órganos ministeriales de acuerdo con el artículo 55.6 de la Ley 40/2015, de 1 de octubre, de Régimen Jurídico del Sector Público, es:

a) Subsecretario, Director General y Subdirector General.

b) Secretario de Estado, Director General y Subsecretario.

c) Director General, Secretario General Técnico, Secretario General.

d) Director General, Secretario General Técnico, Subsecretario.

177. Componen la organización territorial de la Administración General del Estado, según los artículos 55.4 y 70 de la Ley 40/2015, de 1 de octubre, de Régimen Jurídico del Sector Público:

a) Delegados del Gobierno, Subdelegados del Gobierno y Directores Insulares de la Administración General del Estado.

b) Secretarios Generales, Delegados del Gobierno y Directores Insulares de la Administración General del Estado.

c) Directores Generales, Delegados del Gobierno y Directores Insulares de la Administración General del Estado.

d) Delegados del Gobierno, Gobernadores Civiles y Directores Insulares de la Administración General del Estado.

178. De acuerdo con el artículo 69.2 de la Ley 40/2015, de 1 de octubre, de Régimen Jurídico del Sector Público, las Delegaciones del Gobierno tendrán su sede en:

a) La localidad donde radique el Consejo de Ministros.
b) La localidad donde radique el Consejo de Gobierno de la Comunidad Autónoma.
c) La localidad donde radique el Parlamento de la Comunidad Autónoma.
d) La localidad donde acuerde ubicarla el Presidente del Gobierno.

179. ¿Cómo se denominan en el artículo 58.3 de la Ley 40/2015, de 1 de octubre, de Régimen Jurídico del Sector Público, los órganos de gestión de una o varias áreas funcionalmente homogéneas en un departamento ministerial?

a) Direcciones Generales.
b) Secretarías Generales Técnicas.
c) Subsecretarios.
d) Subdirecciones Generales.

180. En cuanto a la organización interna de los Ministerios, establece el artículo 58.2 de la Ley 40/2015, de 1 de octubre, de Régimen Jurídico del Sector Público, que los Ministerios contarán, en todo caso, con:

a) Una Secretaría General, y dependiendo de ella una Secretaría General Técnica, para la gestión de los servicios comunes previstos en el Título I de la Ley 40/2015, de 1 de octubre, de Régimen Jurídico del Sector Público.
b) Una Subsecretaría General Técnica, y dependiendo de ella una Subsecretaría, para la gestión de los servicios comunes previstos en el Título I de la Ley 40/2015, de 1 de octubre, de Régimen Jurídico del Sector Público.
c) Una Dirección General, y dependiendo de ella una Secretaría General Técnica, para la gestión de los servicios comunes previstos en el Título I de la Ley 40/2015, de 1 de octubre, de Régimen Jurídico del Sector Público.
d) Una Subsecretaría, y dependiendo de ella una Secretaría General Técnica, para la gestión de los servicios comunes previstos en el Título I de la Ley 40/2015, de 1 de octubre, de Régimen Jurídico del Sector Público.

181. ¿De quién dependen orgánicamente los Delegados del Gobierno, conforme al artículo 72.3 de la Ley 40/2015, de 1 de octubre, de Régimen Jurídico del Sector Público?

a) De la Presidencia del Gobierno.
b) Del Ministro de Política Territorial y Memoria Democrática.

c) De la Ministra de la Presidencia, Justicia y Relaciones con las Cortes.
d) Del Ministro del Interior.

182. A tenor de lo dispuesto en el artículo 72.4 de la Ley 40/2015, de 1 de octubre, de Régimen Jurídico del Sector Público, los Delegados del Gobierno serán nombrados y separados por:

a) Real Decreto Ley del Consejo de Ministros, a propuesta del Presidente del Gobierno.
b) Real Decreto del Consejo de Ministros, a propuesta del Presidente del Gobierno.
c) Real Decreto Legislativo del Consejo de Ministros, a propuesta del Presidente del Gobierno.
d) Orden del Consejo de Ministros, a propuesta del Presidente del Gobierno.

183. En caso de ausencia, vacante o enfermedad, el Delegado del Gobierno de una Comunidad Autónoma pluriprovincial será suplido temporalmente, de acuerdo con lo dispuesto en el artículo 72.5 de la Ley 40/2015, de 1 de octubre, de Régimen Jurídico del Sector Público por:

a) El Delegado del Gobierno en la Comunidad Autónoma más próxima.
b) El Secretario General de la Delegación del Gobierno.
c) El Subdelegado del Gobierno de la provincia donde aquel tenga su sede, salvo que el Delegado designe a otro Subdelegado.
d) El Director General con competencia en materia de Seguridad.

184. Los Delegados del Gobierno en las Comunidades Autónomas tienen las siguientes competencias (art. 73 de Ley 40/2015, de 1 de octubre, de Régimen Jurídico del Sector Público):

a) Dirigir la Delegación del Gobierno de la Junta de Andalucía.
b) Nombrar a los Delegados de la Junta de Andalucía.
c) Administrar la justicia, juzgando y ejecutando lo juzgado.
d) Elevar, con carácter anual, un informe al Gobierno, a través del Ministro de Política Territorial y Memoria Democrática, sobre el funcionamiento de los servicios públicos estatales y su evaluación global.

185. De acuerdo con el artículo 73.1 de la Ley 40/2015, de 1 de octubre, de Régimen Jurídico del Sector Público, a los Delegados del Gobierno, para evitar la duplicidad de estructuras

administrativas, dentro su ámbito territorial, tanto en la propia Administración General del Estado como con otras Administraciones Públicas, conforme a los principios de eficacia y eficiencia, les corresponde proponer medidas a:

a) La Presidencia del Gobierno.
b) El Ministro de Política Territorial y Memoria Democrática.
c) La Ministra de la Presidencia, Justicia y Relaciones con las Cortes.
d) El Ministro del Interior.

186. Para el mejor cumplimiento de la función directiva y coordinadora, prevista en el artículo 79 de la Ley 40/2015, de 1 de octubre, de Régimen Jurídico del Sector Público, se crea en cada una de las Comunidades Autónomas pluriprovinciales:

a) Una Comisión territorial, presidida por el Subdelegado del Gobierno en la Comunidad Autónoma e integrada por los Delegados del Gobierno en las provincias comprendidas en el territorio de esta.
b) Una Comisión territorial, presidida por el Subdelegado del Gobierno en la Comunidad Autónoma e integrada por los Directores Insulares en las provincias comprendidas en el territorio de esta.
c) Una Comisión territorial, presidida por el Delegado del Gobierno en la Comunidad Autónoma e integrada por los Subdelegados del Gobierno en las provincias comprendidas en el territorio de esta.
d) Una Comisión territorial, presidida por el Delegado del Gobierno en la Comunidad Autónoma e integrada por los Directores Insulares en las provincias comprendidas en el territorio de esta.

187. Para el ejercicio de sus funciones los Delegados del Gobierno en las Comunidades Autónomas uniprovinciales, el artículo 79.2 de la Ley 40/2015, de 1 de octubre, de Régimen Jurídico del Sector Público, dispone que existirán:

a) Comisiones de Asistencia.
b) Una Comisión territorial, presidida por el Subdelegado del Gobierno en la Comunidad Autónoma e integrada por los Directores Insulares en las provincias comprendidas en el territorio de esta.
c) Una Comisión territorial, presidida por el Delegado del Gobierno en la Comunidad Autónoma e integrada por los Subdelegados del Gobierno en las provincias comprendidas en el territorio de esta.
d) Una Comisión territorial, presidida por el Delegado del Gobierno en la Comunidad Autónoma e integrada por los Directores Insulares en las provincias comprendidas en el territorio de esta.

188. En las Comunidades Autónomas uniprovinciales en las que no exista Subdelegado, ¿quién asumirá, conforme al artículo 74 de la Ley 40/2015, de 1 de octubre, de Régimen Jurídico del Sector Público, las competencias que la Ley atribuye a los Subdelegados del Gobierno en las provincias?

a) El Presidente de la Comunidad Autónoma.
b) El Delegado del Gobierno.
c) El Alcalde de la capital de la provincia.
d) El Presidente de la Diputación Provincial.

189. El Subdelegado del Gobierno en cada provincia, salvo en el caso de las Comunidades Autónomas uniprovinciales, de acuerdo con el artículo 74 de la Ley 40/2015, de 1 de octubre, de Régimen Jurídico del Sector Público, tendrá el nivel orgánico de:

a) Subsecretario.
b) Secretario General.
c) Director General.
d) Subdirector General.

190. Le corresponde al Subdelegado del Gobierno en cada provincia, conforme al artículo 75 de la Ley 40/2015, de 1 de octubre, de Régimen Jurídico del Sector Público:

a) Dirigir, en su caso, los servicios integrados de la Administración General de la Comunidad Autónoma, de acuerdo con las instrucciones del Delegado del Gobierno.
b) Dirigir los servicios no integrados en la Administración General del Estado.
c) Dirigir, en su caso, los servicios integrados de la Administración General del Estado, de acuerdo con las instrucciones del Delegado del Gobierno.
d) Dirigir los Cuerpos de la Policía local en la provincia.

191. La asistencia jurídica en relación con las Delegaciones y Subdelegaciones del Gobierno se ejercerán de acuerdo con su normativa específica por:

a) La Comisión interministerial de coordinación de la Administración periférica del Estado.
b) La Abogacía del Estado.
c) La Intervención General de la Administración del Estado.
d) La Comisión territorial de asistencia al Delegado y al Subdelegado del Gobierno.

192. Las funciones de intervención y control económico financiero en relación con las Delegaciones y Subdelegaciones del Gobierno se ejercerán de acuerdo con su normativa específica por:

a) La Comisión interministerial de coordinación de la Administración periférica del Estado

b) La Abogacía del Estado.

c) La Intervención General de la Administración del Estado.

d) La Comisión territorial de asistencia al Delegado y al Subdelegado del Gobierno.

193. El Director Insular de la Administración General del Estado será nombrado por:

a) El Delegado del Gobierno mediante el procedimiento de libre designación entre funcionarios de carrera del Estado, de las Comunidades Autónomas o de las Entidades Locales, pertenecientes a Cuerpos o Escalas clasificados como Subgrupo A1.

b) Real Decreto de Consejo de Ministros, a propuesta del Ministro de Hacienda.

c) Real Decreto de Consejo de Ministros, a propuesta del Ministro correspondiente y el de Política Territorial y Memoria Democrática.

d) Real Decreto de Consejo de Ministros, a propuesta del Ministro de la Presidencia, Justicia y Relaciones con las Cortes.

194. Los Directores Insulares, que dependen jerárquicamente del Delegado del Gobierno en la Comunidad Autónoma o del Subdelegado del Gobierno en la provincia, cuando este cargo exista, ejercen, en su ámbito territorial, las competencias atribuidas por la Ley 40/2015, de 1 de octubre, de Régimen Jurídico del Sector Público, a los:

a) Delegados del Gobierno en las Comunidades Autónomas.

b) Subdelegados del Gobierno en las provincias.

c) Secretario General de la Delegación del Gobierno.

d) Secretario General de la Subdelegación.

195. ¿Cuál de las siguientes competencias, a tenor de lo dispuesto en la Ley 40/2015, de 1 de octubre, de Régimen Jurídico del Sector Público, NO lo es de los Directores Generales?

a) Ejercer las competencias atribuidas a la Dirección General y las que les sean desconcentradas o delegadas.

b) Proponer al Ministro o al titular del órgano del que dependa, la resolución que estime procedente sobre los asuntos que afectan al órgano directivo.

c) Asistir a los órganos superiores en la elaboración, ejecución y seguimiento de los presupuestos y la planificación de los sistemas de información y comunicación.

d) Impulsar y supervisar las actividades que forman parte de la gestión ordinaria del órgano directivo y velar por el buen funcionamiento de los órganos y unidades dependientes y del personal integrado en los mismos.

196. En relación con la Administración del Estado, la Ley 40/2015, de 1 de octubre, de Régimen Jurídico del Sector Público, dispone que:

a) Son órganos superiores los embajadores.

b) Los órganos superiores y directivos tienen la condición de alto cargo, salvo los Subdirectores Generales y asimilados.

c) Corresponde a los órganos directivos establecer los planes de actuación de la organización situada bajo su responsabilidad.

d) Los Delegados del Gobierno tienen rango de Secretario General.

197. La Ley 40/2015, de 1 de octubre, de Régimen Jurídico del Sector Público, en relación con la jerarquía de los órganos ministeriales, dispone que:

a) Los Secretarios Generales tienen la categoría de Secretario.

b) Los Directores Generales están jerárquicamente por encima del Secretario General Técnico.

c) Los Directores Generales y los Secretarios Generales Técnicos tienen la misma categoría.

d) El Subsecretario es un órgano superior del Ministerio.

198. Las competencias de un Secretario General deben determinarse por:

a) El Ministro.

b) El Subsecretario.

c) Las normas que regulan la estructura del Ministerio.

d) El Presidente del Gobierno de la Nación.

199. No tiene el carácter de órgano directivo de un Departamento Ministerial un:

a) Subsecretario.

b) Secretario General.

c) Secretario de Estado.

d) Director General.

200. Los Secretarios Generales Técnicos tienen categoría de:

a) Subsecretario.
b) Director General.
c) Secretario de Estado.
d) Jefe de Servicio.

201. La representación ordinaria de los Ministerios y la dirección de los servicios comunes de los mismos se atribuye a los:

a) Ministros.
b) Secretarios de Estado.
c) Subsecretarios.
d) Secretarios Generales Técnicos.

202. Aprobar las propuestas de los estados de gastos de cada Ministerio es una competencia del/de la:

a) Ministerio de Hacienda.
b) Intervención General del Estado.
c) Ministro correspondiente.
d) Director General competente por razón de la materia.

203. La asistencia al Ministro en el control de eficacia del Ministerio es una competencia del:

a) Secretario de Estado.
b) Subsecretario.
c) Director General en su respectivo ámbito.
d) Secretario General Técnico.

204. La creación de Subdelegaciones del Gobierno en Comunidades Autónomas uniprovinciales se realiza:

a) A través de Real Decreto del Consejo de Ministros.
b) En ningún supuesto.

c) Por el Delegado del Gobierno de la Nación en la Comunidad Autónoma donde aquellas radiquen.
d) Por Ley de las Cortes Generales.

205. El elemento organizativo básico en las estructuras orgánicas de la Administración General del Estado es el/la:

a) Negociado.
b) Sección.
c) Servicio.
d) Unidad administrativa.

206. Con carácter originario, la competencia para celebrar contratos administrativos, dentro de cada Ministerio, compete a/al:

a) Cada Director General.
b) Subsecretario.
c) Secretario General Técnico.
d) Ministro.

207. ¿A quién corresponde ejercer la potestad reglamentaria en las materias propias del departamento ministerial?

a) A cada Director General.
b) Al Subsecretario.
c) Al Secretario General Técnico.
d) Al Ministro.

208. Las competencias relativas a producción normativa, asistencia jurídica y publicaciones, dentro de cada Ministerio, se atribuyen a los:

a) Directores Generales.
b) Subsecretarios.
c) Secretarios Generales.
d) Secretarios Generales Técnicos.

Soluciones

101. d)	111. d)	121. c)	131. a)	141. c)	151. a)	161. b)	171. a)	181. a)	191. b)
102. a)	112. c)	122. d)	132. c)	142. c)	152. a)	162. a)	172. c)	182. b)	192. c)
103. d)	113. c)	123. d)	133. b)	143. a)	153. b)	163. c)	173. c)	183. c)	193. a)
104. b)	114. b)	124. b)	134. a)	144. a)	154. c)	164. a)	174. b)	184. d)	194. b)
105. b)	115. b)	125. a)	135. d)	145. b)	155. d)	165. b)	175. b)	185. b)	195. c)
106. d)	116. d)	126. a)	136. d)	146. d)	156. c)	166. b)	176. a)	186. c)	196. b)
107. d)	117. b)	127. d)	137. c)	147. d)	157. b)	167. b)	177. a)	187. a)	197. c)
108. a)	118. b)	128. d)	138. d)	148. b)	158. b)	168. d)	178. b)	188. b)	198. c)
109. b)	119. b)	129. b)	139. a)	149. a)	159. c)	169. c)	179. a)	189. d)	199. c)
110. a)	120. d)	130. d)	140. b)	150. d)	160. a)	170. a)	180. d)	190. c)	200. b)

209. En materia de Protección Civil, el Subdelegado del Gobierno en la provincia:

a) Dirige y coordina los servicios de la misma en el ámbito provincial.

b) Tiene una actuación subsidiaria a la de los Alcaldes, como órganos que ostentan la jefatura directa en esta materia.

c) No tiene competencia alguna.

d) Depende del órgano autonómico de que se trate.

210. La responsabilidad del asesoramiento jurídico al Ministro en el desarrollo de sus funciones recae sobre el:

a) Servicio Jurídico del Estado.

b) Secretario General.

c) Subsecretario.

d) Secretario General Técnico.

211. Tiene carácter excepcional en los Ministerios el cargo de:

a) Subsecretario.

b) Secretario General Técnico.

c) Subdirector General.

d) Secretario General.

212. La convocatoria de las Conferencias Sectoriales es una competencia atribuida al:

a) Ministro de Política Territorial y Memoria Democrática.

b) Consejo de Ministros.

c) Ministro correspondiente según el sector de actividad a que se refieran.

d) Presidente del Gobierno de la Nación.

213. Las Unidades administrativas de los Ministerios se establecen mediante:

a) La Relación de Puestos de Trabajo.

b) El Real Decreto de estructura básica de cada Ministerio.

c) Orden Ministerial al efecto.

d) Resolución del Subsecretario.

214. El nombramiento de los Subdelegados del Gobierno en las Provincias se efectúa a través del siguiente procedimiento:

a) Concurso de méritos.

b) Designación directa, al tratarse de un cargo político.

c) Libre designación.

d) Oposición.

215. El nombramiento de los Delegados del Gobierno de la Nación en las Comunidades Autónomas es competencia del:

a) Presidente del Gobierno de la Nación.

b) Consejo de Ministros.

c) Consejo de Gobierno.

d) Parlamento Autonómico.

216. El nombramiento de los Delegados del Gobierno de la Nación en las Comunidades Autónomas se efectúa a propuesta del:

a) Ministro del Interior.

b) Presidente del Gobierno de la Nación.

c) Presidente de cada Comunidad Autónoma.

d) Presidente del Parlamento Autonómico.

217. El Subdelegado del Gobierno, en el ámbito provincial dirigirá:

a) Todas las Fuerzas y Cuerpos de Seguridad del Estado.

b) Las anteriores y las Fuerzas Armadas.

c) Las Fuerzas y Cuerpos de Seguridad que radiquen en la Provincia.

d) Solo el Cuerpo Nacional de Policía.

218. Según la Ley 40/2015, de 1 de octubre, de Régimen Jurídico del Sector Público, es competencia de los Ministros:

a) Administrar los créditos para gastos de los presupuestos del Ministerio, aprobar y comprometer los gastos que no sean de la competencia del Consejo de Ministros.

b) Refrendar los actos del Rey.

c) Ejercer las competencias sobre el sector de actividad administrativa asignado que les atribuya la norma de creación del órgano y desempeñar las relaciones externas de la Secretaría de Estado.

d) Apoyar a los órganos superiores de planificación de la actividad del Ministerio.

219. ¿De quién dependen funcionalmente los Delegados del Gobierno, conforme al artículo 72.3 de la Ley 40/2015, de 1 de octubre, de Régimen Jurídico del Sector Público?

a) De la Presidencia del Gobierno.

b) Del Ministro de Política Territorial y Memoria Democrática.

c) De la Presidencia de la Comunidad Autónoma.

d) De la Presidencia de la Diputación Provincial.

220. ¿De quién dependen funcionalmente los Delegados del Gobierno, conforme al artículo 73.3 de la Ley 40/2015, de 1 de octubre, de Régimen Jurídico del Sector Público, cuando ejerzan las competencias del Estado para proteger el libre ejercicio de los derechos y libertades y garantizar la seguridad ciudadana, a través de los Subdelegados del Gobierno y de las Fuerzas y Cuerpos de Seguridad del Estado?

a) De la Presidencia del Gobierno.
b) Del Ministro de Política Territorial y Memoria Democrática.
c) De la Ministra de la Presidencia, Justicia y Relaciones con las Cortes.
d) Del Ministro del Interior.

221. La estructura de las Delegaciones y Subdelegaciones del Gobierno, conforme al artículo 76 de la Ley 40/2015, de 1 de octubre, de Régimen Jurídico del Sector Público, se establecerá por:

a) Real Decreto de Presidencia, Justicia y Relaciones con las Cortes, en el que se determinarán los órganos y las áreas funcionales que se constituyan.
b) Real Decreto de Política Territorial y Memoria Democrática, en el que se determinarán los órganos y las áreas funcionales que se constituyan.
c) Real Decreto de Consejo de Ministros, a propuesta del Ministerio de Política Territorial y Memoria Democrática, en razón de la dependencia orgánica de las Delegaciones del Gobierno, y del Ministerio competente del área de actividad.
d) Real Decreto del Consejo de Ministros a propuesta del Ministerio de Política Territorial y Memoria Democrática, en razón de la dependencia orgánica de las Delegaciones del Gobierno.

222. De acuerdo con el artículo 76 de la Ley 40/2015, de 1 de octubre, de Régimen Jurídico del Sector Público, la integración de nuevos servicios territoriales o la desintegración de servicios territoriales ya integrados en las Delegaciones del Gobierno, se llevará a cabo mediante:

a) Real Decreto de Presidencia, Justicia y Relaciones con las Cortes, en el que se determinarán los órganos y las áreas funcionales que se constituyan.
b) Real Decreto de Política Territorial y Memoria Democrática, en el que se determinarán los órganos y las áreas funcionales que se constituyan.
c) Real Decreto de Consejo de Ministros, a propuesta del Ministerio de Política Territorial y Memoria Democrática, en razón de la dependencia orgánica de las Delegaciones del Gobierno, y del Ministerio competente del área de actividad.

d) Real Decreto del Consejo de Ministros a propuesta del Ministerio de Política Territorial y Memoria Democrática, en razón de la dependencia orgánica de las Delegaciones del Gobierno.

223. Conforme al artículo 71.2 de la Ley 40/2015, de 1 de octubre, de Régimen Jurídico del Sector Público, la organización de los servicios no integrados en las Delegaciones del Gobierno, cuando contemple unidades con nivel de Subdirección General o equivalentes, se establecerá mediante:

a) Orden conjunta del titular del Ministerio del que dependan y del titular del Ministerio que tenga atribuida la competencia para la racionalización, análisis y evaluación de las estructuras organizativas de la Administración General del Estado y sus organismos públicos (Ministerio de la Presidencia, Justicia y Relaciones con las Cortes).
b) Orden conjunta del titular del Ministerio del que dependan y del titular del Ministerio que tenga atribuida la competencia para la racionalización, análisis y evaluación de las estructuras organizativas de la Administración General del Estado y sus organismos públicos (Ministerio de Política Territorial y Memoria Democrática).
c) Real Decreto a propuesta conjunta del titular del Ministerio del que dependan y del titular del Ministerio que tenga atribuida la competencia para la racionalización, análisis y evaluación de las estructuras organizativas de la Administración General del Estado y sus organismos públicos (Ministerio de Política Territorial y Memoria Democrática).
d) Real Decreto a propuesta conjunta del titular del Ministerio del que dependan y del titular del Ministerio que tenga atribuida la competencia para la racionalización, análisis y evaluación de las estructuras organizativas de la Administración General del Estado y sus organismos públicos (Ministerio de la Presidencia, Justicia y Relaciones con las Cortes).

224. De acuerdo con el artículo 71.2 de la Ley 40/2015, de 1 de octubre, de Régimen Jurídico del Sector Público, la organización de los servicios no integrados en las Delegaciones del Gobierno, cuando afecte a órganos inferiores a nivel de Subdirección General o equivalentes, se establecerá mediante:

a) Orden conjunta del titular del Ministerio del que dependan y del titular del Ministerio que tenga atribuida la competencia para la racionalización, análisis y evaluación de las estructuras organizativas de la Administración General del Estado y sus organismos públicos (Ministerio de la Presidencia, Justicia y Relaciones con las Cortes).

b) Orden conjunta del titular del Ministerio del que dependan y del titular del Ministerio que tenga atribuida la competencia para la racionalización, análisis y evaluación de las estructuras organizativas de la Administración General del Estado y sus organismos públicos (Ministerio de Política Territorial y Memoria Democrática).

c) Real Decreto a propuesta conjunta del titular del Ministerio del que dependan y del titular del Ministerio que tenga atribuida la competencia para la racionalización, análisis y evaluación de las estructuras organizativas de la Administración General del Estado y sus organismos públicos (Ministerio de Política Territorial y Memoria Democrática).

d) Real Decreto a propuesta conjunta del titular del Ministerio del que dependan y del titular del Ministerio que tenga atribuida la competencia para la racionalización, análisis y evaluación de las estructuras organizativas de la Administración General del Estado y sus organismos públicos (Ministerio de la Presidencia, Justicia y Relaciones con las Cortes).

225. Conforme a la Ley 40/2015, de 1 de octubre, de Régimen Jurídico del Sector Público, los Secretarios de Estado:

a) Dirigen, impulsan y supervisan la Secretaría General Técnica.

b) Nombran y separan a los Subdirectores Generales de la Secretaría de Estado.

c) Tienen rango inferior al de Subsecretario.

d) No son "altos cargos".

226. Las entidades que integran el sector público institucional están sometidas en su actuación a los principios de:

a) Estabilidad financiera, sostenibilidad presupuestaria, legalidad, transparencia, eficacia y eficiencia.

b) Publicidad, legalidad, sostenibilidad financiera, equidad y transparencia en su gestión.

c) Sostenibilidad financiera, estabilidad presupuestaria, legalidad, transparencia en su gestión y eficiencia.

d) Legalidad, igualdad, eficacia, eficiencia, transparencia en su gestión y solidaridad.

227. ¿Para qué Administraciones Públicas determina el art. 81.2 de la Ley 40/2015, de 1 de octubre, de Régimen Jurídico del Sector Público, que se deberá establecer un sistema de supervisión continua de sus entidades dependientes, con el objeto de comprobar la subsistencia de los motivos que justificaron su creación y su sostenibilidad financiera, y que deberá incluir la formulación expresa de propuestas de mantenimiento, transformación o extinción?

a) Para la Administración General del Estado.

b) Para la Administración Autonómica.

c) Para la Administración Local.

d) Para todas.

228. Se configura como registro público administrativo que garantiza la información pública y la ordenación de todas las entidades integrantes del sector público institucional, cualquiera que sea su naturaleza jurídica:

a) El Registro Público Nacional de Entidades Públicas.

b) El Inventario de Entidades del Sector Público Estatal, Autonómico y Local.

c) El Inventario Nacional de Entidades Públicas.

d) El Catálogo Nacional del Sector Público Estatal, Autonómico y Local.

229. El titular del máximo órgano de dirección de la entidad, a través de la intervención general de la Administración correspondiente, notificará, electrónicamente a efectos de su inscripción, al Inventario de Entidades del Sector Público Estatal, Autonómico y Local, la norma o el acto jurídico de creación en el plazo de:

a) Tres meses desde la entrada en vigor de la norma o del acto, según corresponda.

b) 30 días hábiles desde la entrada en vigor de la norma o del acto, según corresponda.

c) 20 días hábiles desde la entrada en vigor de la norma o del acto, según corresponda.

d) 15 días hábiles desde la entrada en vigor de la norma o del acto, según corresponda.

230. ¿En qué plazo se practicará la inscripción de la norma o el acto jurídico de creación en el Inventario de Entidades del Sector Público Estatal, Autonómico y Local?

a) Dentro del plazo de tres meses siguientes a la recepción de la solicitud de inscripción.

b) Dentro del plazo de 30 días hábiles siguientes a la recepción de la solicitud de inscripción.

c) Dentro del plazo de 20 días hábiles siguientes a la recepción de la solicitud de inscripción.

d) Dentro del plazo de 15 días hábiles siguientes a la recepción de la solicitud de inscripción.

231. No integran el sector público institucional estatal:

a) Los consorcios.

b) Las fundaciones del sector público.

c) Los fondos con personalidad jurídica.

d) Las universidades públicas no transferidas.

232. Cualquier organismo autónomo, entidad pública empresarial, sociedad mercantil estatal o fundación del sector público institucional estatal podrá transformarse y adoptar la naturaleza jurídica de cualquiera de las entidades citadas. Aunque suponga modificación de la Ley de creación, la transformación se llevará a cabo mediante:

a) Ley Orgánica.
b) Ley ordinaria.
c) Real Decreto.
d) Reglamento.

233. Señala la respuesta incorrecta respecto a las transformaciones de las entidades integrantes del sector público institucional estatal:

a) La transformación no alterará las condiciones financieras de las obligaciones asumidas.
b) La transformación podrá ser entendida como causa de resolución de las relaciones jurídicas.
c) La transformación tendrá lugar, conservando su personalidad jurídica, por cesión e integración global, en unidad de acto, de todo el activo y el pasivo de la entidad transformada con sucesión universal de derechos y obligaciones.
d) Cualquier organismo autónomo, entidad pública empresarial, sociedad mercantil estatal o fundación del sector público institucional estatal podrá transformarse y adoptar la naturaleza jurídica de cualquiera de las entidades citadas.

234. Los organismos públicos se estructuran, según se determine en su respectivo Estatuto, en:

a) Órganos ejecutivos, órganos de gestión y en órganos de administración.
b) Órganos de administración y en órganos de gobierno.
c) Órganos de administración, órganos ejecutivos y en órganos de dirección.
d) Órganos ejecutivos y en órganos de gobierno.

235. Con carácter general, los máximos órganos de gobierno de los organismos públicos son:

a) El Presidente y el Consejo Rector.
b) El Presidente, el Vicepresidente, el Consejo Rector y el Gerente.
c) El Presidente, el Consejo Rector y el Gerente.
d) El Presidente, el Consejo Rector y el Secretario General.

236. ¿A quién corresponde la clasificación de las entidades, conforme a su naturaleza y a los criterios previstos en Real Decreto 451/2012, de 5 de marzo, por el que se regula el régimen retributivo de los máximos responsables y directivos en el sector público empresarial y otras entidades?

a) Al Ministro de Hacienda.
b) A la Secretaría General de Coordinación Autonómica y Local.
c) A la Intervención General de la Administración del Estado.
d) A la Secretaría de Estado de Presupuestos, Gastos y Gestión Pública.

237. ¿En cuántos grupos se clasifican las entidades, conforme a su naturaleza y a los criterios previstos en Real Decreto 451/2012, de 5 de marzo, por el que se regula el régimen retributivo de los máximos responsables y directivos en el sector público empresarial y otras entidades?

a) En seis grupos.
b) En cinco grupos.
c) En cuatro grupos.
d) En tres grupos.

238. La creación de los organismos públicos se efectúa:

a) Por Ley Orgánica.
b) Por Ley.
c) Mediante Reglamento.
d) Mediante Real Decreto.

239. Los organismos públicos deberán acomodar su actuación a lo previsto en su plan inicial de actuación. Dicho plan se actualizará:

a) Anualmente.
b) Cada dos años.
c) Cada tres años.
d) Cada cinco años.

240. ¿Cuándo deberá ser aprobado el plan anual de actuación por el departamento del que dependa o al que esté vinculado el organismo?

a) En el primer trimestre del año natural.
b) En el último trimestre del año natural.
c) Antes del 31 de enero del año natural.
d) Antes de 15 de marzo del año natural.

241. El Plan de actuación incorporará una revisión de la programación estratégica del organismo:

a) Cada semestre.
b) Cada año.
c) Cada dos años.
d) Cada tres años.

242. ¿Cuándo deberán ser publicados los estatutos de los organismos públicos?

a) Con carácter previo a la entrada en funcionamiento efectivo del organismo público.
b) En el plazo máximo de un mes desde la entrada en funcionamiento efectivo del organismo público.
c) En el plazo máximo de tres meses desde la entrada en funcionamiento efectivo del organismo público.
d) Lo antes posible desde la entrada en funcionamiento efectivo del organismo público.

243. ¿Dónde se hará público el plan de actuación y los anuales, así como sus modificaciones?

a) En el BOE.
b) En los Boletines Oficiales Autonómicos y en el BOE.
c) En cualquier periódico de tirada nacional.
d) En la página web del organismo público al que corresponda.

244. La falta de aprobación del plan anual de actuación dentro del plazo fijado por causa imputable al organismo, y hasta tanto se subsane la omisión, llevará aparejada la paralización de las transferencias que deban realizarse a favor del organismo con cargo a los Presupuestos Generales del Estado:

a) Salvo que el Presidente del Gobierno adopte otra decisión.
b) Salvo que el Ministro de Hacienda adopte otra decisión.
c) Salvo que el Consejo de Ministros adopte otra decisión.
d) Salvo que el Consejo de Estado adopte otra decisión.

245. ¿Cómo se aprueban los estatutos de los organismos públicos?

a) Por medio de ley.
b) Por Real Decreto del Consejo de Ministros.
c) Por Real Decreto del Ministro de Hacienda.
d) Por Real Decreto del Ministro al que el organismo esté vinculado o sea dependiente.

246. ¿A propuesta de quién se aprueban los estatutos de los organismos públicos?

a) A propuesta del Ministerio de Hacienda.
b) A propuesta del Consejo de Ministros.
c) A propuesta de Ministerio al que el organismo esté vinculado o sea dependiente.
d) A propuesta conjunta del Ministerio de Hacienda y del Ministerio al que el organismo esté vinculado o sea dependiente.

247. ¿A quién corresponde efectuar, a tenor del art. 104.4 de la Ley 40/2015, de 1 de octubre, y con la periodicidad adecuada, controles específicos sobre la gestión de los recursos humanos de las entidades públicas empresariales de ámbito estatal?

a) Al Consejo de Estado.
b) Al Consejo de Ministros.
c) Al Ministerio de Economía.
d) Al Ministerio de Hacienda.

248. La falta de aprobación del plan anual de actuación dentro del plazo fijado por causa imputable al organismo, y hasta tanto se subsane la omisión, llevará aparejada:

a) La denegación de las transferencias que deban realizarse a favor del organismo con cargo a los Presupuestos Generales del Estado.
b) La aprobación de la mitad de las transferencias que deban realizarse a favor del organismo con cargo a los Presupuestos Generales del Estado, quedando pendiente el resto a que se apruebe definitivamente el plan anual.
c) La paralización de las transferencias que deban realizarse a favor del organismo con cargo a los Presupuestos Generales del Estado.
d) La aprobación de la tercera parte de las transferencias que deban realizarse a favor del organismo con cargo a los Presupuestos Generales del Estado, quedando pendiente el resto a que se apruebe definitivamente el plan anual.

249. La fusión de los organismos públicos estatales de la misma naturaleza jurídica se llevará a cabo mediante:

a) Ley orgánica.
b) Ley ordinaria.
c) Real Decreto.
d) Norma reglamentaria.

250. El plan de redimensionamiento deberá ser aprobado por cada uno de los organismos públicos fusionados si se integran en uno nuevo o por el organismo público absorbente, previo informe preceptivo de:

a) El Consejo de Ministros.
b) El Presidente del Gobierno.
c) El Ministerio de Hacienda.
d) La Intervención General de la Administración del Estado.

251. Señala la respuesta incorrecta respecto de la aprobación de la norma de fusión de los organismos públicos estatales:

a) Los distintos tipos de personal de los organismos públicos fusionados tendrán los derechos y obligaciones que les correspondan de acuerdo con la normativa que les sea de aplicación.
b) La aprobación de la norma de fusión conllevará la integración de las organizaciones de los organismos públicos fusionados, incluyendo los medios personales, materiales y económicos, en los términos previstos en el plan de redimensionamiento.
c) La fusión podrá alterar las condiciones financieras de las obligaciones asumidas, pudiendo ser entendida como causa de resolución de las relaciones jurídicas.
d) La integración de quienes hasta ese momento vinieran ejerciendo funciones reservadas a funcionarios públicos sin serlo podrá realizarse con la condición de «a extinguir», debiéndose valorar previamente las características de los puestos afectados y las necesidades del organismo donde se integren.

252. Si se hubiera previsto en el plan de redimensionamiento, las obligaciones, bienes y derechos patrimoniales que se consideren liquidables se integrarán en un fondo, sin personalidad jurídica y con contabilidad separada, adscrito al nuevo organismo público resultante de la fusión o al organismo público absorbente, según proceda, que designará un liquidador al que le corresponderá la liquidación de este fondo. Salvo excepciones, la liquidación deberá llevarse a cabo:

a) Durante el año siguiente a la aprobación de la norma reglamentaria.
b) Durante los dos años siguientes a la aprobación de la norma reglamentaria.
c) Durante los tres años siguientes a la aprobación de la norma reglamentaria.
d) Durante los cinco años siguientes a la aprobación de la norma reglamentaria.

253. ¿Quién podrá acordar la prórroga de la liquidación, sin perjuicio de los posibles derechos que puedan corresponder a los acreedores?

a) El Consejo de Ministros.
b) El Presidente del Gobierno.
c) El Ministerio de Hacienda.
d) La Intervención General de la Administración del Estado.

254. Los Organismos públicos estatales deberán disolverse por encontrarse en situación de desequilibrio financiero durante:

a) Al menos, un ejercicio presupuestario.
b) Dos ejercicios presupuestarios consecutivos.
c) Como mínimo, tres ejercicios presupuestarios consecutivos o alternos.
d) Como mínimo, dos ejercicios presupuestarios consecutivos o tres alternos.

255. Señala cuál de los siguientes NO es uno de los motivos por los que los organismos públicos estatales deberán disolverse:

a) Por el transcurso del tiempo de existencia señalado en la ley de creación.
b) Cuando del seguimiento del plan de actuación resulte el incumplimiento de los fines que justificaron la creación del organismo o que su subsistencia no es el medio más idóneo para lograrlos y así se concluya en el control de eficacia o de supervisión continua.
c) Porque sus fines hayan sido mayoritariamente cumplidos, de forma que no se justifique la pervivencia del organismo público, y así se haya puesto de manifiesto en el control de eficacia.
d) Porque la totalidad de sus fines y objetivos sean asumidos por los servicios de la Administración General del Estado.

256. Cuando un organismo público se disuelva por transcurrir el tiempo de existencia señalado en la ley de creación, el titular del máximo órgano de dirección del organismo dispondrá de un plazo para comunicarlo a la Administración General del Estado, de:

a) Veinte días a contar desde la concurrencia de dicha causa.
b) Un mes a contar desde la concurrencia de dicha causa.
c) Dos meses a contar desde la concurrencia de dicha causa.
d) Tres meses a contar desde la concurrencia de dicha causa.

257. ¿Transcurrido qué plazo sin que el acuerdo de disolución haya sido publicado, el organismo público quedará automáticamente disuelto y no podrá realizar ningún acto jurídico, salvo los estrictamente necesarios para garantizar la eficacia de su liquidación y extinción?

a) Transcurridos quince días.
b) Transcurridos veinte días.
c) Transcurrido un mes.
d) Transcurridos dos meses.

258. Cuando un organismo público incurra en alguna de las causas de disolución previstas en las letras a), b), c), d) o e) del artículo 96.1 de la Ley 40/2015, de 1 de octubre, el titular del máximo órgano de dirección del organismo lo comunicará al titular del departamento de adscripción en el plazo de:

a) Dos meses desde que concurra la causa de disolución.
b) Tres meses desde que concurra la causa de disolución.
c) Seis meses desde que concurra la causa de disolución.
d) No hay plazo establecido legalmente.

259. Según dispone el art. 96.2 de la Ley 40/2015, de 1 de octubre, transcurridos dos meses sin que se haya producido la comunicación y concurriendo la causa de disolución, el organismo público quedará automáticamente disuelto:

a) No pudiendo realizar ningún acto jurídico.
b) Y no podrá realizar ningún acto jurídico, salvo los estrictamente necesarios para garantizar la eficacia de su liquidación.
c) Y no podrá realizar ningún acto jurídico, salvo los estrictamente necesarios para garantizar la eficacia de su extinción.
d) Son correctas las respuestas b) y c).

260. En el plazo de dos meses desde la recepción de la comunicación a la que se refiere el artículo 96.2 de la Ley 40/2015, de 1 de octubre, el Consejo de Ministros adoptará el correspondiente acuerdo de disolución, en el que designará al órgano administrativo o entidad del sector público institucional estatal que asumirá las funciones de liquidador, y se comunicará para su publicación a:

a) El Inventario de Entidades del Sector Público Estatal, Autonómico y Local.
b) La Intervención General de la Administración del Estado.
c) La Secretaría General de Financiación Autonómica y Local.
d) La Secretaría General de Liquidaciones.

261. Los Organismos públicos estatales deberán disolverse cuando así lo acuerde:

a) El Presidente del Gobierno.
b) El Consejo de Ministros.
c) El Consejo de Estado.
d) Cualquiera de los anteriores.

262. En el plazo de dos meses desde la recepción de la comunicación, ¿qué órgano adoptará el correspondiente acuerdo de disolución, en el que designará al órgano administrativo o entidad del sector público institucional estatal que asumirá las funciones de liquidador, y se comunicará al Inventario de Entidades del Sector Público Estatal, Autonómico y Local para su publicación?

a) El Presidente del Gobierno.
b) El Consejo de Ministros.
c) La persona titular del Ministerio de Hacienda.
d) La persona titular del Ministerio de Asuntos Económicos y Transformación Digital.

263. ¿Cuándo se producirá la extinción automática del organismo público?

a) Cuando se formalice su disolución.
b) Cuando así lo ratifique el Presidente del Gobierno.
c) Cuando lo declare formalmente el Ministro de Economía, Comercio y Empresa.
d) Cuando se formalice su liquidación.

264. Los organismos autónomos estatales dependen de la Administración General del Estado en lo que corresponde a:

a) Únicamente el control de su eficacia.
b) Exclusivamente en la evaluación de los resultados de su actividad.
c) Su dirección política.
d) Su dirección estratégica, la evaluación de los resultados de su actividad y el control de eficacia.

265. Con independencia de cuál sea su denominación, cuando un organismo público tenga la naturaleza jurídica de organismo autónomo deberá figurar en su denominación:

a) La abreviatura «OAE».
b) La indicación «organismo estatal autónomo».
c) La abreviatura «OA».
d) La indicación «organismo estatal».

266. ¿Quién será el órgano de contratación del organismo autónomo estatal?

a) La Intervención General de la Administración del Estado.
b) El Ministro de Hacienda.
c) El titular del máximo órgano de dirección del organismo autónomo.
d) El titular del máximo órgano de coordinación del organismo autónomo.

267. ¿A quién establece el artículo 100.1 de la Ley 40/2015, de 1 de octubre, ha de comunicar el organismo autónomo cuantos acuerdos o resoluciones adopte en aplicación del régimen específico de personal establecido en su Ley de creación o en sus estatutos:

a) Al Ministerio de Hacienda y Administraciones Públicas (actualmente Ministerio de Hacienda).
b) A la Intervención General de la Administración del Estado.
c) Al Consejo de Ministros.
d) Al Consejo de Estado.

268. Con independencia de cuál sea su denominación, cuando un organismo público tenga naturaleza jurídica de entidad pública empresarial deberá figurar en su denominación:

a) La abreviatura «EP».
b) La indicación de «entidad estatal empresarial».
c) La abreviatura «EPE».
d) La indicación de «entidad empresarial».

269. La selección del personal laboral de las entidades públicas empresariales de ámbito estatal, con la excepción del personal directivo, se hará mediante convocatoria pública basada en los principios de:

a) Legalidad, igualdad y transparencia.
b) Igualdad, mérito y oportunidad.
c) Igualdad, mérito y capacidad.
d) Mérito, capacidad y antigüedad.

270. El personal directivo de las entidades públicas empresariales de ámbito estatal será nombrado atendiendo a los siguientes criterios:

a) Competencia profesional y experiencia.
b) Mérito y capacidad.
c) Antigüedad y capacidad.
d) Experiencia profesional y antigüedad selectiva.

271. Indica cuáles de los siguientes NO se consideran servicios comunes de los organismos públicos:

a) Gestión de bienes muebles.
b) Asistencia jurídica.
c) Publicaciones.
d) Sistemas de información y comunicación.

272. ¿Cuándo deberán ser aprobados los estatutos de los organismos públicos?

a) Con carácter previo a la entrada en funcionamiento efectivo del organismo público.
b) En el plazo máximo de un mes desde la entrada en funcionamiento efectivo del organismo público.
c) En el plazo máximo de tres meses desde la entrada en funcionamiento efectivo del organismo público.
d) Lo antes posible desde la entrada en funcionamiento efectivo del organismo público.

273. ¿Qué norma determinará las condiciones conforme a las cuales los funcionarios de la Administración General del Estado podrán cubrir destinos en las entidades públicas empresariales de ámbito estatal así como establecer las competencias que a la misma correspondan sobre este personal:

a) La Ley 33/2003, de 3 de noviembre.
b) El Real Decreto Legislativo 3/2011, de 14 de noviembre.
c) La Ley 7/2007, de 12 de abril.
d) La Ley de creación de cada entidad pública empresarial.

274. Excepcionalmente, cuando así lo prevea la Ley de creación, las entidades públicas empresariales de ámbito estatal podrán financiarse con los recursos económicos que provengan de la siguiente fuente:

a) Valores que constituyen su patrimonio.
b) Transferencias corrientes o de capital que procedan de las Administraciones o entidades públicas.
c) Bienes que constituyen su patrimonio.
d) Productos y rentas que constituyen su patrimonio.

275. Señala la respuesta incorrecta respecto al régimen económico-financiero y patrimonial de los organismos autónomos estatales:

a) Los organismos autónomos aplicarán el régimen presupuestario, económico-financiero, de contabilidad, y de control establecido por la Ley 47/2003, de 26 de noviembre.
b) La gestión y administración de sus bienes y derechos propios, así como de aquellos del Patrimonio de la Administración que se les adscriban para el cumplimiento de sus fines, será ejercida de acuerdo con lo establecido para los organismos autónomos en la Ley 33/2003, de 3 de noviembre.

c) Los organismos autónomos estatales se financiarán mayoritariamente con ingresos de mercado.

d) Los organismos autónomos tendrán, para el cumplimiento de sus fines, un patrimonio propio, distinto del de la Administración Pública, integrado por el conjunto de bienes y derechos de los que sean titulares.

276. Las entidades públicas empresariales aplicarán el régimen presupuestario, económico-financiero, de contabilidad y de control establecido en:

a) La Ley 47/2003, de 26 de noviembre.
b) El Real Decreto Legislativo 3/2011, de 14 de noviembre.
c) La Ley 33/2003, de 3 de noviembre.
d) La Ley de Procedimiento Administrativo Común.

277. Indica cuál de los siguientes no es uno de los principios generales a los que han de someter su actuación las entidades que integran el sector público institucional:

a) Eficiencia.
b) Legalidad.
c) Transparencia en la gestión.
d) Racionalidad en el gasto.

278. Indica cuál de las siguientes entidades no forman parte del sector público institucional estatal:

a) Los fondos con personalidad jurídica.
b) Las universidades públicas no transferidas.
c) Las sociedades mercantiles estatales.
d) Los consorcios.

279. Señala la respuesta correcta respecto al control de eficacia de las entidades integrantes del sector público institucional estatal:

a) Todas las entidades integrantes del sector público institucional estatal contarán, en el momento de su creación, con un plan de actuación, que contendrá las líneas estratégicas en torno a las cuales se desenvolverá la actividad de la entidad.
b) El plan de actuación del momento de creación de las entidades integrantes del sector público institucional estatal se revisará cada dos años y se completará con planes anuales que desarrollarán el de creación para el ejercicio siguiente.
c) Todas las entidades integrantes del sector público institucional estatal están sujetas desde su creación hasta su extinción a la supervisión continua del Ministerio de Economía, Comercio y Empresa, a través de la Intervención General de la Administración del Estado, que vigilará la concurrencia de los requisitos previstos en esta ley.

d) Los resultados de la evaluación efectuada por el Ministerio de Economía, Comercio y Empresa se plasmarán en un informe sujeto a procedimiento contradictorio que, según las conclusiones que se hayan obtenido, podrá contener recomendaciones de mejora o una propuesta de transformación o supresión del organismo público o entidad.

280. Cualquier organismo autónomo, entidad pública empresarial, sociedad mercantil estatal o fundación del sector público institucional estatal podrá transformarse y adoptar la naturaleza jurídica de cualquiera de las entidades citadas. La transformación, cuando suponga modificación de la Ley de creación, se llevará a cabo mediante:

a) Ley ordinaria.
b) Ley orgánica.
c) Reglamento.
d) Real Decreto.

281. Cuando un organismo autónomo o entidad pública empresarial se transforme en una entidad pública empresarial, sociedad mercantil estatal o en una fundación del sector público, el Real Decreto mediante el que se lleve a cabo la transformación deberá ir acompañado de un informe en el que se valorará el cumplimiento de lo previsto en el art. 87 de la Ley 40/2015, de 1 de octubre. Dicho informe preceptivo corresponderá realizarlo:

a) Al Consejo de Estado.
b) Al Ministerio de Economía, Comercio y Empresa.
c) A la Intervención General de la Administración del Estado.
d) Al Ministerio de Hacienda.

282. Los organismos públicos dependientes o vinculados a la Administración General del Estado se estructuran en los órganos de gobierno, y ejecutivos que se determinen en su respectivo Estatuto. Aunque su estatuto puede prever otros órganos de gobierno con atribuciones distintas, los máximos órganos de gobierno son el Presidente y:

a) El Vicepresidente.
b) El Consejo Rector.
c) El Consejo de Dirección.
d) El Secretario General.

283. Según preceptúa el artículo 90.2 de la Ley 40/2015, de 1 de octubre, corresponde al Ministro de Hacienda y Administraciones Públicas (actualmente Ministerio de Hacienda) la clasificación de las entidades, conforme a su naturaleza y a los

criterios previstos en Real Decreto 451/2012, de 5 de marzo, por el que se regula el régimen retributivo de los máximos responsables y directivos en el sector público empresarial y otras entidades. A estos efectos, las entidades serán clasificadas en:

a) Cuatro grupos y dos subgrupos.
b) Cuatro grupos y tres subgrupos.
c) Tres grupos.
d) Cuatro grupos.

284. Señala cuál de los siguientes no es uno de los motivos por los que los Organismos públicos estatales deberán disolverse:

a) Por encontrarse en situación de desequilibrio financiero durante dos ejercicios presupuestarios consecutivos.
b) Por el transcurso del tiempo de existencia señalado en la ley de creación.
c) Porque la totalidad o parte de sus fines y objetivos sean asumidos por los servicios de la Administración General del Estado.
d) Porque sus fines hayan sido totalmente cumplidos, de forma que no se justifique la pervivencia del organismo público, y así se haya puesto de manifiesto en el control de eficacia.

285. ¿A quién corresponderá comunicar al titular del departamento de adscripción el hecho de que un organismo público incurra en la causa de su disolución por el transcurso del tiempo de existencia señalado en la ley de creación?

a) Al Consejo de Dirección.
b) Al Vicepresidente del organismo público.
c) Al Secretario del organismo.
d) Al máximo órgano de dirección del organismo.

286. Indica cuál de los siguientes no es uno de los principios en los que se ha de basar la convocatoria pública para la selección del personal, a excepción del directivo, de las entidades públicas empresariales:

a) Mérito.
b) Capacidad.
c) Experiencia.
d) Igualdad.

287. Las entidades público-empresariales se financiarán mayoritariamente con ingresos de mercado. Se entiende que se financian mayoritariamente con ingresos de mercado cuando tengan la consideración de productor de mercado de conformidad con:

a) El Sistema Nacional de Cuentas.
b) El Ministerio de Economía, Comercio y Empresa.
c) El Comité Técnico de Cuentas Nacionales.
d) El Sistema Europeo de Cuentas.

288. ¿Cuándo podrán las entidades públicas empresariales financiarse con transferencias corrientes o de capital que procedan de Administraciones o entidades públicas?

a) En ningún caso.
b) Siempre, de forma ordinaria.
c) Excepcionalmente.
d) Siempre que cuenten con el informe favorable del Ministerio de Economía, Comercio y Empresa.

289. Señala cuál de las siguientes no es una de las causas por la que deberán de disolverse los Organismos públicos estatales a tenor de lo dispuesto en el art. 96.1 de la Ley 40/2015, de 1 de octubre:

a) Porque la totalidad de sus fines y objetivos sean asumidos por los servicios de la Administración General del Estado.
b) Por el transcurso del tiempo de existencia señalado en la ley de creación.
c) Porque así lo acuerde el Consejo de Ministros siguiendo el procedimiento determinado al efecto en el acto jurídico que acuerde la disolución.
d) Porque sus fines hayan sido total o parcialmente cumplidos, de forma que no se justifique la pervivencia del organismo público, y así se haya puesto de manifiesto en el control de eficacia.

290. ¿Cuándo supondrá la fusión de organismos públicos estatales causa de resolución de las relaciones jurídicas?

a) En ningún caso.
b) Cuando así lo determine el Consejo de Estado.
c) Cuando cuente con el previo informe preceptivo de la Intervención General de la Administración del Estado.
d) Cuando así lo determine el Ministro de Hacienda a propuesta de la Intervención General de la Administración del Estado.

291. Las entidades de derecho público con personalidad jurídica propia pero vinculadas a la Administración General del Estado, que requieren para el desempeño de sus funciones independencia o especial autonomía respecto de esta, se denominan:

a) Consorcios.
b) Sociedades Mercantiles Estatales.
c) Fundaciones del Sector Público.
d) Autoridades Administrativas Independientes.

292. Las funciones que la LRJSP encomienda a las Autoridades Administrativas Independientes son:

a) La regulación o supervisión de carácter externo sobre sectores económicos o actividades determinadas.

b) El ejercicio de potestades administrativas, desarrollo de actividades prestacionales y gestión de servicios o de producción de bienes de interés público, susceptibles de contraprestación.

c) La dirección estratégica, evaluación de los resultados en el ámbito de su actividad y el control de la eficacia administrativa.

d) La gestión compartida de servicios administrativos comunes.

293. Las funciones que se atribuyan a las Autoridades Administrativas Independientes de ámbito estatal deberán determinarse mediante:

a) Acuerdo entre todas las Administraciones con competencia en el ámbito o sector en el que operen.

b) Delegación de competencias por parte de la Administración a la que se encuentren vinculadas.

c) Ley.

d) Reglamento estatutario.

294. La nota característica de las Autoridades Administrativas Independientes en su actuación respecto de los intereses empresariales o comerciales consiste en:

a) Su vinculación.

b) Su independencia.

c) Su subordinación.

d) Su colaboración.

295. Las Autoridades Administrativas Independientes se rigen principalmente:

a) Por la Ley 39/2015 de Procedimiento Administrativo Común de las Administraciones Públicas.

b) Por su Ley de creación.

c) Por la Ley 40/2015 de Régimen Jurídico del Sector Público.

d) Por el derecho común.

296. En cuanto a los recursos económicos de las Autoridades Administrativas Independientes, la Ley 40/2015, de 1 de octubre, las sujeta al principio de:

a) Lealtad institucional.

b) Dependencia presupuestaria.

c) Sostenibilidad financiera.

d) Eficiencia en la asignación y utilización de los recursos públicos.

297. Se entiende por Sociedad mercantil estatal:

a) Las entidades de derecho público que se encuentran participadas por empresas privadas.

b) Las asociaciones cuyo patrimonio esté integrado en más de un 50% por bienes o derechos aportados o cedidos por sujetos integrantes del sector público institucional estatal.

c) Las sociedades de naturaleza mercantil con capital social mayoritaria y absolutamente controlado por el Sector público estatal.

d) Las sociedades de capital que actúan sujetas al derecho administrativo.

298. En el caso de que una Sociedad mercantil estatal esté controlada indirectamente por otra sociedad que a su vez es participada íntegra y exclusivamente por un Organismo Autónomo estatal:

a) Se tratará de una sociedad privada.

b) Solo se considerará Sociedad mercantil estatal si la sociedad que la controla ostenta la mayoría de su capital social.

c) Será una Sociedad mercantil estatal si recibe la aprobación de la Comisión Nacional del Mercado de Valores.

d) Se habrá de considerar como una Sociedad mercantil estatal.

299. La gestión de las Sociedades mercantiles estatales se guiará por los principios rectores de:

a) Rentabilidad, sostenibilidad y eficacia.

b) Publicidad, equilibrio presupuestario y economía financiera.

c) Eficiencia, transparencia y buen gobierno.

d) Productividad, economicidad y privacidad.

300. Las Sociedades mercantiles estatales, en materia presupuestaria, contable, de personal, de control económico-financiero y de contratación, se regirán por lo previsto en la LRJSP, en la Ley de Patrimonio de las Administraciones Públicas y por lo dispuesto en:

a) Las normas que les sean de aplicación a tales materias.

b) Su Ley de creación.

c) El ordenamiento jurídico privado.

d) La Ley General Presupuestaria.

301. Las Sociedades mercantiles estatales no podrán disponer, en ningún caso, de facultades que impliquen el ejercicio de:

a) Competencias administrativas.

b) Facultades administrativas.

c) Potestades administrativas.

d) Autoridad Pública.

302. La creación de una Sociedad mercantil estatal o la adquisición de este carácter de forma sobrevenida precisará de:

a) Autorización del consejo de Ministros.
b) Acuerdo del consejo de administración.
c) Aprobación del Registrador Mercantil del domicilio de la sociedad.
d) Formalización en documento mercantil autorizado por el Ministro del ramo al que dedique su actividad.

303. En el expediente de autorización para la creación de una Sociedad mercantil estatal deberá incluirse:

a) Un plan económico y una memoria de sostenibilidad financiera.
b) Un análisis de mercado y los mecanismos de control administrativo.
c) Una memoria de la actividad económica a desarrollar y la propuesta de inclusión de las partidas económicas necesarias para ello, que deberán ser incluidas en los Presupuestos Generales del Estado.
d) Una propuesta de estatutos y de un plan de actuación.

304. El plan de actuación base para el control de eficacia de las Sociedades mercantiles estatales, cuya falta de aprobación, por causa imputable a la sociedad, lleva aparejada la paralización de las aportaciones que deban realizarse a favor de la sociedad con cargo a los presupuestos generales del Estado, se denomina:

a) Plan Contable.
b) Programa de Actuación Plurianual.
c) Memoria de Sostenibilidad Financiera.
d) Previsión de Equilibrio Contable.

305. El órgano encargado de la liquidación de una Sociedad mercantil estatal es:

a) El Consejo de Administración.
b) El Registrador mercantil.
c) Un órgano administrativo o entidad integrante del sector público estatal.
d) Un administrador concursal.

306. La responsabilidad de la Administración Pública por los actos cometidos por el empleado público por ella designado, en el ejercicio del cargo de liquidador de las Sociedades mercantiles estatales, será:

a) Directa.
b) Subsidiaria.
c) Inexistente.
d) Mancomunada.

307. ¿Es exigible por la Administración alguna responsabilidad a los empleados públicos que, en el ejercicio del cargo de liquidador de una Sociedad mercantil estatal, actúen dolosa, culposa o negligentemente?

a) No, en ningún caso.
b) Sí, mediante la llamada acción de regreso.
c) No, si han recibido instrucciones precisas del órgano de gobierno.
d) Solo si no han sido por ella designados.

308. ¿Es exigible por la Administración alguna responsabilidad a los empleados públicos que, en el ejercicio del cargo de Administrador de una Sociedad mercantil estatal, actúen dolosa, culposa o negligentemente?

a) No, en ningún caso.
b) Sí, en todo caso.
c) No, si actúan cumpliendo instrucciones del órgano que los designó.
d) Solo si no han sido por ella designados.

Soluciones

201. c)	211. d)	221. d)	231. c)	241. d)	251. c)	261. b)	271. a)	281. c)	291. d)
202. c)	212. c)	222. c)	232. c)	242. a)	252. b)	262. b)	272. a)	282. b)	292. a)
203. b)	213. a)	223. c)	233. b)	243. d)	253. a)	263. d)	273. d)	283. c)	293. c)
204. a)	214. c)	224. b)	234. d)	244. c)	254. b)	264. d)	274. b)	284. c)	294. b)
205. d)	215. b)	225. b)	235. a)	245. b)	255. c)	265. c)	275. c)	285. d)	295. b)
206. d)	216. b)	226. c)	236. a)	246. d)	256. c)	266. c)	276. a)	286. c)	296. c)
207. d)	217. c)	227. d)	237. d)	247. d)	257. d)	267. a)	277. d)	287. d)	297. c)
208. d)	218. a)	228. b)	238. b)	248. c)	258. a)	268. c)	278. a)	288. c)	298. d)
209. a)	219. b)	229. b)	239. a)	249. d)	259. d)	269. c)	279. a)	289. d)	299. c)
210. c)	220. d)	230. d)	240. b)	250. d)	260. a)	270. a)	280. d)	290. a)	300. a)

309. Las Sociedades mercantiles estatales formularán y rendirán sus cuentas de acuerdo con los principios y normas de contabilidad que figuran en:

a) El Código de Comercio.
b) Su Ley de creación.
c) Sus Estatutos.
d) La Ley de Presupuestos Generales del Estado.

310. Además de las competencias que ostenta el Tribunal de Cuentas, la gestión económico-financiera de las Sociedades mercantiles estatales estará sometida al control de/del:

a) La Comisión Nacional del Mercados de Valores.
b) Banco de España.
c) La Intervención General de la Administración del Estado.
d) Instituto de Contabilidad y Auditoría de Cuentas.

311. El personal directivo de las Sociedades mercantiles estatal se regirá por el derecho:

a) Administrativo.
b) Laboral.
c) Civil.
d) Mercantil.

312. Los Consorcios:

a) Desarrollan actividades de interés común a todas las entidades que los conforman dentro del ámbito de sus competencias.
b) Son entidades de derecho privado.
c) No tienen personalidad jurídica independiente de las entidades que los conforman.
d) Están integrados exclusivamente por entidades del sector público.

313. Los Consorcios no podrán realizar actividades de:

a) Gestión de servicios públicos.
b) Fomento.
c) Prestacionales con ánimo de lucro.
d) Gestión de servicios de cooperación transfronteriza.

314. La competencia para regular a los Consorcios públicos la ostenta:

a) El Estado exclusivamente.
b) El Estado en cuanto a su regulación básica y las comunidades autónomas en el desarrollo de la misma.
c) Las comunidades autónomas exclusivamente.
d) El Estado, las comunidades autónomas o las corporaciones locales, dependiendo del ámbito de su actuación.

315. El régimen jurídico del derecho de separación, disolución y extinción de los Consorcios públicos se regula con carácter supletorio por lo previsto:

a) En la Ley de Sociedades de Capital.
b) En el Código de Comercio.
c) En la Ley General Presupuestaria.
d) En el Código Civil.

316. Con carácter exclusivamente supletorio, el régimen de liquidación de los Consorcios públicos se encuentra en:

a) La Ley de Sociedades de Capital.
b) El Código Civil.
c) La Ley General Presupuestaria.
d) La Ley del Patrimonio de las Administraciones Públicas.

317. Los Consorcios locales se rigen principalmente por:

a) La Ley 27/2013, de 21 de diciembre, de racionalización y sostenibilidad de la Administración Local.
b) La Ley 7/1985, de 2 de abril, de Bases de Régimen Local.
c) La LRJSP.
d) La normativa de desarrollo dictada por la Entidad Local a la que se encuentren adscritos.

318. El régimen de adscripción de los Consorcios públicos, de conformidad con los criterios legalmente aplicables, se establecerá:

a) Por Ley.
b) En su plan presupuestario.
c) Mediante su inscripción registral.
d) Por sus estatutos.

319. ¿Cuál de los siguientes criterios será el prioritario para la adscripción de un Consorcio a una determinada Administración Pública?

a) La que tenga facultades para nombrar o destituir a la mayoría de los miembros de los órganos ejecutivos.
b) Aquella que tenga facultades para nombrar o destituir a la mayoría de los miembros del personal directivo.
c) La que ostente el mayor porcentaje de participación en el fondo patrimonial.
d) Quien tenga facultades para nombrar o destituir a la mayoría de los miembros del órgano de gobierno.

320. La adscripción de los Consorcios a una determinada Administración Pública tendrá carácter:

a) Permanente.
b) Bianual.
c) Indefinido, hasta tanto no se modifique la composición del órgano de Gobierno.
d) Temporal, para cada ejercicio presupuestario.

321. El cambio de adscripción de un Consorcio de una Administración Pública a otra:

a) No se podrá producir hasta transcurridos seis meses desde el inicio del nuevo ejercicio presupuestario.
b) No se producirá hasta tanto se modifiquen los Estatutos.
c) Se producirá transcurridos seis meses desde la modificación estatutaria.
d) Será efectivo desde que se cause, debiéndose modificar los estatutos en el plazo de seis meses a contar desde el inicio del ejercicio presupuestario siguiente.

322. El personal al servicio de los Consorcios:

a) Será personal funcionario de la Administración a la que se encuentren adscritos.
b) Podrá ser funcionario o laboral de las Administraciones participantes, y excepcionalmente, contratados directamente.
c) Será funcionario o laboral de la Administración de adscripción, y excepcionalmente, contratados directamente previa autorización del Ministerio de Hacienda.
d) Será personal laboral de contratación directa, bajo los principios de capacidad, mérito y publicidad.

323. El régimen jurídico al que deberá someterse el personal al servicio de los Consorcios será:

a) El de la Administración Pública de adscripción.
b) El de la Administración Pública de la que procedan.
c) El que se establezca por convenio colectivo.
d) El que se determine en su contrato de trabajo.

324. El régimen presupuestario, de contabilidad, control económico-financiero y patrimonial al que estarán sujetos los Consorcios será:

a) El que se determine en sus Estatutos.
b) El de la Administración Pública de adscripción.
c) El regulado en la Ley General Presupuestaria.
d) El que se fije en su Ley de creación.

325. Los Consorcios públicos se crean:

a) Por convenio.
b) Mediante Ley.
c) En virtud de Resolución Administrativa.
d) Mediante acuerdo del Consejo de Ministros.

326. ¿Cuál de los siguientes requisitos no se exige para la creación de aquellos Consorcios en los que participe la Administración General del Estado o sus organismos públicos y entidades vinculados o dependientes?

a) Publicación del convenio en el BOE.
b) Informe preceptivo favorable del Ministerio de Hacienda.
c) Informe previo favorable del titular del Ministerio de adscripción.
d) Autorización del Consejo de Ministros.

327. Los estatutos de cada Consorcio público incluirán:

a) Cláusulas que contemplen la suspensión temporal del derecho de voto o a la participación en la formación de los acuerdos.
b) Clausulas limitativas de la responsabilidad de las Administraciones intervinientes conforme a la Ley Orgánica de Estabilidad Presupuestaria y Sostenibilidad Financiera.
c) Sede, objeto, fines y dotación presupuestaria con la que cuenta la entidad.
d) Las causas de separación del socio.

328. El Ayuntamiento de un municipio español que, formando parte de un Consorcio, deja de prestar el servicio al que el mismo dedica su objeto:

a) No podrá separarse hasta que se disuelva la entidad.
b) Podrá separarse en cualquier momento si no se hubiere fijado duración determinada únicamente.
c) Podrá separarse del mismo incumpliendo la obligación de realizar la aportación patrimonial correspondiente.
d) Podrá separarse en cualquier momento, aun cuando tuviera una duración determinada y no se hubiese cumplido el plazo.

329. En los Consorcios de duración determinada, un partícipe tendrá derecho de separación:

a) En cualquier momento.
b) Si alguno de los partícipes incumple alguna de sus obligaciones estatutarias.
c) Exclusivamente en el caso de que algún interviniente incumpliese su obligación de realizar aportaciones al fondo patrimonial.
d) Solo a la finalización del plazo.

330. El ejercicio del derecho de separación de uno de los miembros de un Consorcio se realizará:

a) Mediante notificación al titular de la Administración de adscripción.
b) Por resolución administrativa que acredite el incumplimiento.
c) Por escrito dirigido al órgano rector de la entidad.
d) En virtud de resolución judicial firme.

331. El efecto que produce el ejercicio del derecho de separación por parte de una entidad pública interviniente en un Consorcio constituido por dos Administraciones Públicas y una entidad privada, es:

a) Su disolución, salvo que los restantes miembros decidan su continuidad.

b) La repartición de la cuota correspondiente al separado entre los restantes miembros.

c) La modificación estatutaria dentro del plazo de seis meses a contar desde el inicio del siguiente ejercicio presupuestario.

d) La disolución del mismo en todo caso.

332. Si el ejercicio del derecho de separación no conlleva la disolución del Consorcio, pero existe una cuota con saldo negativo, la misma se hará efectiva:

a) En el momento en que se abone la deuda.

b) En cuanto sea determinada dicha cuota.

c) Tras la notificación del escrito por el que se ejercita el derecho al máximo órgano de gobierno.

d) En el momento en que la cuota sea cero.

333. La cuota de separación del Consorcio que corresponda a quien ejercite su derecho de separación se calculará, primeramente, atendiendo a/al:

a) Porcentaje de las aportaciones al fondo patrimonial del Consorcio que haya efectuado quien ejerce el derecho de separación.

b) Criterio de reparto dispuesto en los estatutos.

c) La que le hubiera correspondido en la liquidación.

d) La financiación concedida cada año.

334. En el caso de que el miembro del Consorcio que ejercite el derecho de separación estuviera exento de hacer aportaciones, la cuota se calculará:

a) Conforme a la participación en los ingresos que, en su caso, hubiera recibido durante el tiempo que ha pertenecido al mismo.

b) De conformidad con la financiación que le haya sido concedida anualmente.

c) En atención a la cuota de decisión en los órganos de gobierno que le hubiera correspondido.

d) De ninguna manera, pues no tendrá derecho a ella en caso de que fuese positiva ni tiene obligación de pago en otro caso.

335. Si el Consorcio estuviera adscrito, de acuerdo con lo previsto en la ley, a la Administración que pretende ejercer el derecho de separación:

a) Podrá ejercitar el derecho, acordándose por las restantes Administraciones a cuál de ellas se adscribe conforme a los criterios legalmente establecidos.

b) Podrá separarse, pero continuará adscrito a la misma hasta que se produzca la modificación estatutaria.

c) No podrá separarse mientras no conste su adscripción a otro de los miembros.

d) No podrá separarse hasta tanto no finalice el ejercicio presupuestario.

336. En el supuesto de que participen en el Consorcio entidades privadas, el régimen de adscripción será:

a) El que resulte del Convenio de creación.

b) El que acuerden los miembros del mismo, al participar en él entidades no sujetas al derecho administrativo.

c) El que impongan las Administraciones participantes.

d) El establecido legalmente.

337. La disolución del Consorcio produce:

a) La liquidación y extinción del mismo.

b) La pérdida de objeto.

c) La modificación de sus estatutos.

d) El incumplimiento de sus fines.

338. Será causa de disolución de un Consorcio, en todo caso:

a) El incumplimiento de la obligación de realizar aportaciones al fondo patrimonial.

b) El resultado negativo en la cuota de liquidación final del ejercicio presupuestario.

c) El ejercicio del derecho de separación de uno de sus miembros.

d) El cumplimiento de los fines para los que fue creado.

339. La competencia para adoptar el acuerdo de liquidación de un Consorcio la ostenta:

a) El Órgano de gobierno.

b) El Liquidador.

c) El titular de la Administración a la que se encuentre adscrito.

d) El Consejo de Ministros.

340. El nombramiento del cargo de liquidador de un Consorcio deberá recaer en:

a) Un miembro del máximo órgano de gobierno.

b) Un órgano o entidad de una de las Administraciones miembros.

c) Un órgano o entidad de la Administración de adscripción.

d) Un auditor de cuentas colegiado.

341. La responsabilidad ante terceros en que incurra el empleado público como miembro de la entidad u órgano liquidador de un Consorcio será exigible:

a) Directamente al mismo.
b) A la Administración que lo designó.
c) A cualquiera de las Administraciones miembros.
d) Exclusivamente a la propia entidad liquidada o en liquidación.

342. La cuota de liquidación que corresponda a cada miembro del Consorcio en la liquidación se calculará:

a) De acuerdo con la liquidación que le corresponda en el saldo resultante del patrimonio neto.
b) En atención al porcentaje de las aportaciones patrimoniales de cada uno al fondo de participación.
c) Conforme a lo dispuesto en los Estatutos.
d) Según el porcentaje de las aportaciones que haya efectuado cada uno al fondo patrimonial del mismo y la financiación concedida cada año.

343. La extinción de un Consorcio se llevará a cabo sin necesidad de proceder a liquidación en el caso de que:

a) La cuota que previsiblemente resulte de la liquidación sea igual a cero.
b) Se acuerde la cesión global de activos y pasivos a otra entidad del sector público.
c) Todos los miembros del Consorcio no hubieren realizado aportaciones por no estar obligados a ello.
d) Se hubiera determinado la cuota de liquidación con anterioridad a la disolución en el mismo ejercicio presupuestario con ocasión de la separación de la Administración de adscripción.

344. Se habrá de considerar Fundación del sector público aquella en la que:

a) Sus patronos pertenecen a entidades del sector público.
b) La aportación inicial realizada con anterioridad a su constitución haya sido satisfecha por la Administración General del Estado o cualquiera de los sujetos integrantes del sector público institucional estatal.
c) La mayoría de votos en su Patronato corresponda a sujetos que actúen como representantes de la Administración General del Estado o del sector público institucional estatal.
d) Su patrimonio esté integrado mayoritariamente por bienes cedidos con cualquier carácter por la Administración General del Estado o cualquiera de los sujetos integrantes del sector público institucional estatal.

345. La nota característica de las Fundaciones del sector público estatal radica en que sus actividades son realizadas:

a) Sin ánimo de lucro.
b) Mediante contraprestación.
c) A título gratuito.
d) Para la prestación de un servicio público.

346. Las Fundaciones del sector público, únicamente podrán:

a) Realizar actividades en el ámbito de las competencias propias que les sean delegadas.
b) Actuar como coadyuvantes en las actividades competenciales de las entidades del sector público fundadoras.
c) Ejercer potestades públicas.
d) Asumir las competencias que correspondan a las entidades del sector público fundadoras en el ámbito de la actividad que desarrollen.

347. ¿Cuál de los siguientes organismos públicos estatales no precisan llevar siglas tras su denominación?

a) Autoridad Administrativa Independiente.
b) Consorcios.
c) Fundaciones.
d) Todos están obligados a llevarlas.

348. Las aportaciones del sector privado al patrimonio de las Fundaciones del sector público para la financiación de sus actividades y mantenimiento de la misma:

a) Son incompatibles con el objeto de las mismas.
b) Deben autorizarse por acuerdo del Patronato.
c) Pueden realizarse siempre que no constituyan la mayoría de las aportaciones que reciban.
d) Deben proceder de entidades que, aunque privadas, no tengan ánimo de lucro, exclusivamente.

349. La Administración Pública a la que quedará adscrita una Fundación del sector público viene determinada:

a) Por Ley autonómica.
b) Por sus estatutos.
c) Por Ley estatal.
d) Por resolución administrativa.

350. La aplicación de los criterios legalmente establecidos para la adscripción de las Fundaciones del sector público a la Administración Pública que corresponda se realizará con referencia:

a) Al primer día del año natural.
b) Al momento de entrada en vigor de su ley de creación.
c) Al primer día del ejercicio presupuestario.
d) Al día de la aprobación de sus Estatutos.

351. Indica cuál de los siguientes criterios legales será determinante para la adscripción de una Fundación a la Administración Pública en que concurra:

a) Tenga facultades para nombrar o destituir a la mayoría de los miembros del Patronato.

b) Tenga facultades para nombrar o destituir a la mayoría de los miembros de los órganos ejecutivos.

c) Tenga facultades para nombrar o destituir a la mayoría de los miembros del personal directivo.

d) Disponga de mayoría de patronos.

352. Es un criterio para la adscripción de la Fundación a una Administración Pública determinada:

a) Que sus competencias guarden una relación específica con la actividad desarrollada por la misma.

b) Venga establecida por su norma de creación.

c) Financie en más de un cincuenta por ciento, o en su defecto, en mayor medida la actividad desarrollada por la misma.

d) Tenga mayor número de habitantes o extensión territorial dependiendo de si los fines definidos en el estatuto están orientados a la prestación de servicios a las personas, o al desarrollo de actuaciones sobre el territorio.

353. La modificación estatutaria provocada por el cambio de adscripción en una Fundación del sector público deberá llevarse a cabo en el plazo de:

a) Tres meses como máximo, a contar desde el inicio del ejercicio presupuestario siguiente a aquel en que se produjo el cambio de adscripción.

b) Tres meses desde que se produjo el cambio de adscripción.

c) Seis meses como máximo, a contar desde el inicio del ejercicio presupuestario siguiente a aquel en que se produjo el cambio de adscripción.

d) Seis meses o menos desde el cambio de adscripción.

354. En lo no previsto por la LRJSP, las Fundaciones del sector público estatal se rigen por:

a) La Ley 50/2002, de 26 de diciembre.

b) El Real Decreto Legislativo 1/2010, de 2 de julio.

c) La Ley del Patrimonio de las Administraciones Públicas.

d) La Ley de Enjuiciamiento Civil.

355. En materia de contratación, las Fundaciones del sector público se regirán por:

a) El Código Civil.

b) El Código Mercantil.

c) La normativa autonómica que les sea aplicable por razón del territorio.

d) La Ley 9/2017, de 8 de noviembre, de Contratos del Sector Público.

356. Las Fundaciones del sector público estatal se someterán al régimen presupuestario, económico-financiero, de contabilidad, y de control establecido por:

a) La Ley de Fundaciones.

b) La Ley General Presupuestaria.

c) La Ley del Patrimonio de las Administraciones Públicas.

d) La Ley de Estabilidad Presupuestaria y Sostenibilidad Financiera.

357. La adquisición del carácter de Fundación del sector público estatal de forma sobrevenida se realizará:

a) Mediante Reglamento.

b) Por Real Decreto.

c) Por Ley.

d) De forma estatutaria.

358. Los estatutos de las Fundaciones del sector público estatal son aprobados por:

a) Su ley de creación.

b) Real Decreto del Consejo de Ministros.

c) Orden Ministerial del titular que ejerza el protectorado, o en su defecto, del competente en materia de Hacienda.

d) Acuerdo del Consejo de Ministros.

359. El Protectorado de las Fundaciones del sector público será ejercido por:

a) La Administración General del Estado a través de un único órgano administrativo.

b) La Intervención General de la Administración del Estado.

c) Un órgano de la Administración de adscripción al que se le atribuya tal competencia.

d) El Tribunal de Cuentas.

360. La disolución de las Fundaciones del sector público se hará:

a) Por acuerdo del Consejo de Ministros.

b) Por resolución de la Administración Pública de adscripción.

c) Por acuerdo del Patronato.

d) Por acuerdo del Protectorado.

361. Los Fondos carentes de personalidad jurídica del sector público estatal:

a) Se crean mediante disposición reglamentaria.

b) No se encuentran definidos legalmente.

c) No se encuentran adscritos a ninguna Administración Pública.

d) Se rigen por el ordenamiento jurídico privado.

362. El régimen presupuestario, de contabilidad y de control económico-financiero de los Fondos carentes de personalidad jurídica del sector público estatal se encuentra en:

a) Su ley de creación.
b) Sus estatutos.
c) La Ley General Presupuestaria.
d) Su Reglamento de creación.

363. Aquella entidad del sector público institucional estatal que se crea por convenio, que sus estatutos determinan la Administración Pública a la que se adscribe y que se disuelve por acuerdo del máximo órgano de gobierno de la misma, se denomina:

a) Sociedad estatal mercantil.
b) Consorcio.
c) Fundación.
d) Fondo carente de personalidad jurídica.

364. ¿De quién depende la integración y gestión del Inventario de Entidades del Sector Público Estatal, Autonómico y Local:

a) De la Secretaría General de Coordinación Autonómica y Local.
b) De la Secretaría General de Intervención y Fiscalización.
c) De la Secretaría de Estado de Presupuestos, Gastos y Gestión Pública.
d) De la Intervención General de la Administración del Estado.

365. ¿De quién depende la captación y el tratamiento de la información enviada por las Comunidades Autónomas y las Entidades locales para la formación y mantenimiento del Inventario de Entidades del Sector Público Estatal, Autonómico y Local?

a) De la Secretaría General de Coordinación Autonómica y Local.
b) De la Intervención General de la Administración del Estado.
c) De la Secretaría General de Intervención y Fiscalización.
d) De la Secretaría de Estado de Presupuestos, Gastos y Gestión Pública.

366. ¿A quién corresponde, a tenor del artículo 94.4 de la Ley 40/2015, de 1 de octubre, la aprobación de las normas a las que tendrá que ajustarse la contabilidad del fondo en el que se integren las obligaciones, bienes y derechos patrimoniales que se consideren liquidables resultado de las fusiones de organismo públicos estatales?

a) Al Consejo de Ministros.
b) Al Presidente del Gobierno.
c) Al Ministro de Hacienda y Función Pública.
d) A la Intervención General de la Administración del Estado.

367. ¿A propuesta de quién se aprobará por el órgano correspondiente las normas a las que tendrá que ajustarse la contabilidad del fondo en las que se integren las obligaciones, bienes y derechos patrimoniales que se consideren liquidables resultado de las fusiones de organismo públicos estatales?

a) A propuesta del Consejo de Ministros.
b) A propuesta del Presidente del Gobierno.
c) A propuesta del Ministro de Hacienda.
d) A propuesta de la Intervención General de la Administración del Estado.

368. Las entidades de derecho público, creadas por el Gobierno para el cumplimiento de los programas correspondientes a las políticas públicas que desarrolle la Administración General del Estado en el ámbito de sus competencias se denominan:

a) Sociedades Mercantiles Estatales.
b) Autoridades Administrativas Independientes de ámbito estatal.
c) Entes de Gestión Estatales.
d) Agencias Estatales.

369. El contrato plurianual de gestión que deben suscribir las Agencias Estatales es:

a) Su Estatuto fundacional.
b) Una formalidad para dotarlas de personalidad jurídica pública.
c) El marco de actuación con arreglo al que esta se produce.
d) Su adscripción a una Administración Pública.

370. El personal directivo de las agencias estatales es nombrado y cesado por:

a) El Ministro de Hacienda.
b) El Consejo Rector.
c) El Consejo de Ministros.
d) La Intervención General de la Administración del Estado.

371. ¿Cuál de los siguientes recursos económicos está prohibido a las agencias estatales, salvo Ley en contra, para su financiación?

a) La enajenación de bienes y valores que constituyan su patrimonio.
b) El endeudamiento mediante cargas y gravámenes para la obtención de liquidez.
c) Los ingresos recibidos de personas físicas o jurídicas como consecuencia del patrocinio de actividades o instalaciones.
d) Las aportaciones voluntarias, donaciones, herencias y legados y otras aportaciones a título gratuito de entidades privadas y de particulares.

372. ¿Qué órgano es el encargado de fiscalizar las cuentas de las agencias estatales?

a) El Tribunal de Cuentas.
b) La Intervención General de la Administración del Estado.
c) El Consejo Rector.
d) El Ministro de Hacienda.

373. Los controles específicos sobre la evolución de los gastos de personal de las entidades públicas empresariales de ámbito estatal serán efectuados, con la periodicidad adecuada, por el:

a) Consejo de Estado.
b) Consejo de Ministros.
c) Ministerio de Asuntos Económicos y Trasformación Digital.
d) Ministerio de Hacienda

374. La valoración del cumplimiento de los requisitos que se imponen por la LRJSP para la creación de las Sociedades mercantiles estatales se hará mediante:

a) La autorización prestada por acuerdo del Consejo de Ministros.
b) El programa de actuación plurianual emitido por el Tribunal de Cuentas.
c) Informe preceptivo favorable del Ministerio de Hacienda o la Intervención General de la Administración del Estado.
d) El plan de reestructuración del sector público empresarial del Estado.

375. En el caso de que no se haya atribuido expresamente la tutela de una Sociedad mercantil estatal con forma de sociedad anónima, esta recaerá en:

a) El Consejo de Ministros.
b) El Ministerio de Hacienda.
c) El Ministerio del ramo de actividad de la misma.
d) Su Consejo de Administración.

376. ¿En qué norma y título quedan reguladas las relaciones interadministrativas entre AAPP y entidades u organismos vinculados o dependientes de aquellas?

a) En el Título I de la LOFAGE.
b) En el Título II de la LPACAP.
c) En el Título III de la LRJSP.
d) En el Título II de la LG.

377. La LRJSP deroga:

a) La Ley 30/1992, de 26 de noviembre, de Régimen Jurídico de las Administraciones Públicas y del Procedimiento Administrativo Común.
b) La Ley 6/1997, de 14 abril, de Organización y Funcionamiento de la Administración General del Estado.
c) La Ley 59/2003, de 19 de diciembre, de firma electrónica.
d) La Ley 47/2003, de 26 de noviembre, General Presupuestaria.

378. Una Comisión Bilateral de Cooperación se puede definir como:

a) Un órgano de cooperación, de ámbito sectorial determinado, que reúne, como Presidente, al miembro del Gobierno que, en representación de la Administración General del Estado, resulte competente por razón de la materia, y a los correspondientes miembros de los Consejos de Gobierno, en representación de las CCAA y de las Ciudades de Ceuta y Melilla.
b) Un órgano de cooperación, que reúnen, por un número igual de representantes, a miembros del Gobierno, en representación de la Administración General del Estado, y miembros del Consejo de Gobierno de la Comunidad Autónoma o representantes de la Ciudad de Ceuta o de la Ciudad de Melilla.
c) Un órgano de cooperación, entre el Gobierno de la Nación y los respectivos Gobiernos de las CCAA y está formada por el Presidente del Gobierno, que la preside, y por los Presidentes de las CCAA y de las Ciudades de Ceuta y Melilla.
d) Un órgano de cooperación, entre Administraciones cuyos territorios sean coincidentes o limítrofes, para mejorar la coordinación de la prestación de servicios, prevenir duplicidades y mejorar la eficiencia y calidad de los servicios, creado cuando así lo requiera la proximidad territorial o la concurrencia de funciones administrativas.

379. En el marco de los principios generales de las relaciones interadministrativas, el principio de coordinación supone que cualquier Administración Pública y, singularmente, la Administración General del Estado tiene la obligación de garantizar:

a) La lealtad de las actuaciones de las diferentes AAPP afectadas por una misma materia para la consecución de un resultado común, cuando así lo prevé la CE y los Estatutos de Autonomía.

b) La transparencia de las actuaciones de las diferentes AAPP afectadas por una misma materia para la consecución de un resultado común, cuando así lo prevé la CE y el resto del ordenamiento jurídico.

c) La proporcionalidad de las actuaciones de las diferentes AAPP afectadas por una misma materia para la consecución de un resultado común, cuando así lo prevé la CE y los Estatutos de Autonomía.

d) La coherencia de las actuaciones de las diferentes AAPP afectadas por una misma materia para la consecución de un resultado común, cuando así lo prevé la CE y el resto del ordenamiento jurídico.

380. Las relaciones entre la Administración General del Estado o las Administraciones de las Comunidades Autónomas con las Entidades que integran la Administración Local se regirán:

a) Por lo previsto en su normativa específica, en el marco de los principios que inspiran la actuación administrativa de acuerdo con la LPACAP.

b) En lo no previsto en el Título III de la LRJSP, por la legislación básica en materia de régimen local.

c) Por la LRJSP y supletoriamente por lo dispuesto en su normativa específica.

d) Por la legislación básica en materia de régimen local, así como por la normativa de estabilidad presupuestaria y sostenibilidad financiera y supletoriamente por la LRJSP.

381. La eficiencia en la gestión de los recursos públicos supone que:

a) Las AAPP asumen compromisos específicos en aras de una acción común.

b) Las AAPP compartirán el uso de recursos comunes, salvo que no resulte posible o se justifique en términos de su mejor aprovechamiento.

c) Las AAPP tienen el deber de actuar con el resto de Administraciones Públicas para el logro de fines comunes.

d) Las AAPP compartirán las competencias, salvo que no resulte posible o se justifique en términos de su mejor aprovechamiento.

382. En el marco del deber de colaboración entre las AAPP, las citadas Administraciones deberán:

a) Prestar, en el ámbito propio, la asistencia que las otras Administraciones pudieran solicitar para garantizar, siempre que fuera posible, el ejercicio de las competencias sancionadoras.

b) Ponderar, en el ejercicio de las competencias compartidas, la totalidad de los intereses públicos implicados y, en concreto, aquellos cuya gestión esté encomendada a las otras Administraciones.

c) Facilitar a las otras Administraciones la información que precisen sobre la actividad que desarrollen en el ejercicio de las competencias compartidas o que sea necesaria para que los ciudadanos puedan acceder de la mejor forma posible a la información relativa a una materia.

d) Respetar el ejercicio legítimo por las otras Administraciones de sus competencias.

383. De las técnicas de colaboración entre las AAPP podemos citar la siguiente:

a) El suministro de información, datos, documentos o medios probatorios que se hallen a disposición del organismo público o la entidad al que se dirige la solicitud y que la Administración solicitante precise disponer, a modo de información general.

b) La creación y mantenimiento de sistemas integrados de información administrativa con el fin de disponer de datos actualizados, completos y permanentes referentes a los diferentes ámbitos de actividad administrativa en todo el territorio nacional.

c) El deber de asistencia y auxilio, para atender las solicitudes formuladas por otras Administraciones para el mejor ejercicio de sus competencias, en especial cuando la actividad administrativa afecten, exclusivamente, a su ámbito territorial.

d) El suministro de información, datos, documentos o medios probatorios que pudiera obtener el organismo público o la entidad al que se dirige la solicitud para mejorar la gestión de la Administración solicitante.

384. La Conferencia Sectorial es:

a) Un órgano de cooperación de composición bilateral que reúnen, por un número igual de representantes, a miembros del Gobierno, en representación de la Administración General del Estado, y miembros del Consejo de Gobierno de la CCAA o representantes de la Ciudad de Ceuta o de la Ciudad de Melilla.

b) Un órgano de cooperación multilateral entre el Gobierno de la Nación y los respectivos Gobiernos de las CCAA y está formada por el Presidente del Gobierno, que la preside, y por los Presidentes de las CCAA y de las Ciudades de Ceuta y Melilla.

c) Un órgano de cooperación, de composición multilateral y ámbito sectorial determinado, que reúne, como Presidente, al miembro del Gobierno que, en representación de la Administración General del Estado, resulte competente por razón de la materia, y a los correspondientes miembros de los Consejos de Gobierno, en representación de las CCAA y de las Ciudades de Ceuta y Melilla.

d) Una comisión territorial de coordinación, de composición multilateral, entre Administraciones cuyos territorios sean coincidentes o limítrofes, para mejorar la coordinación de la prestación de servicios, prevenir duplicidades y mejorar la eficiencia y calidad de los servicios. Creada cuando así la requiera la proximidad territorial o la concurrencia de funciones administrativas.

385. La convocatoria de las reuniones de una Conferencia Sectorial corresponde:

a) Al Ministro que presida la Conferencia Sectorial, que acordará la convocatoria de las reuniones por iniciativa propia, al menos una vez al año, o cuando lo soliciten, al menos, la tercera parte de sus miembros.

b) Al Presidente del Gobierno, que la preside, que acordará la convocatoria de las reuniones por iniciativa propia, al menos dos veces al año, o cuando lo soliciten, al menos, dos terceras partes de sus miembros.

c) Al Ministro que presida la Conferencia Sectorial, que acordará la convocatoria de las reuniones por iniciativa propia, al menos una vez al trimestre, o cuando lo soliciten, al menos, dos terceras partes de sus miembros.

d) Al Presidente de la Comunidad Autónoma o de las Ciudades de Ceuta y Melilla que le corresponda presidirla cada año, que acordará la convocatoria de las reuniones por iniciativa propia, al menos una vez al trimestre, o cuando lo soliciten, al menos, la tercera parte de sus miembros.

386. Las diferentes AAPP actúan y se relacionan con otras Administraciones y entidades u organismos vinculados o dependientes de estas de acuerdo con los siguientes principios:

a) Lealtad institucional; Adecuación al orden de distribución de competencias establecido; Colaboración; Cooperación; Coordinación; Eficiencia en la gestión de los recursos públicos; Responsabilidad de cada Administración Pública en el cumplimiento de sus obligaciones y compromisos; Garantía e igualdad en el ejercicio de los derechos de todos los ciudadanos en sus relaciones con las diferentes Administraciones; Solidaridad interterritorial de acuerdo con la CE.

b) Necesidad; Eficacia; Proporcionalidad; Seguridad jurídica; Transparencia y Eficiencia.

c) Lealtad institucional; Adecuación al orden de distribución de competencias establecido; Colaboración; Eficacia en la gestión de los recursos públicos; Responsabilidad de cada Administración Pública en el cumplimiento de sus obligaciones y compromisos; Garantía e igualdad en el ejercicio de los derechos de todos los ciudadanos en sus relaciones con las diferentes Administraciones.

d) Necesidad; Eficacia; Proporcionalidad; Seguridad jurídica; Transparencia; Eficiencia; Responsabilidad de cada Administración Pública en el cumplimiento de sus obligaciones y compromisos; Garantía e igualdad en el ejercicio de los derechos de todos los ciudadanos en sus relaciones con las diferentes Administraciones; Solidaridad interterritorial de acuerdo con la CE.

387. Entre las principales normas modificadas por la LRJSP se encuentran:

a) La Ley 50/1997, de 27 de noviembre, del Gobierno y la Ley 22/2003, de 9 de julio, Concursal.

b) La Ley 59/2003, de 19 de diciembre, de firma electrónica y la Ley 11/2007, de 22 de junio, de acceso electrónico de los ciudadanos a los Servicios Públicos.

c) La Ley 2/2011, de 4 de marzo, de Economía Sostenible y la Ley 50/1997, de 27 de noviembre, del Gobierno.

d) La Ley 36/2011, de 10 de octubre, reguladora de la jurisdicción social y la Ley 22/2003, de 9 de julio, Concursal.

388. ¿Qué artículo hace referencia a la entrada en vigor de la LRJSP?

a) La Disposición final segunda de la LRJSP.

b) La Disposición final octava de la LRJSP.

c) La Disposición final décima de la LRJSP.

d) La Disposición final decimoctava de la LRJSP.

389. El reconocimiento de los derechos previstos en la Ley 50/2007, de 26 de diciembre, de modificación de la Ley 43/1998, de 15 de diciembre, de restitución o compensación a los partidos políticos de bienes y derechos incautados en aplicación de la normativa sobre responsabilidades políticas del periodo 1936-1939, así como la tramitación y resolución de los procedimientos iniciados al amparo de dicha Ley:

a) Serán resueltos, en las condiciones más beneficiosas para los interesados y que permitan atender las prestaciones que la Ley reconoce sin menoscabo de la financiación de otras actuaciones públicas prioritarias.

b) Seguirán suspendidos hasta que se apruebe la financiación de otras actuaciones públicas prioritarias.

c) Serán resueltos, en las condiciones que establezca la Ley de Presupuestos del Estado para el 2018.

d) Seguirán suspendidos hasta que se verifiquen las condiciones que permitan atender las prestaciones que la Ley reconoce sin menoscabo de la financiación de otras actuaciones públicas prioritarias.

390. Todos los convenios vigentes suscritos por cualquier Administración Pública o cualquiera de sus organismos o entidades vinculados o dependientes deberán adaptarse a lo previsto en la LRJSP:

a) En el plazo de 1 años a contar desde la entrada en vigor de la LRJSP.

b) En el plazo de 4 años a contar desde la entrada en vigor de la LRJSP. No obstante, la adaptación será automática, en lo que se refiere al plazo de vigencia del convenio, por aplicación directa de las reglas previstas en el art. 49.h).1.º para los convenios que no tuvieran determinado un plazo de vigencia o, existiendo, tuvieran establecida una prórroga tácita por tiempo indefinido en el momento de la entrada en vigor de la LRJSP. En estos casos el plazo de vigencia del convenio será de 5 años a contar desde la entrada en vigor de la LRJSP.

c) En el plazo de 4 años a contar desde la entrada en vigor de la LRJSP.

d) En el plazo de 3 años a contar desde la entrada en vigor de la LRJSP. No obstante, la adaptación será automática, en lo que se refiere al plazo de vigencia del convenio, por aplicación directa de las reglas previstas en el art. 49.h).1.º para los convenios que no tuvieran determinado un plazo de vigencia o, existiendo, tuvieran establecida una prórroga tácita por tiempo indefinido en el momento de la entrada en vigor de la LRJSP. En estos casos el plazo de vigencia del convenio será de 4 años a contar desde la entrada en vigor de la LRJSP.

391. Todos los organismos y entidades, vinculados o dependientes de cualquier Administración Pública y cualquiera que sea su naturaleza jurídica, existentes en el momento de la entrada en vigor de la LRJSP deberán estar inscritos en el Inventario de Entidades del Sector Público Estatal, Autonómico y Local en el plazo de:

a) Tres meses a contar desde la entrada en vigor de la LRJSP.

b) Seis meses a contar desde la entrada en vigor de la LRJSP.

c) Tres años a contar desde la entrada en vigor de la LRJSP.

d) Cuatro años a contar desde la entrada en vigor de la LRJSP.

392. La prórroga o modificación de cualquier convenio celebrado por la Administración General del Estado o alguno de sus organismos públicos o entidades vinculados o dependientes deberá ser comunicada por el órgano de esta que lo haya suscrito al Registro Electrónico estatal de Órganos e Instrumentos de Cooperación, en el plazo de:

a) 5 días desde que ocurra el hecho inscribible.

b) Antes del 30 de enero de cada año.

c) 6 meses desde que ocurra el hecho inscribible.

d) Anualmente.

393. Las modificaciones introducidas por la LRJSP respecto de la Ley 38/2003, de 17 de noviembre, General de Subvenciones, entran en vigor:

a) Al día siguiente de la publicación de la LRJSP en el BOE.

b) A los veinte días de la publicación de la LRJSP en el BOE.

c) A los seis meses de la publicación de la LRJSP en el BOE.

d) Al año de la publicación de la LRJSP en el BOE.

394. Podrán crearse Comisiones Territoriales de Coordinación:

a) Cuando el cumplimiento del plazo de transposición de directivas europeas u otras razones justificadas así lo aconsejen.

b) Cuando concurran razones graves de interés público que lo justifiquen.

c) Cuando la proximidad territorial o la concurrencia de funciones administrativas así lo requiera, para mejorar la coordinación de la prestación de servicios, prevenir duplicidades y mejorar la eficiencia y calidad de los servicios.

d) Cuando se produzca conflicto de intereses para intentar solventarlos.

395. ¿Qué título competencial invoca la LRJSP?

a) El art. 149.1.18ª CE

b) Los arts. 149.1.14ª y 149.1.13ª de la CE.

c) Los arts. 149.1.14ª y 149.1.18ª de la CE.

d) Los arts. 149.1.18ª, 149.1.13ª y 149.1.14ª de la CE.

396. La Comisión Sectorial de administración electrónica es:

a) El órgano técnico de cooperación de la Administración General del Estado, de las Administraciones de las CCAA y de las Entidades Locales en materia de administración electrónica, dependiente de la Conferencia Sectorial de Administración Pública.

b) El órgano técnico de colaboración de la Administración General del Estado y de las Administraciones de las CCAA en materia de administración electrónica, dependiente de la Conferencia Sectorial de Administración Pública.

c) El órgano técnico de cooperación de la Administración General del Estado y de las Entidades Locales en materia de administración electrónica, dependiente del Ministerio de Hacienda y Administraciones Públicas.

d) El órgano técnico de colaboración de la Administración General del Estado y de las Administraciones de las CCAA en materia de administración electrónica, dependiente de la Secretaria General de Administración Digital.

397. La disposición de la LRJSP relativa a la restitución o compensación a los partidos políticos de bienes y derechos incautados en aplicación de la normativa sobre responsabilidades políticas entra en vigor:

a) A los veinte días de la publicación de la LRJSP en el BOE.

b) A los seis meses de la publicación de la LRJSP en el BOE.

c) Al año de la publicación de la LRJSP en el BOE.

d) A los dos años de la publicación de la LRJSP en el BOE.

398. ¿Cuál es el régimen de convocatorias de las Comisiones Territoriales de Coordinación?

a) El mismo que el establecido para las Conferencias Sectoriales, en los arts. 149 y 150 de la LRJSP.

b) El que establezca su propio reglamento interno de funcionamiento.

c) El mismo que el establecido para las Conferencias de Presidentes, en el art. 147 de la LRJSP.

d) El mismo que el establecido para las Comisiones Sectoriales, en el art. 153 de la LRJSP.

399. Las obligaciones que se derivan del deber de colaboración se harán efectivas utilizando alguna de estas técnicas:

a) La prestación de medios materiales, económicos o personales a otras AAPP.

b) El deber de asistencia y auxilio, para atender las solicitudes formuladas por otras Administraciones para el mejor ejercicio de sus competencias, en especial cuando los efectos de su actividad administrativa se extiendan fuera de su ámbito territorial.

c) La emisión de informes no preceptivos con el fin de que las diferentes Administraciones expresen su criterio sobre propuestas o actuaciones que incidan en sus competencias.

d) Las actuaciones de cooperación en materia patrimonial, incluidos los cambios de titularidad y la cesión de bienes, previstas en la legislación patrimonial.

400. ¿Qué artículo define que debemos entender por "órganos de cooperación"?

a) El art. 143 de la LRJSP.

b) El art. 145 de la LRJSP.

c) El art. 153 de la LRJSP.

d) El art. 155 de la LRJSP.

401. Todas las entidades y organismos públicos que en el momento de la entrada en vigor de la LRJSP tuvieran la condición de medio propio en el ámbito estatal deberán adaptarse lo previsto en la LRJSP en el plazo de:

a) 3 meses a contar desde su entrada en vigor de la LRJSP.

b) 6 meses a contar desde su entrada en vigor de la LRJSP.

c) 12 meses a contar desde su entrada en vigor de la LRJSP.

d) 2 años a contar desde su entrada en vigor de la LRJSP.

Soluciones

301. d)	**311.** b)	**321.** d)	**331.** d)	**341.** b)	**351.** d)	**361.** b)	**371.** b)	**381.** b)	**391.** a)
302. a)	**312.** a)	**322.** b)	**332.** a)	**342.** c)	**352.** c)	**362.** c)	**372.** a)	**382.** d)	**392.** a)
303. b)	**313.** c)	**323.** a)	**333.** b)	**343.** b)	**353.** a)	**363.** b)	**373.** d)	**383.** b)	**393.** a)
304. b)	**314.** b)	**324.** b)	**334.** a)	**344.** b)	**354.** a)	**364.** d)	**374.** c)	**384.** c)	**394.** c)
305. c)	**315.** d)	**325.** a)	**335.** a)	**345.** a)	**355.** b)	**365.** b)	**375.** b)	**385.** a)	**395.** d)
306. a)	**316.** a)	**326.** c)	**336.** b)	**346.** b)	**356.** b)	**366.** c)	**376.** c)	**386.** a)	**396.** a)
307. b)	**317.** c)	**327.** a)	**337.** a)	**347.** d)	**357.** c)	**367.** b)	**377.** b)	**387.** a)	**397.** a)
308. c)	**318.** d)	**328.** d)	**338.** a)	**348.** c)	**358.** b)	**368.** d)	**378.** b)	**388.** d)	**398.** a)
309. a)	**319.** a)	**329.** b)	**339.** a)	**349.** b)	**359.** c)	**369.** c)	**379.** d)	**389.** d)	**399.** b)
310. c)	**320.** d)	**330.** c)	**340.** c)	**350.** c)	**360.** a)	**370.** b)	**380.** b)	**390.** d)	**400.** b)

402. Cuando las AAPP o cualquiera de sus organismos públicos vinculados o dependientes sean miembros de un consorcio:

a) Estarán obligados a efectuar la aportación al fondo patrimonial o la financiación a la que se hayan comprometido para el ejercicio corriente, aunque alguno de los demás miembros del consorcio no hubiera realizado la totalidad de sus aportaciones dinerarias correspondientes a ejercicios anteriores a las que estén obligados.

b) Estarán obligados a efectuar la aportación al fondo patrimonial o la financiación a la que se hayan comprometido antes del antes del 30 de enero de cada año.

c) No estarán obligados a efectuar la aportación al fondo patrimonial o la financiación a la que se hayan comprometido para el ejercicio corriente si alguno de los demás miembros del consorcio no hubiera realizado la totalidad de sus aportaciones dinerarias correspondientes a ejercicios anteriores a las que estén obligados.

d) Estarán obligados a efectuar la aportación al fondo patrimonial o la financiación a la que se hayan comprometido antes del antes del 31 de diciembre de cada año.

403. Las Autoridades Portuarias y Puertos del Estado se regirán por:

a) La legislación específica, por las disposiciones de la Ley Orgánica 2/2012, de 27 abril, que les sean de aplicación y, supletoriamente, por lo establecido en la LRJSP.

b) La legislación específica, la LPACAP y, supletoriamente, por lo establecido en la LRJSP.

c) La legislación específica, por las disposiciones de la Ley 47/2003, de 26 de noviembre, que les sean de aplicación y, supletoriamente, por lo establecido en la LRJSP.

d) La LPACAP y, supletoriamente, por lo establecido en la LRJSP.

404. Se podrá dar cumplimiento al principio de cooperación, de acuerdo con las técnicas que las Administraciones estimen más adecuadas, y entre ellas, podemos citar la siguiente:

a) El suministro de información, datos, documentos o medios probatorios que se hallen a disposición del organismo público o la entidad al que se dirige la solicitud y que la Administración solicitante precise disponer para el ejercicio de sus competencias.

b) La participación en órganos consultivos de otras AAPP.

c) La creación y mantenimiento de sistemas integrados de información administrativa con el fin de disponer de datos actualizados, completos y permanentes referentes a los diferentes ámbitos de actividad administrativa en todo el territorio nacional.

d) El deber de asistencia y auxilio, para atender las solicitudes formuladas por otras Administraciones para el mejor ejercicio de sus competencias, en especial cuando los efectos de su actividad administrativa se extiendan fuera de su ámbito territorial.

405. La Conferencia de Presidentes tiene por objeto:

a) La mejora de la coordinación de la prestación de servicios, evitando duplicidades y mejorando la eficiencia y calidad de los servicios.

b) La deliberación de asuntos y la adopción de acuerdos de interés para el Estado y las CCAA.

c) El ejercicio de funciones consultivas, decisorias o de coordinación orientadas a alcanzar acuerdos sobre materias comunes.

d) El ejercicio de funciones de consulta y adopción de acuerdos que tengan por objeto la mejora de la coordinación entre las respectivas Administraciones en asuntos que afecten de forma singular a la Comunidad Autónoma, a la Ciudad de Ceuta o a la Ciudad de Melilla.

406. Una Conferencia Sectorial está formada por:

a) El Presidente del Gobierno, que la preside, y por los Presidentes de las CCAA y de las Ciudades de Ceuta y Melilla.

b) Los correspondientes miembros de los Consejos de Gobierno, en representación de las CCAA y de las Ciudades de Ceuta y Melilla y el Presidente del Gobierno, que la preside.

c) El Presidente del Gobierno, que la preside; El miembro del Gobierno que, en representación de la Administración General del Estado, resulte competente por razón de la materia y los correspondientes miembros de los Consejos de Gobierno, en representación de las CCAA y de las Ciudades de Ceuta y Melilla.

d) El miembro del Gobierno que, en representación de la Administración General del Estado, resulte competente por razón de la materia, y que actuará como Presidente, y los correspondientes miembros de los Consejos de Gobierno, en representación de las CCAA y las Ciudades de Ceuta y Melilla.

407. ¿A quién se debe informar de los anteproyectos de leyes y los proyectos de reglamentos de los Consejos de Gobierno de las CCAA cuando afecten de manera directa al ámbito competencial de las otras AAPP?

a) La Conferencia de Presidentes.
b) Las Comisiones Territoriales de Coordinación.
c) Las Conferencias Sectoriales.
d) Las Comisiones Bilaterales de Cooperación.

408. ¿Cómo se denomina el órgano de trabajo y de apoyo de carácter general de la Conferencia Sectorial?

a) El Grupo de Trabajo de una Conferencia Sectorial.
b) La Comisión Sectorial de una Conferencia Sectorial.
c) La Comisión Bilateral de Coordinación de una Conferencia Sectorial.
d) La Comisión Territorial de Coordinación de una Conferencia Sectorial

409. ¿Qué funciones ejercen las Comisiones Bilaterales de Cooperación?

a) Funciones de apoyo de carácter general de la Conferencia Sectorial.
b) Funciones de apoyo del Consejo de Ministros y de las Comisiones Delegadas del Gobierno.
c) Funciones de consulta y adopción de acuerdos que tengan por objeto la mejora de la coordinación entre las respectivas Administraciones en asuntos que afecten de forma singular a la Comunidad Autónoma, a la Ciudad de Ceuta o a la Ciudad de Melilla.
d) Funciones de asesoramiento, apoyo técnico y, en su caso, la gestión directa en relación con las funciones de planificación, programación y presupuestación, cooperación internacional, acción en el exterior, organización y recursos humanos, sistemas de información y comunicación, producción normativa, asistencia jurídica, gestión financiera, gestión de medios materiales y servicios auxiliares, seguimiento, control e inspección de servicios comunes de los Ministerios, estadística para fines estatales y publicaciones.

410. Las Administraciones cooperarán:

a) Al servicio de la seguridad jurídica y tendrán que acordar obligatoriamente la forma de ejercer sus respectivas competencias que mejor sirva a este principio.
b) Al servicio del bien común y la solidaridad y podrán acordar de manera voluntaria la forma de ejercer sus respectivas competencias que mejor sirva a este principio.

c) Al servicio de las instituciones del Estado, de las CCAA, y de las Entidades Locales y tendrán que acordar obligatoriamente la forma de ejercer sus respectivas competencias que mejor sirva a este principio.
d) Al servicio del interés general y podrán acordar de manera voluntaria la forma de ejercer sus respectivas competencias que mejor sirva a este principio.

411. De conformidad con la LRJSP, la organización militar se rige:

a) Por su legislación específica y únicamente de forma supletoria y en tanto resulte compatible, por su legislación específica por lo previsto en la LRJSP.
b) Por su legislación específica y por las bases establecidas en la ley Orgánica 5/2005, de 17 de noviembre, de la Defensa Nacional.
c) Por su legislación específica, por la Ley Orgánica 2/2012, de 27 abril, de Estabilidad Presupuestaria y Sostenibilidad Financiera y por las bases establecidas en la ley Orgánica 5/2005, de 17 de noviembre, de la Defensa Nacional.
d) Por la ley Orgánica 5/2005, de 17 de noviembre, de la Defensa Nacional y por la Ley 47/2003, de 26 de noviembre, General Presupuestaria.

412. En el marco del deber de colaboración entre las AAPP, la asistencia y colaboración requerida podrá negarse:

a) Cuando el organismo público o la entidad del que se solicita no esté facultado para prestarla de acuerdo con lo previsto en la CE y en la normativa básica.
b) Cuando la información solicitada tenga carácter confidencial o reservado.
c) Cuando el organismo público o la entidad del que se solicita, no disponga de medios suficientes para ello o cuando, de hacerlo, causara un perjuicio inminente a los intereses cuya tutela tiene encomendada o al cumplimiento de sus propios intereses.
d) Cuando la información solicitada afecte a la seguridad del Estado.

413. Según la LRJSP, a los órganos colegiados de gobierno de las EELL:

a) Les será de aplicación la normativa específica y supletoriamente las disposiciones previstas en la LRJSP relativas a los órganos colegiados.
b) No le será de aplicación las disposiciones previstas en la LRJSP.
c) Será de aplicación la normativa específica, así como la normativa de estabilidad presupuestaria y sostenibilidad financiera.
d) No le será de aplicación las disposiciones previstas en la LRJSP relativas a los órganos colegiados.

414. La LRJSP modifica:

a) Los arts. 4 a 7 de la Ley 2/2011, de 4 de marzo, de Economía Sostenible.
b) El art. 87 de la Ley 7/1985, de 2 de abril, Reguladora de las Bases del Régimen Local.
c) El art. 110 de la Ley 11/2007, de 22 de junio, de acceso electrónico de los ciudadanos a los Servicios Públicos.
d) El apartado uno del artículo octavo de la Ley 23/1982, de 16 de junio, reguladora del Patrimonio Nacional.

415. La Conferencia de Presidentes es:

a) Un órgano de colaboración multilateral entre la Administración General del Estado, las Administraciones Autonómicas y las EELL.
b) Un órgano de cooperación bilateral entre el Gobierno de la Nación y el Gobierno de cada CCAA.
c) Un órgano de colaboración multilateral entre los Gobiernos de las CCAA.
d) Un órgano de cooperación multilateral entre el Gobierno de la Nación y los respectivos Gobiernos de las CCAA.

416. Las decisiones de las Conferencias Sectoriales podrán revestir forma de:

a) Acuerdo o Decreto.
b) Acuerdo o Convenio.
c) Acuerdo o Recomendación.
d) Convenio o Recomendación.

417. Entre las funciones de una Comisión Sectorial de una Conferencia Sectorial podemos citar la siguiente:

a) El establecimiento de mecanismos de intercambio de información, especialmente de contenido estadístico.
b) La adopción de un acuerdo sobre la organización interna y el método de trabajo de la Conferencia Sectorial.
c) El seguimiento y evaluación de los Grupos de trabajo constituidos por la Conferencia Sectorial.
d) La recepción de los actos de comunicación de los miembros de la Conferencia Sectorial y, por tanto, de las notificaciones, peticiones de datos, rectificaciones o de cualquiera otra clase de escritos de los que deba tener conocimiento.

418. El reglamento de organización y funcionamiento interno de una Conferencia Sectorial será aprobado:

a) Por sus miembros.
b) Por el Ministro que presida la Conferencia Sectorial.
c) Por el Presidente del Gobierno.
d) Por el Presidente de la Comunidad Autónoma o de las Ciudades de Ceuta y Melilla, de común acuerdo con el Ministro que preside la Conferencia Sectorial.

419. Las decisiones adoptadas por las Comisiones Bilaterales de Cooperación revestirán la forma de:

a) Instrucciones, pero no serán de obligado cumplimiento.
b) Acuerdos y serán de obligado cumplimiento, cuando así se prevea expresamente, para las dos Administraciones que lo suscriban y en ese caso serán exigibles conforme a lo establecido en la Ley 29/1998, de 13 de julio, reguladora de la Jurisdicción Contencioso-administrativa.
c) Acuerdos, pero no serán de obligado cumplimiento.
d) Convenios y serán de obligado cumplimiento, cuando así se prevea expresamente, para las dos Administraciones que lo suscriban y en ese caso serán exigibles conforme a lo establecido en la Ley 29/1998, de 13 de julio, reguladora de la Jurisdicción Contencioso-administrativa.

420. El acceso, la cesión o la comunicación de información de naturaleza tributaria de la Agencia Estatal de Administración Tributaria se regirán:

a) En todo caso por la LRJSP y por la normativa de protección de datos.
b) Por la LPACAP y únicamente de forma supletoria por lo previsto en la LRJSP.
c) En todo caso por su legislación específica.
d) Por su legislación específica y únicamente de forma supletoria y en tanto resulte compatible con su legislación específica por lo previsto en la LRJSP.

421. Las normas estatales o autonómicas que sean incompatibles con lo previsto en la LRJSP, ¿En qué plazo deben adecuarse a la LRJSP?

a) Un año a partir de la publicación de la Ley en el BOE.
b) Un año a partir de la entrada en vigor de la LRJSP.
c) Dos años a partir de la publicación de la Ley en el BOE.
d) 6 meses a partir de la entrada en vigor de la LRJSP.

422. El Esquema Nacional de Seguridad tiene por objeto establecer:

a) El conjunto de criterios y recomendaciones en materia de seguridad, conservación y normalización de la información, de los formatos y de las aplicaciones que deberán ser tenidos en cuenta por las AAPP para la toma de decisiones tecnológicas que garanticen la interoperabilidad.
b) La política de seguridad en la utilización de medios electrónicos en el ámbito de la LRJSP y el conjunto de criterios y recomendaciones en materia de seguridad, conservación y normalización de la información, de los formatos y de las aplicaciones que deberán ser tenidos en cuenta por las AAPP para la toma de decisiones tecnológicas que garanticen la interoperabilidad.

c) El conjunto de criterios y recomendaciones en la utilización de medios electrónicos en el ámbito de la LRJSP.

d) La política de seguridad en la utilización de medios electrónicos en el ámbito de la LRJSP, y está constituido por los principios básicos y requisitos mínimos que garanticen adecuadamente la seguridad de la información tratada.

423. La disposición adicional de la LRJSP relativa al régimen jurídico de las Entidades gestoras y servicios comunes de la Seguridad Social:

a) Tienen carácter básico.

b) Se remite a la Ley Orgánica 2/2012, de 27 abril, de Estabilidad Presupuestaria y Sostenibilidad Financiera.

c) No tienen carácter básico.

d) Se remite a la Ley 47/2003, de 26 de noviembre, General Presupuestaria.

424. De conformidad con lo previsto en la LRJSP, el Fondo de Reestructuración Ordenada Bancaria tiene la consideración de:

a) Organismos autónomos estatales.

b) Autoridad administrativa independiente.

c) Sociedad mercantil estatal.

d) Fondos sin personalidad jurídica.

425. La LRJSP introduce una modificación relativa al Servicio Nacional de Coordinación Antifraude para la protección de los intereses financieros de la Unión Europea. ¿Qué norma modifica la regulación relativa al Servicio Nacional de Coordinación Antifraude para la protección de los intereses financieros de la Unión Europea y cuando entra en vigor la citada modificación?

a) La Ley 38/2003, de 17 de noviembre, General de Subvenciones y entra en vigor a los veinte días de la publicación de la LRJSP en el BOE.

b) La Ley 47/2003, de 26 de noviembre, General Presupuestaria y entra en vigor a los seis meses de la publicación de la LRJSP en el BOE.

c) La Ley 17/2012, de 27 de diciembre, de Presupuestos Generales del Estado para el año 2013 y entra en vigor al año de la publicación de la LRJSP en el BOE.

d) El Real Decreto-Ley 12/1995, de 28 de diciembre, sobre medidas urgentes en materia presupuestaria, tributaria y financiera y entra en vigor a los dos años de la publicación de la LRJSP en el BOE.

426. Las Comisiones Territoriales de Coordinación podrán estar formadas por:

a) El Presidente del Gobierno, que la preside, y los Presidentes de las CCAA y de las Ciudades de Ceuta y Melilla.

b) El Presidente del Gobierno, que la preside; El miembro del Gobierno que, en representación de la Administración General del Estado, resulte competente por razón de la materia y los correspondientes miembros de los Consejos de Gobierno, en representación de las CCAA y de las Ciudades de Ceuta y Melilla

c) El miembro del Gobierno que, en representación de la Administración General del Estado, resulte competente por razón de la materia, y que actuará como Presidente, y los correspondientes miembros de los Consejos de Gobierno, en representación de las CCAA y de las Ciudades de Ceuta y Melilla

d) Representantes de la Administración General del Estado y representantes de las Entidades Locales; Representantes de las CCAA y representantes de las Entidades locales o Representantes de la Administración General del Estado, representantes de las CCAA y representantes de las Entidades Locales, en función de las Administraciones afectadas por razón de la materia.

427. Entre las funciones de una Comisión Sectorial de una Conferencia Sectorial podemos citar la siguiente:

a) Establecer mecanismos de intercambio de información, especialmente de contenido estadístico.

b) Acordar la organización interna y de su método de trabajo.

c) Establecer planes específicos de cooperación entre CCAA en la materia sectorial correspondiente, procurando la supresión de duplicidades, y la consecución de una mejor eficiencia de los servicios públicos.

d) Preparar las reuniones de la Conferencia Sectorial, para lo que tratará los asuntos incluidos en el orden del día de la convocatoria.

428. ¿Quién podrá solicitar la participación de las organizaciones representativas de intereses afectados en el Grupo de Trabajo de una Conferencia Sectorial?

a) El director del Grupo de trabajo, que será un representante de la Administración General del Estado, con el voto favorable de la mayoría de sus miembros.

b) El Secretario de Estado u órgano superior de la Administración General del Estado designado al efecto por el Ministro correspondiente, con el voto favorable de la mayoría de sus miembros.

c) Algún representante de una Comunidad Autónoma en la Conferencia Sectorial, así como un representante de la Ciudad de Ceuta y de la Ciudad Melilla, con el voto favorable de la mayoría de sus miembros.
d) El Ministro que presida la Conferencia Sectorial.

429. ¿Quién designa a la persona que ocupará la Secretaría de una Conferencia Sectorial?

a) El Presidente de la Conferencia Sectorial.
b) El Presidente del Gobierno, a propuesta del Presidente de la Conferencia Sectorial.
c) Los Presidentes de las CCAA y de las Ciudades de Ceuta y Melilla, de común acuerdo.
d) Los Presidentes de las CCAA o de las Ciudades de Ceuta y Melilla, a propuesta del Presidente de la Conferencia Sectorial.

430. La Conferencia de Presidentes está formada:

a) Por el Presidente del Gobierno, que la preside, los Presidentes de las CCAA y de las Ciudades de Ceuta y Melilla y dos representantes de las Entidades Locales.
b) Por el Presidente del Gobierno, que la preside, y por los Presidentes de las CCAA y de las Ciudades de Ceuta y Melilla.
c) Un miembro del Gobierno en representación de la Administración General del Estado, que presidirá la conferencia, y los correspondientes miembros de los Consejos de Gobierno, en representación de las CCAA y de las Ciudades de Ceuta y Melilla.
d) Por los Presidentes de las CCAA y de las Ciudades de Ceuta y Melilla y los Alcaldes de las grandes ciudades.

431. La Administración General del Estado, así como, las Administraciones de las CCAA y las de las EELL deberán colaborar y auxiliarse para la ejecución de los actos que hayan de realizarse o tengan efectos fuera de sus respectivos ámbitos territoriales. Los posibles costes que pueda generar el deber de colaboración:

a) Deberán ser repercutidos, en la forma y términos que se acuerde.
b) Podrán ser repercutidos, si así lo decide la Administración que preste la asistencia y colaboración requerida.
c) Podrán ser repercutidos cuando así se acuerde.
d) Serán, siempre, repercutidos.

432. ¿Qué disposición de la LRJSP modifica el Título V de la Ley 50/1997, de 27 de noviembre, del Gobierno?

a) La Disposición final segunda de la LRJSP.
b) La Disposición final tercera de la LRJSP.
c) La Disposición final cuarta de la LRJSP.
d) La Disposición final quinta de la LRJSP.

433. En el ámbito de la Administración General del Estado, cuando se eleve para su aprobación por el órgano competente una propuesta normativa que no figure en el Plan Anual Normativo:

a) Será rechazada por no figurar en el Plan Anual Normativo.
b) Se solicitará la modificación del Plan Anual Normativo para que se haga constar en la planificación normativa la previsible aprobación de la citada norma.
c) Será necesario justificar este hecho en la correspondiente Memoria del Análisis de Impacto Normativo.
d) Será necesario justificar este hecho en la exposición de motivos, si se trata de un anteproyecto de ley o en el preámbulo, si se trata de un proyecto de reglamento.

434. En el ámbito Administración General del Estado, el Plan Anual Normativo:

a) Estará coordinado por el Ministerio de la Presidencia, que elevará el Plan al Consejo de Ministros para su aprobación antes del 30 de abril.
b) Estará coordinado por el Ministerio de Hacienda, que elevará el Plan al Consejo de Ministros para su aprobación antes del 30 de junio.
c) Estará coordinado por el Ministerio de la Presidencia, que elevará el Plan al Presidente del Gobierno para su aprobación antes del 30 de noviembre.
d) Estará coordinado por el Ministerio de Hacienda, que elevará el Plan al Presidente del Gobierno para su aprobación antes del 30 de diciembre.

435. En el ámbito de la Administración General del Estado, ¿Qué artículo y norma regula la Memoria del Análisis de Impacto Normativo?

a) El art. 26.3 de la LG.
b) El art. 130.2 de la LPACAP.
c) El art. 7 de la Ley 2/2011, de 4 de marzo.
d) El art. 29.3 de la LRJSP.

436. En el procedimiento de elaboración de normas con rango de Ley y reglamento en el ámbito de la Administración General del Estado, el centro directivo competente recabará, además de los informes y dictámenes que resulten preceptivos, cuantos estudios y consultas se estimen convenientes para garantizar:

a) La eficacia y la legalidad del texto.
b) La legalidad y seguridad jurídica del texto.
c) El acierto y la legalidad del texto.
d) La legalidad del texto y la transparencia del procedimiento de elaboración.

437. ¿Quién y cómo se asegura la coordinación y la calidad de la actividad normativa del Gobierno?

a) El Ministerio de Hacienda y Función Pública, analizando una serie de aspectos establecidos en el art. 26.3 de la LG.

b) El Ministerio de la Presidencia, analizando una serie de aspectos establecidos en el art. 26.9 de la LG.

c) La Secretaría General Técnica del Ministerio, analizando una serie de aspectos establecidos en el art. 26.5 de la LG.

d) El Ministerio proponente, analizando una serie de aspectos establecidos en el art. 26.8 de la LG.

438. No será de aplicación para la tramitación y aprobación de decretos-leyes:

a) La elaboración de la Memoria del Análisis de Impacto Normativo.

b) Los estudios y consultas que preceden la elaboración de decreto-ley.

c) El trámite de audiencia e información pública.

d) El sometimiento de la propuesta del texto a la Comisión General de Secretarios de Estado y Subsecretarios.

439. La tramitación por vía de urgencia implicará que:

a) No será preciso el trámite de consulta pública.

b) No será preciso el trámite audiencia pública sobre el texto.

c) No será preciso el trámite de información pública sobre el texto.

d) No será preciso el trámite de consulta pública, ni los trámites de audiencia pública o de información pública sobre el texto.

440. ¿Dónde queda regulado el Control de los actos del Gobierno?

a) La Disposición final segunda de la LRJSP.

b) El Título V de la LRJSP.

c) La Disposición final segunda de la LPACAP.

d) El Título VI de la LG.

441. ¿Quién propone la aprobación de las instrucciones que han de seguirse para la tramitación de asuntos ante los órganos colegiados del Gobierno?

a) Las Comisiones Delegadas del Gobierno propondrá la aprobación de las citadas instrucciones al Ministro de la Presidencia.

b) El Secretariado del Gobierno propondrá la aprobación de las citadas instrucciones al Ministro de la Presidencia.

c) La Comisión General de Secretarios de Estado y Subsecretarios propondrá la aprobación de las citadas instrucciones al Presidente del Gobierno.

d) El Ministro de la Presidencia propondrá la aprobación de las citadas instrucciones al Presidente del Gobierno.

442. La LRJSP modifica:

a) La Ley 59/2003, de 19 de diciembre, de firma electrónica.

b) La Ley 36/2011, de 10 de octubre, reguladora de la jurisdicción social.

c) La Ley 38/2003, de 17 de noviembre, General de Subvenciones.

d) La Ley 11/2007, de 22 de junio, de acceso electrónico de los ciudadanos a los Servicios Públicos.

443. La LRJSP deroga:

a) La Ley 59/2003, de 19 de diciembre, de firma electrónica.

b) La Ley 2/2011, de 4 de marzo, de Economía Sostenible.

c) La Ley 28/2006, de 18 de julio, de Agencias estatales para la mejora de los servicios públicos.

d) La Ley 36/2011, de 10 de octubre, reguladora de la jurisdicción social.

444. Según la LRJSP, se podrá dar cumplimiento al principio de cooperación de acuerdo con las técnicas que las Administraciones interesadas estimen más adecuadas, entre las que podemos citar la siguiente:

a) El suministro de información, datos, documentos o medios probatorios que se hallen a disposición del organismo público o la entidad al que se dirige la solicitud y que la Administración solicitante precise disponer para el ejercicio de sus competencias.

b) La cooperación interadministrativa para la aplicación coordinada de la normativa reguladora de una determinada materia.

c) La creación y mantenimiento de sistemas integrados de información administrativa con el fin de disponer de datos actualizados, completos y permanentes referentes a los diferentes ámbitos de actividad administrativa en todo el territorio nacional.

d) El deber de asistencia y auxilio, para atender las solicitudes formuladas por otras Administraciones para el mejor ejercicio de sus competencias, en especial cuando los efectos de su actividad administrativa se extiendan fuera de su ámbito territorial.

445. Una Comisión territorial de coordinación es:

a) Un órgano, de composición multilateral y ámbito sectorial determinado, que reúne, como Presidente, al miembro del Gobierno que, en representación de la Administración General del Estado, resulte competente por razón de la materia, y a los correspondientes miembros de los Consejos de Gobierno, en representación de las CCAA y de las Ciudades de Ceuta y Melilla.

b) Un órgano, de composición multilateral, entre Administraciones cuyos territorios sean coincidentes o limítrofes, para mejorar la coordinación de la prestación de servicios, prevenir duplicidades y mejorar la eficiencia y calidad de los servicios, creado cuando así lo requiera la proximidad territorial o la concurrencia de funciones administrativas.

c) Un órgano, de composición bilateral, que reúnen, por un número igual de representantes, a miembros del Gobierno, en representación de la Administración General del Estado, y miembros del Consejo de Gobierno de la Comunidad Autónoma o representantes de la Ciudad de Ceuta o de la Ciudad de Melilla.

d) Un órgano, de composición multilateral, entre el Gobierno de la Nación y los respectivos Gobiernos de las CCAA y está formada por el Presidente del Gobierno, que la preside, y por los Presidentes de las CCAA y de las Ciudades de Ceuta y Melilla.

446. De conformidad con la LRJSP, las Administraciones pondrán a disposición de cualquiera otra Administración que lo solicite las aplicaciones, desarrolladas por sus servicios o que hayan sido objeto de contratación y de cuyos derechos de propiedad intelectual sean titulares, salvo que la información a la que estén asociadas sea objeto de especial protección por una norma. Estas aplicaciones podrán ser declaradas como de fuentes abiertas:

a) Cuando de ello se derive una mayor interoperatividad en el funcionamiento de la Administración Pública o se fomente con ello la incorporación de los ciudadanos a la Sociedad de la información.

b) Cuando de ello se derive una mayor seguridad jurídica en el funcionamiento de la Administración Pública o se fomente con ello la incorporación de los ciudadanos a la Sociedad de la información.

c) Cuando de ello se derive una mayor celeridad en el funcionamiento de la Administración Pública o se fomente con ello la incorporación de los ciudadanos a la Sociedad de la información.

d) Cuando de ello se derive una mayor transparencia en el funcionamiento de la Administración Pública o se fomente con ello la incorporación de los ciudadanos a la Sociedad de la información.

447. Las subvenciones públicas que se concedan en régimen de concurrencia competitiva cuya convocatoria se hubiera aprobado con anterioridad a la entrada en vigor de la modificación del art. 10 de la Ley General de Subvenciones, relativo a los "Órganos competentes para la concesión de subvenciones" se regirán por:

a) La normativa anterior.

b) La LRJSP.

c) La LPACAP.

d) La Ley General de Subvenciones, con las modificaciones introducidas por la LRJSP.

448. Las AAPP mantendrán directorios actualizados de aplicaciones para su libre reutilización, de conformidad con lo dispuesto en el Esquema Nacional de Interoperabilidad. Estos directorios deberán ser plenamente interoperables con el directorio general de la Administración General del Estado, de modo que se garantice:

a) La seguridad jurídica y la transparencia.

b) La compatibilidad informática e interconexión.

c) La transparencia.

d) La compatibilidad informática y la transparencia.

449. ¿Cuál de las siguientes entidades NO forma parte del sector público institucional estatal?

a) Comisión Nacional de los Mercados y la Competencia.

b) Agencia Espacial Española.

c) Aena Desarrollo Internacional S.M.E., S.A.

d) La Universidad de Sevilla.

450. ¿Cuál de las siguientes Universidades tiene la consideración de Universidad pública no transferida a efectos de la clasificación del sector público institucional estatal?

a) Universidad de Barcelona.

b) Universidad Nacional de Educación a Distancia.

c) Universidad Complutense de Madrid.

d) Universidad del País Vasco.

451. La composición y clasificación del sector público institucional estatal prevista en el artículo 84 de la Ley 40/2015, de 1 de octubre:

a) Se aplicará únicamente a los organismos públicos y las entidades integrantes del sector público institucional estatal que se hayan creado antes de la entrada en vigor de la Ley 40/2015, de 1 de octubre.

b) Se aplicará a los organismos y entidades integrantes del sector público institucional que se hayan adaptado en un máximo de cinco años desde la entrada en vigor de Ley 40/2015, de 1 de octubre.

c) Se aplicará únicamente a los organismos públicos y las entidades integrantes del sector público institucional estatal que se creen a partir del 2 de octubre de 2016 y a los que se hayan adaptado de acuerdo con lo previsto en la disposición adicional cuarta de la Ley 40/2015, de 1 de octubre.

d) No se aplicará a los organismos públicos y las entidades integrantes del sector público institucional creados a partir del 2 de octubre de 2016.

452. La Disposición transitoria segunda de la Ley 40/2015, de 1 de octubre, establece una regulación particular sobre las entidades y organismos públicos existentes. Señale cuál de las siguientes reglas contenidas en dicha Disposición es incorrecta:

a) Todos los organismos y entidades integrantes del sector público estatal en el momento de la entrada en vigor de esta Ley continuarán rigiéndose por su normativa específica, excluida la normativa presupuestaria que les resultaba de aplicación, hasta su adaptación a lo dispuesto en la Ley de acuerdo con lo previsto en la disposición adicional cuarta.

b) En tanto no resulte contrario a su normativa específica, las sociedades mercantiles estatales y los consorcios existentes en el momento de la entrada en vigor de esta Ley aplicarán desde ese momento, respectivamente lo previsto en el Capítulo V, Capítulo VI, Capítulo VII y Capítulo VIII del Título II.

c) En tanto no resulte contrario a su normativa específica, los organismos públicos existentes en el momento de la entrada en vigor de esta Ley y desde ese momento aplicarán los principios establecidos en el Capítulo I del Título II, el régimen de control previsto en el artículo 85 y 92.2, y lo dispuesto en los artículos 87, 94, 96, 97 si se transformaran fusionaran, disolvieran o liquidaran tras la entrada en vigor de esta Ley.

d) En tanto no resulte contrario a su normativa específica, las fundaciones y los fondos sin personalidad jurídica existentes en el momento de la entrada en vigor de esta Ley aplicarán desde ese momento, respectivamente lo previsto en el Capítulo V, Capítulo VI, Capítulo VII y Capítulo VIII del Título II.

453. En tanto no resulte contrario a su normativa específica, las sociedades mercantiles estatales, los consorcios, fundaciones y fondos sin personalidad jurídica existentes en el momento de la entrada en vigor de la Ley 40/2015, de 1 de octubre, aplicarán desde ese momento, respectivamente, lo previsto en el Capítulo V, Capítulo VI, Capítulo

VII y Capítulo VIII del Título II. El Título II de la Ley 40/2015, de 1 de octubre, regula la organización y el funcionamiento del sector público institucional, ¿cuál de los siguientes contenidos no se encuentra dentro de los Capítulos referidos?

a) Organización y funcionamiento del sector público institucional estatal.

b) De las sociedades mercantiles estatales.

c) De los consorcios y de las fundaciones del sector público estatal.

d) De los fondos carentes de personalidad jurídica del sector público estatal.

454. Los procedimientos de elaboración de normas que se hallaren en tramitación en la Administración General del Estado el 2 de octubre de 2016...:

a) Se sustanciarán de acuerdo con lo establecido en la Ley 40/2015, de 1 de octubre, de régimen jurídico del sector público.

b) Se sustanciarán de acuerdo con lo establecido en la Ley 30/1992, de 26 de noviembre, de 26 de noviembre, de régimen jurídico de las administraciones públicas y del procedimiento administrativo común.

c) Se sustanciarán de acuerdo con lo establecido en la Ley 6/1997, de 14 de abril, de organización y funcionamiento de la Administración General del Estado.

d) Se sustanciarán de acuerdo con lo establecido en la normativa vigente en el momento en que se iniciaron.

455. La Disposición transitoria cuarta de la Ley 40/2015, de 1 de octubre, regula el régimen transitorio de las modificaciones introducidas en la Disposición final novena) ¿A qué norma se refiere esta última Disposición?

a) A la Ley del Gobierno.

b) A la Ley General Presupuestaria.

c) A la Ley de Contratos del Sector Público.

d) A la Ley de ordenación, supervisión y solvencia de las entidades aseguradoras y reaseguradoras.

456. ¿Cuándo entró en vigor la disposición final novena de la Ley 40/2015, de 1 de octubre? Señale la alternativa de respuesta incorrecta:

a) El punto trece, el 2 de octubre de 2016.

b) Los puntos uno a once, el 22 de octubre de 2015.

c) El punto doce, el 2 de abril de 2016.

d) El 2 de octubre de 2016.

457. La disposición derogatoria única de la Ley 40/2015, de 1 de octubre, establece que quedan derogadas cuantas disposiciones de igual o inferior rango se opongan, contradigan o resulten incompatibles con lo dispuesto en la referida Ley y, en especial:

a) La Ley 7/1985, de 2 de abril, reguladora de las bases del régimen local.
b) La Ley 28/2006, de 18 de julio, de Agencias estatales para la mejora de los servicios públicos.
c) La Ley 50/2002, de 26 de diciembre, de Fundaciones.
d) El Real decreto legislativo 781/1986, de 18 de abril, por el que se aprueba el texto refundido de las disposiciones legales vigentes en materia de Régimen Local.

458. ¿Cuál de las siguientes disposiciones deroga la Ley 40/2015, de 1 de octubre?

a) La Ley 11/2007, de 22 de junio, de acceso electrónico de los ciudadanos a los servicios públicos.
b) La Ley 6/1997, de 14 de abril, de organización y funcionamiento de la Administración General del Estado.
c) El Real decreto 1398/1993, de 4 de agosto, por el que se aprueba el Reglamento del procedimiento para el ejercicio de la potestad sancionadora.
d) La Ley 30/1992, de 26 de noviembre, de régimen jurídico de las administraciones públicas y del procedimiento administrativo común.

459. La Ley 15/2014, de 16 de septiembre, de racionalización del Sector Público y otras medidas de reforma administrativa:

a) Fue derogada con la entrada en vigor de la Ley 40/2015, de 1 de octubre, de régimen jurídico del sector público.
b) Fue modificada con la entrada en vigor de la Ley 40/2015, de 1 de octubre, de régimen jurídico del sector público, derogando los artículos 12, 13, 14 y 15 y la disposición adicional sexta)
c) Fue derogada con la entrada en vigor de la Ley 39/2015, de 1 de octubre, del procedimiento administrativo común de las administraciones públicas.
d) Fue modificada con la entrada en vigor de la Ley 39/2015, de 1 de octubre, del procedimiento administrativo común de las administraciones públicas, derogando los artículos 12, 13, 14 y 15 y la disposición adicional sexta.

460. El Real decreto 1671/2009, de 6 de noviembre, por el que se desarrolla parcialmente la Ley 11/2007, de 22 de junio, de acceso electrónico de los ciudadanos a los servicios públicos:

a) Se derogó con la entrada en vigor de la Ley 39/2015, de 1 de octubre, del procedimiento administrativo común de las administraciones públicas.

b) Se modificó con la entrada en vigor de la Ley 40/2015, de 1 de octubre, de régimen jurídico del sector público.
c) Se derogó con la entrada en vigor de la Ley 40/2015, de 1 de octubre, de régimen jurídico del sector público.
d) Se mantiene en su vigencia original.

461. Los artículos 37, 38, 39 y 40 del Decreto de 17 de junio de 1955 por el que se aprueba el Reglamento de Servicios de las Corporaciones locales fueron derogados con la entrada en vigor de la Ley 40/2015, de 1 de octubre. ¿A qué hacían referencia dichos preceptos?

a) A la gestión directa de servicios de las Corporaciones locales.
b) A la gestión indirecta de los servicios de las Corporaciones locales.
c) Al Consorcio.
d) A la cooperación provincial a los servicios municipales.

462. ¿Cuál de las siguientes disposiciones NO se incluye entre las modificaciones operadas por las Disposiciones finales de la Ley 40/2015, de 1 de octubre?

a) La Ley 50/1997, de 27 de noviembre, del Gobierno.
b) La Ley 22/2003, de 9 de julio, Concursal (actualmente refundida en el Real decreto legislativo 1/2020, de 5 de mayo).
c) La Ley 47/2003, de 26 de noviembre, General Presupuestaria.
d) La Ley 6/1997, de 14 de abril, de organización y funcionamiento de la Administración General del Estado.

463. La Ley 20/2015, de 14 de julio, de ordenación, supervisión y solvencia de las entidades aseguradoras y reaseguradoras:

a) No resulta afectada tras la entrada en vigor de la Ley 40/2015, de 1 de octubre.
b) Es derogada por la Ley 40/2015, de 1 de octubre.
c) Es modificada por la Ley 40/2015, de 1 de octubre, haciendo a la misma en sus Disposiciones finales.
d) Es modificada por la Ley 40/2015, de 1 de octubre, haciendo a la misma en su Disposición derogatoria.

464. ¿Cuál de las siguientes Disposiciones finales de la Ley 40/2015, de 1 de octubre, se refiere a su entrada en vigor?

a) La Disposición final décima.
b) La Disposición final duodécima.
c) La Disposición final decimoquinta.
d) La Disposición final decimoctava.

465. La Disposición final decimosexta de la Ley 40/2015, de 1 de octubre, sobre las precedencias en actos oficiales, establece que se determinarán las precedencias de los titulares de los poderes constitucionales y de las instituciones nacionales, así como las de los titulares de los departamentos ministeriales y de los órganos internos de estos en relación con los actos oficiales:

a) Por Acuerdo del Consejo de Ministros, a propuesta del Presidente del Gobierno.

b) Por Real Decreto del Presidente del Gobierno.

c) Por Real Decreto del Consejo de Ministros, a propuesta del Presidente del Gobierno.

d) Por Orden del Ministerio de la Presidencia.

466. ¿Qué plazo concede la Disposición final decimoséptima de la Ley 40/2015, de 1 de octubre, para que se adecuen a esta las normas estatales o autonómicas que sean incompatibles con lo previsto en ella?

a) Un año a partir de la entrada en vigor de la Ley 40/2015, de 1 de octubre.

b) Un año a partir de la aprobación de la Ley 40/2015, de 1 de octubre.

c) Tres años a partir de la entrada en vigor de la Ley 40/2015, de 1 de octubre.

d) Tres años a partir de la aprobación de la Ley 40/2015, de 1 de octubre.

467. ¿Cuál es el límite temporal máximo para realizar la adecuación a la que se refiere la Disposición final decimoséptima de la Ley 40/2015, de 1 de octubre?

a) El 1 de octubre de 2017.

b) El 2 de octubre de 2017.

c) El 1 de octubre de 2019.

d) El 2 de octubre de 2019.

468. Todas las entidades integrantes del sector público institucional estatal están sujetas desde su creación hasta su extinción a la supervisión continua del Ministerio competente en materia de Hacienda y Administraciones Públicas, a través de la Intervención General de la Administración del Estado, que vigilará la concurrencia de los requisitos previstos en la Ley 40/2015, de 1 de octubre. Este mandato:

a) Está desarrollado por el art. 85 de la Ley 40/2015, de 1 de octubre.

b) Se desarrollará mediante Acuerdo adoptado en la Comisión Delegada del Gobierno para Asuntos Económicos.

c) Se desarrollará mediante Orden del Ministro de Hacienda y Administraciones Públicas.

d) Se desarrollará mediante Real Decreto del Presidente del Gobierno.

469. Las referencias hechas a la Ley 30/1992, de 26 de noviembre, de régimen jurídico de las administraciones públicas y del procedimiento administrativo común:

a) Se entenderán hechas a la Ley de Acceso Electrónico de los Ciudadanos a los Servicios Públicos.

b) Se entenderán hechas a la Ley del Procedimiento Administrativo Común de las Administraciones Públicas.

c) Se entenderán hechas a la Ley de Régimen Jurídico del Sector Público.

d) Se entenderán hechas a la Ley del Procedimiento Administrativo Común de las Administraciones Públicas o a la Ley de Régimen Jurídico del Sector Público, según corresponda.

470. La Ley 40/2015, de 1 de octubre, es, formalmente:

a) Una ley orgánica.

b) Una ley de armonización.

c) Una ley parcialmente básica.

d) Una ley de bases.

471. ¿Cuál de las disposiciones reguladas en el Título Preliminar de la Ley 40/2015, de 1 de octubre, NO tiene carácter básico?

a) Sección 3.ª del Capítulo II: órganos colegiados de las distintas administraciones públicas.

b) Subsección 2.ª de la Sección 3.ª del Capítulo II: de los órganos colegiados en la Administración General del Estado.

c) Sección 4.ª del Capítulo II: abstención y recusación.

d) Capítulo V. Funcionamiento electrónico del sector público.

472. El Título I de la Ley 40/2015, de 1 de octubre, lleva por título: «Administración General del Estado». En relación con el título competencial que habilita su aprobación, ¿cuál de las siguientes afirmaciones es correcta?

a) El Título I de la Ley 40/2015, de 1 de octubre, se dicta al amparo de lo dispuesto en el artículo 149.1.18 de la Constitución de 1978 que atribuye al Estado competencia exclusiva sobre las bases del régimen jurídico de las Administraciones Públicas.

b) El Título I de la Ley 40/2015, de 1 de octubre, se dicta al amparo de lo dispuesto en el artículo 149.1.13 de la Constitución de 1978 relativo a las bases y coordinación de la planificación general de la actividad económica.

c) El Título I de la Ley 40/2015, de 1 de octubre, se dicta al amparo del artículo 149.1.14 relativo a la Hacienda Pública general.

d) El Título I de la Ley 40/2015, de 1 de octubre, no tiene carácter básico y se aplica exclusivamente a la Administración General del Estado y al sector público estatal.

473. Señala cuál de los siguientes contenidos del Título II de la Ley 40/2015, de 1 de octubre, relativo a la organización y funcionamiento del sector público institucional, tiene carácter básico:

a) Capítulo I. Del sector público institucional.

b) Capítulo II. Organización y funcionamiento del sector público institucional estatal.

c) Capítulo III. De los organismos públicos estatales.

d) Capítulo IV. Las autoridades administrativas independientes de ámbito estatal.

474. Señala cuál de los siguientes contenidos del Título II de la Ley 40/2015, de 1 de octubre, relativo a la organización y funcionamiento del sector público institucional, NO tiene carácter básico en su totalidad:

a) Capítulo V. De las sociedades mercantiles estatales.

b) Capítulo VI. De los consorcios.

c) Capítulo VII. De las fundaciones del sector público estatal.

d) Ninguna de las respuestas anteriores es correcta.

475. Los artículos 137, 138 y 139 del Capítulo VIII del Título II de la Ley 40/2015, de 1 de octubre, relativo a los fondos carentes de personalidad jurídica del sector público estatal:

a) Tienen carácter básico al amparo de lo dispuesto en el artículo 149.1.18 de la Constitución de 1978, que atribuye al Estado la competencia exclusiva sobre las bases del régimen jurídico de las Administraciones Públicas.

b) No tienen carácter básico y se aplican exclusivamente a la Administración General del Estado y al sector público estatal.

c) No tienen carácter básico y se aplican exclusivamente a la Administración General del Estado y al sector público estatal, los artículos 138 (régimen jurídico) y 139 (régimen presupuestario, de contabilidad y de control económico-financiero).

d) No tiene carácter básico y se aplica exclusivamente a la Administración General del Estado y al sector público estatal, el artículo 137 (creación y extinción).

476. Señala cuál de las siguientes disposiciones adicionales de la Ley 40/2015, de 1 de octubre, NO tiene carácter básico:

a) Disposición adicional octava. Adaptación de los convenios vigentes suscritos por cualquier Administración Pública e inscripción de organismos y entidades en el Inventario de Entidades del Sector Público Estatal, Autonómico y Local.

b) Disposición adicional novena. Comisión Sectorial de administración electrónica.

c) Disposición adicional vigésima. Régimen jurídico del Fondo de Reestructuración Ordenada Bancaria.

d) Disposición adicional vigesimosegunda. Actuación administrativa de los órganos constitucionales del Estado y de los órganos legislativos y de control autonómicos.

477. Señala cuál de las siguientes disposiciones adicionales de la Ley 40/2015, de 1 de octubre, tiene carácter básico:

a) Disposición adicional cuarta. Adaptación de entidades y organismos públicos existentes en el ámbito estatal.

b) Disposición adicional décima. Aportaciones a los consorcios.

c) Disposición adicional decimosexta. Servicios territoriales integrados en las Delegaciones del Gobierno.

d) Disposición adicional decimonovena. Régimen jurídico del Banco de España.

478. Señala la respuesta incorrecta. Según la Disposición final decimocuarta de la Ley 40/2015, de 1 de octubre, tiene carácter básico:

a) La Disposición adicional primera sobre administración de los territorios históricos del País Vasco.

b) La Disposición adicional tercera sobre relaciones con las ciudades de Ceuta y Melilla.

c) La Disposición adicional quinta sobre gestión compartida de servicios comunes de los organismos públicos estatales existentes.

d) La Disposición adicional vigesimoprimera sobre los órganos colegiados de Gobierno.

479. Según la Disposición final decimocuarta de la Ley 40/2015, de 1 de octubre, tiene carácter básico:

a) La Disposición adicional segunda sobre delegados del Gobierno en las ciudades de Ceuta y Melilla.

b) La Disposición adicional séptima sobre Registro Electrónico estatal de Órganos e Instrumentos de Cooperación.

c) La Disposición adicional duodécima sobre régimen jurídico de las Autoridades Portuarias y Puertos del Estado.

d) La Disposición adicional decimotercera sobre régimen jurídico de las Entidades gestoras y servicios comunes de la Seguridad Social.

480. ¿Cuál de las siguientes disposiciones finales regula lo relativo a los títulos competenciales en los que se ampara la Ley 40/2015, de 1 de octubre?

a) Disposición final decimocuarta.
b) Disposición final decimoquinta.
c) Disposición final decimoséptima.
d) Disposición final decimoctava.

481. Lo previsto en la Disposición final duodécima en relación con la restitución o compensación a los partidos políticos de bienes y derechos incautados en aplicación de la normativa sobre responsabilidades políticas, entró en vigor:

a) Al año de la publicación de la Ley 40/2015, de 1 de octubre, en el «Boletín Oficial del Estado».
b) A los veinte días de la publicación de la Ley 40/2015, de 1 de octubre, en el «Boletín Oficial del Estado».
c) Al día siguiente de la publicación de la Ley 40/2015, de 1 de octubre, en el «Boletín Oficial del Estado».
d) A partir del 1 de enero de 2013.

482. ¿Cuál de los siguientes contenidos de la Ley 40/2015, de 1 de octubre, entró en vigor el 3 de octubre de 2015?

a) Punto cuatro de la Disposición final quinta, de modificación de la Ley 22/2003, de 9 de julio, Concursal (actualmente refundida en el Real decreto legislativo 1/2020, de 5 de mayo).
b) Apartados Uno, primer y segundo párrafo; Dos; Tres, párrafos primero y segundo; Cuatro; Cinco, párrafos primero a cuarto y, Seis de la disposición final décima de modificación de la Disposición adicional décima tercera de la Ley 17/2012, de 27 de diciembre, de Presupuestos Generales del Estado para el año 2013.
c) La Disposición final primera, de modificación de la Ley 23/1982, de 16 de junio, reguladora del Patrimonio Nacional.
d) Todos los contenidos de la Ley 40/2015, de 1 de octubre, entraron en vigor al año de su publicación en el «Boletín Oficial del Estado».

483. Señala cuál de las siguientes disposiciones NO entraron en vigor el 3 de octubre de 2015:

a) Punto doce de la Disposición final novena, de modificación del Texto Refundido de la Ley de Contratos del Sector Público, aprobado por Real decreto legislativo 3/2011, de 14 de noviembre (actual Ley 9/2017, de 8 de noviembre, de Contratos del Sector Público).
b) Disposición final segunda, de modificación del Real Decreto-Ley 12/1995, de 28 de diciembre, sobre medidas urgentes en materia presupuestaria, tributaria y financiera.

c) Puntos uno a tres de la Disposición final quinta, de modificación de la Ley 22/2003, de 9 de julio, Concursal (actualmente refundida en el Real decreto legislativo 1/2020, de 5 de mayo).
d) Disposición final séptima, de modificación de la Ley 38/2003, de 17 de noviembre, General de Subvenciones.

484. Indica cuál de las siguientes disposiciones de la Ley 40/2015, de 1 de octubre, está actualmente derogada:

a) Disposición final tercera.
b) Disposición final décima.
c) Disposición final quinta.
d) Disposición final decimoctava.

485. La Disposición final undécima, de modificación de la Ley 20/2015, de 14 de julio, de ordenación, supervisión y solvencia de las entidades aseguradoras y reaseguradoras, entró en vigor:

a) El 2 de octubre de 2015.
b) El 3 de octubre de 2015.
c) El 2 de octubre de 2016.
d) El 2 de abril de 2016.

486. La Disposición transitoria quinta: Operaciones y atribuciones vigentes:

a) La añade la Ley 40/2015, de 1 de octubre, a la Ley 23/1982, de 16 de junio, reguladora del Patrimonio Nacional, en virtud de su Disposición final primera.
b) La modifica la Ley 40/2015, de 1 de octubre, al Real decreto ley 12/1995, de 28 de diciembre, sobre medidas urgentes en materia presupuestaria, tributaria y financiera, en virtud de su Disposición final segunda (punto dos).
c) La añade la Ley 40/2015, de 1 de octubre, al Real decreto ley 12/1995, de 28 de diciembre, sobre medidas urgentes en materia presupuestaria, tributaria y financiera, en virtud de su Disposición final segunda (punto dos).
d) La modifica la Ley 40/2015, de 1 de octubre, a la Ley 23/1982, de 16 de junio, reguladora del Patrimonio Nacional, en virtud de su Disposición final primera.

487. El Texto Refundido de la Ley de Contratos del Sector Público, aprobado por Real decreto legislativo 3/2011, de 14 de noviembre, al que se refiere la Disposición final novena de la Ley 40/2015, de 1 de octubre:

a) Se mantiene en vigor con las modificaciones introducidas por la Disposición final novena de la Ley 40/2015, de 1 de octubre.

b) Se deroga parcialmente con la entrada en vigor de la Ley 9/2017, de 8 de noviembre.
c) Se deroga en su totalidad con la entrada en vigor de la Ley 9/2017, de 8 de noviembre.
d) Incorpora al ordenamiento jurídico español las Directivas del Parlamento Europeo y del Consejo 2014/23/UE y 2014/24/UE, de 26 de febrero de 2014.

488. ¿Cuál de las siguientes Leyes de Presupuestos Generales del Estado es modificada por la Ley 40/2015, de 1 de octubre?

a) La Ley 17/2012, de 27 de diciembre, de Presupuestos Generales del Estado para el año 2013.
b) La Ley 22/2013, de 23 de diciembre, de Presupuestos Generales del Estado para el año 2014.
c) La Ley 36/2014, de 26 de diciembre, de Presupuestos Generales del Estado para el año 2015.
d) La Ley 48/2015, de 29 de octubre, de Presupuestos Generales del Estado para el año 2016.

489. ¿Cuál de los siguientes preceptos de la Ley 47/2003, de 26 de noviembre, General Presupuestaria, NO quedó afectado por la Ley 40/2015, de 1 de octubre?

a) El artículo 2 sobre el Sector público estatal.
b) El artículo 27 sobre principios y reglas de gestión presupuestaria.
c) El artículo 3.1 sobre el Sector público administrativo.
d) Los artículos 3.2 y 3.3 sobre el Sector público empresarial y fundacional.

490. ¿Cuál de las siguientes Leyes fue modificada por la Ley 40/2015, de 1 de octubre? Señala la alternativa de respuesta incorrecta:

a) Ley 38/2003, de 17 de noviembre, General de Subvenciones.
b) Ley 50/2002, de 26 de diciembre, de Fundaciones.
c) Ley 2/1974, de 13 de febrero, sobre Colegios Profesionales.
d) Ley 33/2003, de 3 de noviembre, del Patrimonio de las Administraciones Públicas.

491. ¿Cuál de los siguientes títulos de la Ley 50/1997, de 27 de noviembre, del Gobierno, fue modificado íntegramente por la Ley 40/2015, de 1 de octubre?

a) El Título I. Del Gobierno: composición, organización y órganos de colaboración y apoyo.
b) El Título II. Del estatuto de los miembros del Gobierno, de los Secretarios de Estado y de los Directores de los Gabinetes.
c) El Título III. De las normas de funcionamiento del Gobierno y de la delegación de competencias.
d) El Título V. De la iniciativa legislativa y la potestad reglamentaria del Gobierno.

492. ¿Cuál de los siguientes títulos de la Ley 50/1997, de 27 de noviembre, del Gobierno, fue añadido con la Ley 40/2015, de 1 de octubre?

a) Título I. Del Gobierno: composición, organización y órganos de colaboración y apoyo.
b) Título IV. Del Gobierno en funciones.
c) Título V. De la iniciativa legislativa y la potestad reglamentaria del Gobierno.
d) Título VI. Del control del Gobierno.

493. ¿Cuál de las siguientes disposiciones finales forma parte de la estructura de la Ley 40/2015, de 1 de octubre?

a) Disposición final segunda. Modificación de la Ley 59/2003, de 19 de diciembre, de firma electrónica.
b) Disposición final tercera. Modificación de la Ley 36/2011, de 10 de octubre, reguladora de la jurisdicción social.
c) Disposición final séptima. Entrada en vigor.
d) Disposición final decimocuarta. Título competencial.

494. El número de disposiciones finales de la Ley 40/2015, de 1 de octubre:

a) Es equivalente al número de disposiciones finales de la Ley 39/2015, de 1 de octubre.
b) Es equivalente al número de disposiciones adicionales de la propia Ley.
c) Es equivalente al número de disposiciones adicionales de la Ley 39/2015, de 1 de octubre.
d) Ninguna de las opciones anteriores es correcta.

495. ¿Dónde quedan regulados los principios generales de las relaciones interadministrativas?

a) En el Capítulo I del Título Preliminar de la LRSJP (art. 3 de la LRSJP).
b) En el Capítulo I del Título III de la LRSJP (art. 140 de la LRSJP).
c) En el Título VI de la LPACAP (art. 129 de la LPACAP) y en el Capítulo I del Título III de la LRSJP (art. 140 de la LRSJP).
d) En el Capítulo IV del Título III de la LRSJP (art. 155 de la LRSJP).

496. ¿Dónde quedan regulados las relaciones electrónicas entre las AAPP?

a) En el Capítulo IV del Título III de la LRJSP.
b) En el Capítulo III del Título III de la LRJSP.
c) En el Capítulo I del Título Preliminar de la LRSJP.
d) En el Capítulo II del Título Preliminar de la LRSJP.

497. Integran el sector público institucional estatal los organismos públicos vinculados o dependientes de la Administración General del Estado, los cuales se clasifican en Organismos autónomos y Entidades Públicas Empresariales. ¿Cuál de los siguientes tiene la consideración de Entidad Pública Empresarial?

a) Fábrica Nacional de Moneda y Timbre-Real Casa de la Moneda.
b) Fondo de Garantía Salarial.
c) Instituto Nacional de las Artes Escénicas y de la Música.
d) Centro de Estudios Políticos y Constitucionales.

498. ¿Cuál de las siguientes entidades tiene la consideración de fondo sin personalidad jurídica?

a) F.S.P. Centro Nacional de Investigaciones Oncológicas Carlos III, M.P.
b) SESD, F.C.R.
c) Fundación Servicio Interconfederal de Mediación y Arbitraje.
d) Fundación Víctimas del Terrorismo, F.S.P.

499. ¿Cuál de los siguientes NO es un título competencial en base al cual se dicta la Ley 40/2015, de 1 de octubre?

a) Artículo 149.1.18 de la Constitución de 1978, que atribuye al Estado competencia exclusiva sobre las bases del régimen jurídico de las Administraciones Públicas.
b) Artículo 149.1.18 de la Constitución de 1978, que atribuye al Estado competencia exclusiva sobre las bases del régimen estatutario de los funcionarios.
c) Artículo 149.1.13 de la Constitución de 1978, relativo a las bases y coordinación de la planificación general de la actividad económica.
d) Artículo 149.1.14 de la Constitución de 1978 relativo a la Hacienda Pública general.

500. ¿En cuál de las siguientes disposiciones finales de la Ley 40/2015, de 1 de octubre, se hace mención al Instituto de Crédito Oficial?

a) Disposición final segunda. Modificación del Real decreto ley 12/1995, de 28 de diciembre, sobre medidas urgentes en materia presupuestaria, tributaria y financiera.
b) Disposición final tercera. Modificación de la Ley 50/1997, de 27 de noviembre, del Gobierno.
c) Disposición final cuarta. Modificación de la Ley 50/2002, de 26 de diciembre, de Fundaciones.
d) Disposición final quinta. Modificación de la Ley 22/2003, de 9 de julio, Concursal (actualmente refundida en el Real decreto legislativo 1/2020, de 5 de mayo).

501. La Ley 40/2015 regula:

a) Las bases del régimen jurídico de las Administraciones públicas.
b) El sistema de responsabilidad de las Administraciones públicas.
c) Ambas son correctas.
d) Ninguna es cierta.

502. La Ley 40/2015 se aplica a:

a) La Administración General del Estado.
b) Las administraciones de las CC. AA.
c) El sector público institucional.
d) Todas son correctas.

503. El sector público institucional se integra por:

a) Cualesquiera organismos privados que mantengan relaciones laborales con la Administración.
b) Las Universidades privadas.
c) Las Universidades públicas.
d) Ninguna es correcta.

Soluciones

401. b)	411. b)	421. b)	431. c)	441. b)	451. c)	461. c)	471. b)	481. b)	491. d)
402. c)	412. b)	422. d)	432. b)	442. c)	452. a)	462. d)	472. d)	482. c)	492. d)
403. d)	413. d)	423. c)	433. c)	443. c)	453. a)	463. c)	473. a)	483. a)	493. d)
404. b)	414. d)	424. d)	434. a)	444. b)	454. d)	464. d)	474. a)	484. c)	494. d)
405. b)	415. d)	425. a)	435. d)	445. b)	455. d)	465. c)	475. b)	485. b)	495. b)
406. d)	416. c)	426. d)	436. b)	446. d)	456. d)	466. a)	476. c)	486. c)	496. a)
407. c)	417. c)	427. d)	437. d)	447. a)	457. b)	467. b)	477. b)	487. c)	497. a)
408. b)	418. a)	428. a)	438. c)	448. b)	458. b)	468. c)	478. c)	488. c)	498. b)
409. c)	419. b)	429. a)	439. a)	449. d)	459. b)	469. d)	479. a)	489. b)	499. b)
410. d)	420. c)	430. b)	440. d)	450. b)	460. b)	470. c)	480. a)	490. c)	500. a)

504. Las Administraciones públicas sirven con objetividad los intereses generales y actúan de acuerdo con los principios de:

a) Eficacia.
b) Centralización.
c) Soberanía.
d) Todas son correctas.

505. Las Administraciones públicas deben actuar según los siguientes principios:

a) Eficacia en el cumplimiento de los objetivos fijados.
b) Economía, suficiencia y adecuación estricta de los medios a los fines institucionales.
c) Buena fe.
d) Todas son correctas.

506. Las Administraciones públicas se relacionarán entre sí y con sus órganos, organismos públicos y entidades vinculados o dependientes a través de:

a) Medios electrónicos.
b) Notas simples.
c) Cartas certificadas.
d) Burofax.

507. Las Administraciones públicas que, en el ejercicio de sus respectivas competencias, establezcan medidas que limiten el ejercicio de derechos individuales o colectivos deberán:

a) Aplicar el principio de proporcionalidad.
b) Elegir la medida más restrictiva.
c) No motivar su necesidad para la protección del interés público.
d) Ninguna es correcta.

508. La creación de cualquier órgano administrativo exigirá, al menos, el cumplimiento de los siguientes requisitos:

a) Determinación de su forma de integración en la Administración pública de que se trate y su dependencia jerárquica.
b) Delimitación de sus funciones y competencias.
c) Dotación de los créditos necesarios para su puesta en marcha y funcionamiento.
d) Todas son correctas.

509. ¿Podrán crearse nuevos órganos que supongan duplicación de otros ya existentes?

a) Sí, si resulta necesario.
b) No.
c) Solo si lo determina un decreto ley.
d) Sí, si la Comunidad autónoma así lo considera.

510. Los órganos administrativos podrán dirigir las actividades de sus órganos jerárquicamente dependientes mediante:

a) Instrucciones.
b) Órdenes de servicio.
c) Ambas son correctas.
d) Ninguna es correcta.

511. La Administración consultiva podrá articularse mediante órganos específicos dotados de autonomía orgánica y funcional con respecto a la Administración activa y:

a) Estarán sujetos a dependencia jerárquica.
b) No podrán estar sujetos a dependencia jerárquica, ya sea orgánica o funcional.
c) Recibirán directrices de sus órganos superiores.
d) Ninguna es correcta.

512. Los órganos administrativos podrán dirigir las actividades de sus órganos jerárquicamente dependientes mediante instrucciones y órdenes de servicio. El incumplimiento de estas:

a) No afecta por sí solo a la validez de los actos dictados por los órganos administrativos.
b) Afecta a la validez de dichos actos.
c) Estos actos serán nulos de pleno derecho.
d) Los actos serán anulables.

513. La competencia de los órganos administrativos:

a) Es renunciable.
b) Es anulable.
c) Es irrenunciable.
d) Ninguna es correcta.

514. La delegación de competencias, las encomiendas de gestión, la delegación de firma y la suplencia:

a) No suponen alteración de la titularidad de la competencia.
b) Suponen alteración de la titularidad de la competencia.
c) Suponen dejación de funciones.
d) Ninguna es correcta.

515. La titularidad y el ejercicio de las competencias atribuidas a los órganos administrativos podrán ser:

a) Desconcentradas en otros jerárquicamente dependientes de aquellos.
b) Descentralizadas.
c) Convocadas en boletines oficiales.
d) Todas son correctas.

516. Si alguna disposición atribuye la competencia a una Administración, sin especificar el órgano que debe ejercerla, se entenderá que la facultad de instruir y resolver los expedientes corresponde a:

a) Los órganos superiores competentes por razón de la materia y del territorio.

b) Los órganos inferiores competentes por razón de la materia y del territorio.

c) Los órganos superiores competentes por razón de la materia.

d) Los órganos inferiores competentes por razón del territorio.

517. En el ámbito de la Administración General del Estado, la delegación de competencias deberá ser aprobada:

a) Previamente por el órgano ministerial de quien dependa el órgano delegante.

b) Posteriormente por el órgano ministerial de quien dependa el órgano delegante.

c) Por la comisión delegada del gobierno que corresponda.

d) Ninguna es correcta.

518. En ningún caso podrán ser objeto de delegación las competencias relativas a:

a) Los asuntos que se refieran a relaciones con la Jefatura del Estado.

b) La adopción de disposiciones de carácter general.

c) La resolución de recursos en los órganos administrativos que hayan dictado los actos objeto de recurso.

d) Todas son correctas.

519. En ningún caso podrán ser objeto de delegación las competencias relativas a:

a) Los asuntos que se refieran a relaciones con la Presidencia del Gobierno de la Nación.

b) Las materias en que así se determine por norma con rango de ley.

c) Las materias que se determinen reglamentariamente.

d) Las respuestas a) y b) son correctas.

520. No podrán delegarse las competencias que se ejerzan por delegación:

a) Salvo autorización expresa de una norma administrativa.

b) Salvo autorización expresa de una ley.

c) Salvo autorización expresa de un Reglamento.

d) En ningún caso.

521. La delegación será:

a) Revocable en cualquier momento por el órgano que la haya conferido.

b) Revocable en 30 días hábiles por el órgano que la haya conferido.

c) Irrevocable.

d) Revocable en 10 días hábiles por el órgano que la haya conferido.

522. La avocación se realizará mediante acuerdo motivado que deberá ser notificado a los interesados en el procedimiento:

a) Con anterioridad a la resolución final que se dicte.

b) Simultáneamente a la resolución final que se dicte.

c) Ambas son correctas.

d) Ninguna es cierta.

523. Las encomiendas de gestión no podrán tener por objeto:

a) Materias tributarias.

b) Prestaciones de la Seguridad Social.

c) Prestaciones propias de los contratos regulados en la legislación de contratos del sector público.

d) Ninguna es correcta.

524. La encomienda de gestión:

a) No supone cesión de la titularidad de la competencia.

b) Supone cesión de la titularidad de la competencia.

c) Supone la cesación de la competencia.

d) Ninguna es correcta.

525. Los titulares de los órganos administrativos podrán, en materias de su competencia, que ostenten, bien por atribución, bien por delegación de competencias:

a) Delegar la firma de sus resoluciones y actos administrativos en los titulares de los órganos o unidades administrativas que de ellos dependan sin límites de ninguna clase.

b) Delegar la firma de sus resoluciones y actos administrativos en los titulares de los órganos o unidades administrativas que de ellos dependan, siempre dentro de unos límites.

c) Delegar su competencia.

d) Ninguna es correcta.

526. La delegación de firma:

a) Alterará la competencia del órgano delegante.

b) Para su validez será necesaria su publicación.

c) Para su validez no será necesaria su publicación.

d) Ninguna es correcta.

527. Si no se designa suplente, la competencia del órgano administrativo se ejercerá:

a) Por quien designe el órgano administrativo inmediato superior de quien dependa.
b) Por el órgano inmediato inferior.
c) Por el órgano superior jerárquico.
d) Las respuestas a y c) son correctas.

528. En las resoluciones y actos que se dicten mediante suplencia:

a) Se hará constar esta circunstancia.
b) Se especificará el titular del órgano en cuya suplencia se adoptan.
c) Se determinará quien efectivamente está ejerciendo esta suplencia.
d) Todas son correctas.

529. Los conflictos de atribuciones solo podrán suscitarse entre:

a) Órganos de una misma Administración no relacionados jerárquicamente.
b) Respecto a asuntos sobre los que no haya finalizado el procedimiento administrativo.
c) Las respuestas a) y b) son correctas.
d) Ninguna es cierta.

530. El acuerdo de creación y las normas de funcionamiento de los órganos colegiados que dicten resoluciones que tengan efectos jurídicos frente a terceros deberán ser:

a) Publicados en el Boletín o Diario Oficial de la Administración Pública en que se integran.
b) Las Administraciones podrán publicarlos en otros medios de difusión que garanticen su conocimiento.
c) Las respuestas a) y b) son correctas.
d) Ninguna es cierta.

531. Los órganos colegiados tendrán un Secretario que podrá ser:

a) Un miembro del propio órgano.
b) Un miembro designado por el órgano superior jerárquico.
c) Un miembro designado por el órgano inferior jerárquico.
d) Ninguna es correcta.

532. Corresponderá al Secretario:

a) Velar por la legalidad formal y material de las actuaciones del órgano colegiado.
b) Certificar las actuaciones del mismo.

c) Garantizar que los procedimientos y reglas de constitución y adopción de acuerdos son respetadas.
d) Todas son correctas.

533. En las sesiones que celebren los órganos colegiados a distancia, sus miembros podrán encontrarse en distintos lugares siempre y cuando se asegure por medios electrónicos, considerándose entre ellos:

a) Videoconferencias.
b) Redes sociales.
c) Las sesiones requieren obligatoriamente de presencia física de sus miembros.
d) Ninguna es correcta.

534. Para la válida constitución del órgano, a efectos de la celebración de sesiones, deliberaciones y toma de acuerdos, se requerirá la asistencia, presencial o a distancia, del Presidente y Secretario o en su caso, de quienes les suplan, y la de:

a) La tercera parte al menos, de sus miembros.
b) La cuarta parte de sus miembros.
c) La mitad, al menos, de sus miembros.
d) Tres quintas partes de sus miembros.

535. No podrá ser objeto de deliberación o acuerdo ningún asunto que no figure incluido en el orden del día, salvo que:

a) Asistan todos los miembros del órgano colegiado o sea declarada la urgencia del asunto por el voto favorable de la mayoría.
b) Asistan todos los miembros del órgano colegiado y sea declarada la urgencia del asunto por el voto favorable de la mayoría.
c) Asistan todos los miembros del órgano colegiado y sea declarada la urgencia del asunto por el voto favorable de todos los miembros.
d) Asistan todos los miembros del órgano colegiado o sea declarada la urgencia del asunto por el voto favorable de la mayoría.

536. Cuando los miembros del órgano voten en contra o se abstengan:

a) Quedarán exentos de la responsabilidad que, en su caso, pueda derivarse de los acuerdos.
b) Quedarán obligados por los acuerdos adoptados.
c) En caso de abstención quedarán eximidos de responsabilidades.
d) Solo en caso de oposición quedarán exentos de responsabilidad.

537. Quienes acrediten la titularidad de un interés legítimo podrán dirigirse al Secretario de un órgano colegiado para que les sea expedida certificación de sus acuerdos. La certificación será expedida:

a) Por medio de correo electrónico, salvo que el interesado manifieste expresamente lo contrario.

b) Por medios electrónicos, salvo que el interesado manifieste expresamente lo contrario.

c) Por medio de carta certificada.

d) Por burofax.

538. De cada sesión que celebre el órgano colegiado se levantará acta por el Secretario, que especificará necesariamente:

a) Los asistentes.

b) El orden del día de la reunión.

c) Las circunstancias del lugar y tiempo en que se ha celebrado.

d) Todas son correctas.

539. En caso de grabación de una reunión:

a) Solo se usará como archivo.

b) No pueden grabarse las reuniones.

c) Podrá acompañar al acta de sesiones.

d) Ninguna es correcta.

540. El acta de cada sesión podrá aprobarse:

a) En la misma reunión.

b) En la inmediata siguiente.

c) Las respuestas a) y b) son correctas.

d) Ninguna es cierta.

541. Los miembros del órgano colegiado deberán:

a) Recibir, con una antelación mínima de dos días, la convocatoria conteniendo el orden del día de las reuniones.

b) Recibir, con una antelación mínima de tres días, la convocatoria conteniendo el orden del día de las reuniones.

c) Recibir, con una antelación mínima de un día, la convocatoria conteniendo el orden del día de las reuniones.

d) Recibir, con una antelación mínima de cuatro días, la convocatoria conteniendo el orden del día de las reuniones.

542. Efectuar la convocatoria de las sesiones del órgano colegiado corresponde al:

a) Presidente.

b) Secretario.

c) Vicepresidente.

d) Subsecretario.

543. Cualquier miembro tiene derecho a solicitar la transcripción íntegra de su intervención o propuesta, siempre que, en ausencia de grabación de la reunión aneja al acta:

a) Aporte en el acto, o en el plazo que señale el Presidente, el texto que se corresponda fielmente con su intervención.

b) Aporte en 48 horas un burofax con su intervención.

c) Exponga lo que desea transcribir.

d) Ninguna es correcta.

544. Los miembros que discrepen del acuerdo mayoritario podrán formular voto particular:

a) De forma oral en el plazo de dos días, que se incorporará al texto aprobado.

b) Por escrito en el plazo de tres días, que se incorporará al texto aprobado.

c) Por escrito en el plazo de dos días, que se incorporará al texto aprobado.

d) Por escrito en el plazo de un día, que se incorporará al texto aprobado.

545. Son órganos colegiados aquellos que se creen formalmente y estén integrados por:

a) Tres o más personas, a los que se atribuyan funciones administrativas de decisión, propuesta, asesoramiento, seguimiento o control, y que actúen integrados en la Administración General del Estado o alguno de sus Organismos públicos.

b) Dos o más personas, a los que se atribuyan funciones administrativas de decisión, propuesta, asesoramiento, seguimiento o control, y que actúen integrados en la Administración General del Estado o alguno de sus Organismos públicos.

c) 20 miembros con poder decisorio.

d) Ninguna es correcta.

546. La constitución de un órgano colegiado en la Administración General del Estado y en sus Organismos públicos debe mencionar en su norma de creación:

a) Sus fines u objetivos.

b) Su integración administrativa o dependencia jerárquica.

c) La composición y los criterios para la designación de su Presidente y de los restantes miembros.

d) Todas son correctas.

547. Son órganos colegiados interministeriales:

a) Aquellos que sus miembros no proceden de diferentes ministerios.

b) Aquellos cuyos miembros proceden de diferentes ministerios.

c) Aquellos que proceden de Comisiones Interministeriales.
d) Los Secretarios de Estado de diferentes ministerios.

548. En la composición de los órganos colegiados podrán participar:

a) Organizaciones representativas de intereses sociales.
b) Miembros que se designen por las especiales condiciones de experiencia o conocimientos.
c) Ambas son correctas.
d) Ninguna es cierta.

549. La creación de órganos colegiados de la Administración General del Estado y de sus Organismos públicos solo requerirá, de norma específica, con publicación en el «Boletín Oficial del Estado», en los casos en que se les atribuyan cualquiera de las siguientes competencias:

a) Competencias decisorias.
b) Competencias de propuesta.
c) Emisión de informes preceptivos que deban servir de base a decisiones de otros órganos administrativos.
d) Todas son correctas.

550. En los supuestos de órganos colegiados de la Administración General del Estado, la norma de creación deberá revestir la forma de... en el caso de los órganos colegiados interministeriales cuyo Presidente sea un Secretario de Estado:

a) Orden Ministerial conjunta.
b) Orden Ministerial.
c) Real Decreto.
d) Ley ordinaria.

551. La modificación y supresión de los órganos colegiados y de los grupos o comisiones de trabajo de la Administración General del Estado y de los Organismos públicos se llevará a cabo:

a) En la misma forma dispuesta para su creación.
b) Mediante ley.
c) Mediante decreto.
d) Mediante ley orgánica.

552. Son causas de abstención:

a) Tener un parentesco de consanguinidad dentro del quinto grado.
b) Tener un parentesco de afinidad dentro del tercer grado.
c) Conocer al Presidente de la comisión del órgano administrativo.
d) Haber intervenido como perito o como testigo en el procedimiento de que se trate.

553. La actuación de autoridades y personal al servicio de las Administraciones públicas en los que concurran motivos de abstención:

a) No implicará, necesariamente, y en todo caso, la invalidez de los actos en que hayan intervenido.
b) Implicará, necesariamente, y en todo caso, la invalidez de los actos en que hayan intervenido.
c) No implicará la invalidez de los actos en que hayan intervenido si ha transcurrido más de un año.
d) Ninguna es correcta.

554. La recusación se planteará:

a) Por escrito.
b) Verbalmente.
c) Por correo electrónico.
d) Ninguna es correcta.

555. El recusado manifestará a su inmediato superior si se da o no en él la causa alegada:

a) En el plazo de 2 días hábiles.
b) En el plazo de 2 días naturales.
c) En el plazo de 3 días naturales.
d) Al día siguiente.

556. Si el recusado niega la causa de recusación, el superior resolverá en el plazo de:

a) 2 días.
b) 3 días.
c) 4 días.
d) 5 días.

557. Contra las resoluciones adoptadas en materia de recusación:

a) No cabrá recurso.
b) Cabrá recurso ante el superior jerárquico.
c) Cabrá recurso ante el mismo órgano.
d) Cabrá recurso ante el inferior jerárquico.

558. La potestad sancionadora de las Administraciones públicas se ejercerá cuando haya sido expresamente reconocida por:

a) Ley ordinaria.
b) Decreto ley.
c) Decreto legislativo.
d) Todas pueden ser correctas.

559. El ejercicio de la potestad sancionadora corresponde a los órganos administrativos que la tengan expresamente atribuida:

a) Por disposición de rango legal.
b) Por disposición reglamentaria.
c) Ambas son correctas.
d) Ninguna es cierta.

560. Las disposiciones sancionadoras producirán efecto retroactivo en cuanto:

a) Favorezcan al infractor en lo referido a la tipificación de la infracción.
b) Favorezcan al infractor en relación con la sanción.
c) Favorezcan al infractor en relación con los plazos de prescripción.
d) Todas son correctas.

561. Solo constituyen infracciones administrativas las vulneraciones del ordenamiento jurídico previstas como tales:

a) Siempre en una ley, sin excepciones.
b) Previstas en una ley, con excepciones.
c) Las previstas reglamentariamente.
d) Las previstas por el superior jerárquico.

562. Podrán introducir especificaciones o graduaciones al cuadro de las infracciones:

a) Las disposiciones reglamentarias de desarrollo.
b) Las disposiciones legales.
c) Las órdenes ministeriales.
d) Las órdenes interministeriales.

563. Las normas definidoras de infracciones y sanciones no serán susceptibles de aplicación:

a) Extensiva.
b) Intensiva.
c) Analógica.
d) Especial.

564. Podrán ser sancionadas por hechos constitutivos de infracción administrativa:

a) Las personas físicas y jurídicas.
b) Los grupos de afectados.
c) Las uniones y entidades sin personalidad jurídica.
d) Todas son correctas.

565. Cuando el cumplimiento de una obligación establecida por una norma con rango de ley corresponda a varias personas conjuntamente, responderán de las infracciones y sanciones de forma:

a) Solidaria.
b) Subsidiaria.
c) Compartida.
d) Ninguna es correcta.

566. Las sanciones administrativas, sean o no de naturaleza pecuniaria:

a) En ningún caso podrán implicar, directa o subsidiariamente, privación de libertad.
b) Podrán implicar, directa o subsidiariamente, privación de libertad.

c) Podrán implicar, directamente, privación de libertad.
d) No podrán implicar subsidiariamente privación de libertad.

567. El establecimiento de sanciones pecuniarias deberá prever que la comisión de las infracciones tipificadas:

a) Resulte más beneficioso para el infractor que el cumplimiento de las normas infringidas.
b) No resulte más beneficioso para el infractor que el cumplimiento de las normas infringidas.
c) Sean asumibles por el infractor.
d) Ninguna es correcta.

568. La graduación de la sanción considerará especialmente los siguientes criterios:

a) El grado de culpabilidad o la existencia de intencionalidad.
b) La continuidad o persistencia en la conducta infractora.
c) La naturaleza de los perjuicios causados.
d) Todas son correctas.

569. Cuando lo justifique la debida adecuación entre la sanción que deba aplicarse con la gravedad del hecho constitutivo de la infracción y las circunstancias concurrentes, el órgano competente para resolver podrá imponer la sanción:

a) En el grado superior.
b) Sin graduación.
c) En el grado superior o inferior, según estime.
d) En el grado inferior.

570. Cuando de la comisión de una infracción derive necesariamente la comisión de otra u otras, se deberá imponer únicamente la sanción correspondiente a la infracción:

a) Más grave cometida.
b) Más leve cometida.
c) A la suma de ambas sanciones.
d) Según estime el órgano que resuelva.

571. Las infracciones y sanciones prescribirán según lo dispuesto en las leyes que las establezcan. Si estas no fijan plazos de prescripción, las infracciones muy graves prescribirán:

a) Al año.
b) A los 2 años.
c) A los tres años.
d) A los 6 meses.

572. El plazo de prescripción de las infracciones comenzará a contarse:

a) Desde el día siguiente al que la infracción se hubiera cometido.
b) Desde el día en que la infracción se hubiera cometido.
c) Desde los tres días siguientes al que la infracción se hubiera cometido.
d) Ninguna es correcta.

573. Interrumpirá la prescripción la iniciación, con conocimiento del interesado, de un procedimiento administrativo de naturaleza sancionadora, reiniciándose el plazo de prescripción si el expediente sancionador estuviera paralizado durante más de:

a) Un mes por causa no imputable al presunto responsable.
b) Dos meses por causa no imputable al presunto responsable.
c) Tres meses por causa no imputable al presunto responsable.
d) Un año por causa no imputable al presunto responsable.

574. Interrumpirá la prescripción la iniciación, con conocimiento del interesado, del procedimiento de ejecución, volviendo a transcurrir el plazo si aquel está paralizado durante:

a) Más de dos meses por causa no imputable al infractor.
b) Más de tres meses por causa no imputable al infractor.
c) Más de un mes por causa no imputable al infractor.
d) Ninguna es correcta.

575. No podrán sancionarse los hechos que lo hayan sido penal o administrativamente, en los casos en que se aprecie:

a) Identidad del sujeto.
b) Mismo hecho.
c) Igual fundamento.
d) Todas son correctas.

576. De acuerdo con la LRJSP, podrán ser sancionadas por hechos constitutivos de infracción administrativa:

a) Solo las personas físicas o las personas jurídicas, que resulten responsables de los citados hechos a título de dolo o culpa.
b) Las personas físicas y jurídicas, así como, cuando una norma reglamentaria les reconozca capacidad de obrar, los grupos de afectados, las uniones y entidades con personalidad jurídica y los patrimonios dependientes o autónomos, que resulten responsables de los mismos a título de dolo o culpa.

c) Solo las personas físicas, las personas jurídicas, así como las entidades sin personalidad, cuando una norma reglamentaria les reconozca capacidad de obrar, que resulten responsables de los mismos a título de dolo.
d) Las personas físicas y jurídicas, así como, cuando una ley les reconozca capacidad de obrar, los grupos de afectados, las uniones y entidades sin personalidad jurídica y los patrimonios independientes o autónomos, que resulten responsables de los mismos a título de dolo o culpa.

577. Las responsabilidades administrativas que se deriven de la comisión de una infracción serán compatibles con:

a) La exigencia al infractor de la reposición de la situación alterada por el mismo a su estado originario, así como con la indemnización por los daños y perjuicios causados, que será determinada y exigida por el órgano al que corresponda el ejercicio de la potestad sancionadora.
b) La exigencia a la Administración de la reposición de la situación alterada a su estado originario, así como con la indemnización por los daños y perjuicios causados, que será determinada y exigida por el órgano al que corresponda el ejercicio de la potestad sancionadora.
c) La exigencia al infractor de la reposición de la situación alterada en condiciones similares a su estado originario, así como con la indemnización por los daños y perjuicios causados, que será determinada por el órgano judicial correspondiente.
d) La exigencia a la Administración de la reposición de la situación alterada a su estado originario, así como con la indemnización por los daños y perjuicios causados, que será determinada por el órgano judicial correspondiente.

578. Cuando el cumplimiento de una obligación establecida por una norma con rango de ley corresponda a varias personas conjuntamente, responderán:

a) De forma mancomunada de las infracciones que, en su caso, se cometan y de las sanciones que se impongan.
b) De forma solidaria de las infracciones que, en su caso, se cometan y de las sanciones que se impongan. No obstante, cuando la sanción sea pecuniaria y sea posible se individualizará en la resolución en función del grado de participación de cada responsable.
c) De forma mancomunada de las infracciones que, en su caso, se cometan y de las sanciones que se impongan. No obstante, cuando la sanción sea pecuniaria y sea posible se individualizará en la resolución en función del grado de participación y el poder adquisitivo de cada responsable.

d) De forma solidaria de las infracciones que, en su caso, se cometan y de las sanciones que se impongan. No obstante, cuando la sanción no sea pecuniaria, se individualizará en la resolución en función del grado de participación de cada responsable.

579. De no satisfacerse la indemnización por los daños y perjuicios causados por la comisión de una infracción, en el plazo que al efecto se determine en función de su cuantía, se procederá:

a) Aplicando las garantías de las aseguradoras.
b) Por medio del procedimiento de apremio sobre el patrimonio.
c) Por medio del decomiso.
d) Por medio de la expropiación forzosa.

580. Los supuestos en que determinadas personas responderán del pago de las sanciones pecuniarias impuestas a quienes de ellas dependan se podrán determinar:

a) En los reglamentos reguladoras de los distintos regímenes sancionadores.
b) En las leyes penales.
c) En las leyes reguladoras de los distintos regímenes sancionadores.
d) En la LRJSP.

581. Las sanciones administrativas:

a) Podrán implicar, subsidiariamente, privación de libertad, cuando la sanción sea de naturaleza pecuniaria.
b) Podrán implicar, directa o subsidiariamente, privación de libertad, cuando la sanción sea de naturaleza no pecuniaria.
c) Podrán implicar, subsidiariamente, privación de libertad, cuando la sanción sea de naturaleza no pecuniaria.
d) En ningún caso podrán implicar, directa o subsidiariamente, privación de libertad.

582. En la determinación normativa del régimen sancionador, así como en la imposición de sanciones por las Administraciones públicas se deberá observar:

a) La adecuación a la gravedad del hecho constitutivo de la infracción.
b) El grado de culpabilidad o la existencia de intencionalidad.
c) La debida idoneidad y necesidad de la sanción a imponer y su adecuación a la gravedad del hecho constitutivo de la infracción.
d) La debida idoneidad y necesidad de la sanción a imponer, así como la existencia de intencionalidad.

583. En la determinación normativa del régimen sancionador, la graduación de la sanción considerará algunos de los siguientes criterios:

a) La continuidad o persistencia en la conducta infractora.
b) La reincidencia, por comisión en el término de cinco años de más de una infracción de la misma naturaleza cuando así haya sido declarado por resolución en vía penal o administrativa.
c) La existencia de culpabilidad.
d) La naturaleza de la conducta infractora.

584. El órgano competente para resolver un procedimiento que dé lugar a la imposición de una sanción administrativa:

a) Deberá imponer la sanción en el grado inferior, cuando lo justifique la debida adecuación entre la sanción que deba aplicarse con la gravedad del hecho constitutivo de la infracción y las circunstancias concurrentes.
b) Podrá imponer la sanción en el grado inferior, cuando lo justifique la debida adecuación entre la sanción que deba aplicarse con la gravedad del hecho constitutivo de la infracción y las circunstancias concurrentes.
c) Cuando lo justifique la debida adecuación entre la sanción que deba aplicarse con la gravedad del hecho constitutivo de la infracción y las circunstancias concurrentes, deberá imponer una sanción pecuniaria.
d) Cuando lo justifique la debida adecuación entre la sanción que deba aplicarse con la gravedad del hecho constitutivo de la infracción y las circunstancias concurrentes, solo podrá imponer una sanción pecuniaria.

585. Cuando de la comisión de una infracción derive necesariamente la comisión de otras:

a) Se deberá imponer únicamente la sanción correspondiente a la infracción más grave cometida.
b) Se deberá imponer la suma de las sanciones correspondiente a cada una de las infracciones cometidas, en el grado inferior.
c) Se podrá imponer la sanción correspondiente a la infracción más grave cometida en el grado inferior.
d) Se podrá imponer la sanción correspondiente a la infracción más grave cometida en el grado superior.

586. La realización de una pluralidad de acciones que infrinjan el mismo o semejantes preceptos administrativos, aprovechando idéntica ocasión:

a) Supondrá una sanción por cada una de las acciones realizas.
b) Será sancionable con el agravante de persistencia.

c) Será sancionable como infracción continuada.

d) Será sancionable, cuando en el término de un año se produce la comisión de más de una infracción de la misma naturaleza.

587. Las infracciones administrativas prescribirán:

a) Según lo dispuesto en los reglamentos de las leyes que las establezcan.

b) Según lo dispuesto en las leyes que las establezcan. Si estas no fijan plazos de prescripción, las infracciones muy graves prescribirán a los tres años, las graves a los dos años y las leves a los seis meses.

c) Siempre, las infracciones muy graves prescribirán a los tres años, las graves a los dos años y las leves a los seis meses.

d) Las muy graves prescribirán a los dos años, las graves al año y las leves a los tres meses.

588. El plazo de prescripción de las infracciones continuadas comenzará a correr:

a) Desde que finalizó la primera de las infracciones.

b) Desde que finalizó la conducta infractora.

c) Desde que se inició la última de las conductas infractoras.

d) Desde que se inició la segunda de las conductas infractoras.

589. El plazo de prescripción de una infracción administrativa se interrumpirá:

a) Con la iniciación de un procedimiento administrativo de naturaleza sancionadora, reiniciándose el plazo de prescripción si el expediente sancionador estuviera paralizado durante más de un año por causa no imputable al presunto responsable.

b) Con la iniciación, con conocimiento del interesado, de un procedimiento administrativo de naturaleza penal, reiniciándose el plazo de prescripción si el expediente sancionador estuviera paralizado durante más de tres meses por causa no imputable al presunto responsable.

c) Con la iniciación, con conocimiento del interesado, de un procedimiento administrativo de naturaleza sancionadora, reiniciándose el plazo de prescripción si el expediente sancionador estuviera paralizado durante más de un mes por causa no imputable al presunto responsable.

d) Con la iniciación de un procedimiento penal, reiniciándose el plazo de prescripción si el expediente sancionador estuviera paralizado durante más de tres meses por causa no imputable al presunto responsable.

590. El plazo de prescripción de las sanciones administrativas comenzará a contarse:

a) Desde el día en que sea ejecutable la resolución por la que se impone la sanción.

b) Desde el día en que sea ejecutable la resolución por la que se impone la sanción o desde el día que sea posible recurrir la sanción.

c) Desde el día siguiente a aquel en que sea ejecutable la resolución por la que se impone la sanción o haya transcurrido el plazo para recurrirla.

d) Desde el día que sea posible recurrir la sanción.

591. No podrán sancionarse los hechos que lo hayan sido penal o administrativamente, en los casos en que se aprecie:

a) Identidad del sujeto y hecho.

b) Identidad del sujeto y fundamento.

c) Identidad del sujeto, hecho y fundamento.

d) Identidad del sujeto, naturaleza y sanción.

592. Los particulares tendrán derecho a ser indemnizados por las Administraciones públicas correspondientes, de toda lesión que sufran:

a) En cualquiera de sus derechos, siempre que la lesión sea consecuencia del funcionamiento normal o anormal de los servicios públicos, salvo en los casos de fuerza mayor o de daños que el propio particular haya causado.

b) En cualquiera de sus bienes y derechos como consecuencia de la aplicación de actos legislativos de naturaleza expropiatoria de derechos que no tengan el deber jurídico de soportar cuando así se establezca en los propios actos legislativos y en los términos que en ellos se especifiquen.

c) En cualquiera de sus bienes, siempre que la lesión sea consecuencia del funcionamiento anormal del patrimonio público, salvo en los casos de fuerza mayor, de acuerdo con la LRJSP.

d) En cualquiera de sus bienes y derechos, siempre que la lesión sea consecuencia del funcionamiento normal o anormal de los servicios públicos salvo en los casos de fuerza mayor o de daños que el particular tenga el deber jurídico de soportar de acuerdo con la ley.

593. La responsabilidad patrimonial del Estado por el funcionamiento de la Administración de Justicia se regirá:

a) Por la Ley Orgánica 6/1985, de 1 de julio, del Poder Judicial.

b) Por la LRJSP y por la LPACAP.

c) Por la Ley 1/2000, de 7 de enero, de Enjuiciamiento Civil.

d) Por la Ley 29/1998, de 13 de julio, reguladora de la Jurisdicción Contencioso-administrativa.

594. Cuando de la gestión dimanante de fórmulas conjuntas de actuación entre varias Administraciones públicas se derive responsabilidad en los términos previstos en la LRJSP, las Administraciones intervinientes responderán frente al particular:

a) En todo caso, de forma mancomunada.

b) En todo caso, de forma solidaria.

c) De forma solidaria o mancomunada, de acuerdo con lo dispuesto en el instrumento jurídico regulador de la actuación conjunta.

d) Atendiendo a los criterios de competencia, interés público tutelado e intensidad de la intervención. En todo caso, la responsabilidad será mancomunada cuando no sea posible dicha determinación.

595. Serán indemnizables por parte de la Administración:

a) Las lesiones producidas al particular, aunque provengan de daños que el particular tenga el deber jurídico de soportar de acuerdo con la ley.

b) Cualquier daño producido al particular, aunque deriven de hechos o circunstancias que se hubiesen podido prever.

c) Cualquier daño producido al particular, aunque deriven de hechos o circunstancias que se hubiesen podido evitar según el estado de los conocimientos de la técnica existentes en el momento de producción de aquellos.

d) Las lesiones producidas al particular, solo si provenientes de daños que este no tenga el deber jurídico de soportar de acuerdo con la ley.

596. ¿Ante quién deben exigir los particulares la responsabilidad patrimonial que establece la LRJSP?

a) Los particulares deben exigir la responsabilidad patrimonial directa a las autoridades y personal al servicio de las Administraciones públicas.

b) Los particulares exigirán directamente a la Administración pública correspondiente las indemnizaciones por los daños y perjuicios causados por las autoridades y personal a su servicio.

c) Los particulares exigirán las indemnizaciones por los daños y perjuicios causados, de forma mancomunada, a la Administración pública correspondiente y a las autoridades y personal a su servicio.

d) Los particulares exigirán las indemnizaciones por los daños y perjuicios causados, de forma solidaria, a la Administración pública correspondiente y a las autoridades y personal a su servicio.

597. ¿Cuándo exigirá la Administración a sus autoridades y demás personal a su servicio la responsabilidad en que hubieran incurrido por dolo o culpa o negligencia grave?

a) Cuando la Administración correspondiente hubiere indemnizado a los lesionados, exigirá a instancia de los lesionados, en vía administrativa, la responsabilidad en que hubieran incurrido, por dolo, o culpa o negligencia grave, sus autoridades y demás personal a su servicio, previa instrucción del correspondiente procedimiento.

b) Antes de que la Administración indemnice a los lesionados, exigirá de oficio en vía administrativa, la correspondiente responsabilidad en que hubieran incurrido por dolo, o culpa o negligencia grave, sus autoridades y demás personal a su servicio, previa instrucción del correspondiente procedimiento. Concluido dicho procedimiento, si corresponde, se abonará la indemnización de daños y perjuicios a los lesionados.

c) Cuando la Administración correspondiente hubiere indemnizado a los lesionados, exigirá de oficio en vía administrativa de sus autoridades y demás personal a su servicio la responsabilidad en que hubieran incurrido por dolo, o culpa o negligencia grave, previa instrucción del correspondiente procedimiento.

d) Mientras que se instruye el procedimiento para proceder a la indemnización por los daños y perjuicios causados al particular reclamante, se exigirá, a instancia del citado particular, en vía administrativa la responsabilidad en que hubieran incurrido sus autoridades y demás personal a su servicio, por dolo, o culpa o negligencia graves. La instrucción se realiza en una pieza separada del procedimiento principal.

598. ¿Qué criterios se utilizan para ponderar la responsabilidad en que hubieran incurrido las autoridades y demás personal a su servicio, por dolo, o culpa o negligencia graves?

a) En todos los procedimientos que se instruyan se ponderarán los siguientes criterios: el resultado dañoso producido, el grado de culpabilidad, la responsabilidad profesional del personal al servicio de las Administraciones públicas, la persistencia en la conducta infractora y la reincidencia.

b) Se ponderarán, entre otros, los siguientes criterios: el resultado dañoso producido, el grado de culpabilidad, la responsabilidad profesional del personal al servicio de las Administraciones públicas y su relación con la producción del resultado dañoso.

c) En todos los procedimientos que se instruyan se ponderarán los siguientes criterios: el resultado dañoso producido, el grado de culpabilidad, la responsabilidad profesional del personal al servicio de las Administraciones públicas y su relación con la producción del resultado dañoso.

d) Se ponderarán, entre otros, los siguientes criterios: el grado de culpabilidad, la existencia de intencionalidad, la persistencia en la conducta infractora, la naturaleza de los perjuicios causados y la reincidencia.

599. ¿Cómo se iniciará el procedimiento para la exigencia de la responsabilidad de las autoridades y demás personal al servicio de la Administración y qué norma regula dicho procedimiento?

a) El procedimiento para la exigencia de la responsabilidad de las autoridades y demás personal al servicio de la Administración, por la responsabilidad en que hubieran incurrido por dolo, o culpa o negligencia grave, se sustanciará conforme a lo dispuesto en la LPACAP y se iniciará, de oficio, por acuerdo del órgano competente que se notificará a los interesados.

b) El procedimiento para la exigencia de la responsabilidad de las autoridades y demás personal al servicio de la Administración por la responsabilidad en que hubieran incurrido por dolo, o culpa o negligencia grave se sustanciará conforme a lo dispuesto en la LRJSP y se iniciará, a instancia del lesionado, por acuerdo del órgano competente que se notificará a los interesados.

c) El procedimiento para la exigencia de la responsabilidad de las autoridades y demás personal al servicio de la Administración por la responsabilidad en que hubieran incurrido por dolo, o culpa o negligencia grave se sustanciará conforme a lo dispuesto en el Estatuto Básico del Empleado Público y se iniciará, de oficio, por acuerdo del órgano competente que se notificará a los interesados.

d) El procedimiento para la exigencia de la responsabilidad de las autoridades y demás personal al servicio de la Administración por la responsabilidad en que hubieran incurrido por dolo, o culpa o negligencia grave se sustanciará conforme a lo dispuesto en la normativa relativa a la función pública y se iniciará, a instancia del lesionado, por acuerdo del órgano competente que se notificará a los interesados.

600. En el procedimiento para la exigencia de la responsabilidad de las autoridades y demás personal al servicio de la Administración, ¿qué plazo tendrá la audiencia?

a) Un plazo de quince días.
b) Un plazo de diez días.
c) Un plazo de cinco días.
d) Un plazo de tres días.

601. La exigencia de responsabilidad penal del personal al servicio de las Administraciones públicas:

a) Suspenderá los procedimientos de reconocimiento de responsabilidad patrimonial que se instruyan, pero continuarán los procedimientos civiles que correspondan, para fijar la cuantía de la indemnización por los daños y perjuicios causados.

b) No suspenderá los procedimientos de reconocimiento de responsabilidad patrimonial que se instruyan, salvo que la determinación de los hechos en el orden jurisdiccional civil sea necesaria para la fijación de la responsabilidad patrimonial.

c) No suspenderá los procedimientos de reconocimiento de responsabilidad patrimonial que se instruyan, salvo que la determinación de los hechos en el orden jurisdiccional penal sea necesaria para la fijación de la responsabilidad patrimonial.

d) Suspenderá los procedimientos de reconocimiento de responsabilidad patrimonial que se instruyan, hasta la resolución firme de la jurisdicción penal.

Soluciones

501. c)	511. b)	521. a)	531. a)	541. a)	551. a)	561. b)	571. c)	581. d)	591. c)
502. d)	512. a)	522. c)	532. d)	542. b)	552. d)	562. a)	572. b)	582. c)	592. d)
503. c)	513. c)	523. c)	533. a)	543. c)	553. a)	563. c)	573. a)	583. a)	593. a)
504. a)	514. a)	524. a)	534. c)	544. c)	554. a)	564. d)	574. c)	584. b)	594. b)
505. d)	515. a)	525. b)	535. b)	545. a)	555. d)	565. a)	575. d)	585. a)	595. d)
506. a)	516. b)	526. c)	536. a)	546. d)	556. c)	566. a)	576. d)	586. c)	596. b)
507. a)	517. a)	527. a)	537. b)	547. b)	557. a)	567. b)	577. a)	587. b)	597. c)
508. a)	518. d)	528. d)	538. d)	548. c)	558. d)	568. d)	578. b)	588. b)	598. b)
509. b)	519. d)	529. c)	539. c)	549. d)	559. c)	569. b)	579. b)	589. c)	599. a)
510. c)	520. b)	530. c)	540. c)	550. c)	560. d)	570. a)	580. c)	590. c)	600. b)

602. Cada Administración pública determinará las condiciones e instrumentos de creación de las sedes electrónicas, con sujeción a los siguientes principios:

a) Los principios de transparencia, publicidad, responsabilidad, calidad, seguridad, disponibilidad, accesibilidad, neutralidad e interoperabilidad. En todo caso deberá garantizarse la identificación del órgano titular de la sede, así como los medios disponibles para la formulación de sugerencias y quejas.

b) Los principios de transparencia, accesibilidad, seguridad y uso de acuerdo con las normas establecidas al respecto, estándares abiertos y, en su caso, aquellos otros que sean de uso generalizado por los ciudadanos.

c) Los principios de neutralidad, accesibilidad y uso de acuerdo con las normas establecidas al respecto, estándares abiertos y, en su caso, aquellos otros que sean de uso generalizado por los ciudadanos.

d) Los principios de accesibilidad, transparencia, responsabilidad, calidad, seguridad, disponibilidad, accesibilidad, neutralidad e interoperabilidad. En todo caso deberá garantizarse la identificación del órgano titular de la sede, así como los medios disponibles para la formulación de sugerencias y quejas.

603. A los efectos del funcionamiento electrónico del sector público, ¿qué se entiende por portal de internet?

a) La Administración pública, órgano, organismo público o entidad de derecho público, con certificado electrónico reconocido o cualificado que reúna los requisitos exigidos por la legislación de firma electrónica.

b) El código seguro de verificación vinculado a la Administración pública, órgano, organismo público o entidad de derecho público, en los términos y condiciones establecidos, que permite en todo caso la comprobación de la integridad de los documentos mediante el acceso a la sede electrónica correspondiente.

c) El punto de acceso electrónico cuya titularidad corresponda a una Administración pública, organismo público o entidad de derecho público que permite el acceso a través de internet a la información publicada y, en su caso, a la sede electrónica correspondiente.

d) La dirección electrónica, disponible para los ciudadanos a través de redes de telecomunicaciones, cuya titularidad corresponde a una Administración pública, o bien a una o varios organismos públicos o entidades de Derecho público en el ejercicio de sus competencias.

604. Las sedes electrónicas utilizarán para identificarse y garantizar una comunicación segura entre ellas:

a) Certificados reconocidos o cualificados de autenticación de sitio web o medio equivalente.

b) Sellos electrónicos, con códigos seguros de verificación.

c) Códigos seguros de verificación vinculados, en los términos y condiciones establecidos en la LRJSP.

d) Sellos electrónicos, basados en certificado electrónico que reúna los requisitos exigidos por la legislación de firma electrónica.

605. No tienen la consideración de convenios, pudiendo ser considerados protocolos generales de actuación o instrumentos similares:

a) Los Protocolos Generales de Actuación que comporten meras declaraciones de intención de contenido general o que expresen la voluntad de las Administraciones y partes suscriptoras para actuar con un objetivo común, en los que se formalizan compromisos jurídicos concretos y exigibles.

b) Los Protocolos Generales de Actuación que comporten meras declaraciones de intención de contenido específicos o que expresen la voluntad concreta de las Administraciones y partes suscriptoras para actuar con un objetivo similar, pero formalización de compromisos jurídicos concretos.

c) Los Protocolos Generales de Actuación o instrumentos similares que comporten meras declaraciones que expresen la voluntad de las Administraciones y partes suscriptoras para actuar con varios objetivos diversos.

d) Los Protocolos Generales de Actuación que comporten meras declaraciones de intención de contenido general o que expresen la voluntad de las Administraciones y partes suscriptoras para actuar con un objetivo común, siempre que no supongan la formalización de compromisos jurídicos concretos y exigibles.

606. Los convenios:

a) No podrán tener por objeto prestaciones propias de los contratos. En tal caso, su naturaleza y régimen jurídico se ajustará a lo previsto en la legislación de contratos del sector público.

b) Podrán tener por objeto prestaciones propias de los contratos, pero se suscribirán por dos partes con un fin común. En tal caso, su naturaleza y régimen jurídico se ajustará a lo previsto en la LRSP y en la legislación de contratos del sector público.

c) No podrán tener por objeto prestaciones propias de las encomiendas de gestión. En tal caso, su naturaleza y régimen jurídico se ajustará a lo previsto en la legislación de contratos del sector público.

d) No podrán tener por objeto prestaciones propias de las encomiendas de gestión. En tal caso, su naturaleza y régimen jurídico se ajustará a lo previsto en la legislación específica.

607. Las normas del Capítulo VI del Título Preliminar de la LRJSP:

a) No serán de aplicación a los convenios.

b) No serán de aplicación a las encomiendas de gestión.

c) No serán de aplicación a los acuerdos de terminación convencional de los procedimientos administrativos.

d) Las respuestas b) y c) son correctas.

608. Los convenios intradministrativos son:

a) Los convenios firmados entre dos o más Administraciones públicas, o bien entre dos o más organismos públicos o entidades de derecho público vinculados o dependientes de distintas Administraciones públicas, y que podrán incluir la utilización de medios, servicios y recursos de otra Administración pública, organismo público o entidad de derecho público vinculado o dependiente, para el ejercicio de competencias propias o delegadas.

b) Los convenios firmados entre organismos públicos y entidades de derecho público vinculados o dependientes de una misma Administración pública.

c) Los convenios firmados entre una Administración pública u organismo o entidad de derecho público y un sujeto de derecho privado.

d) Los convenios no constitutivos ni de Tratado internacional, ni de Acuerdo internacional administrativo, ni de Acuerdo internacional no normativo, firmados entre las Administraciones Públicas y los órganos, organismos públicos o entes de un sujeto de derecho internacional, que estarán sometidos al ordenamiento jurídico interno que determinen las partes.

609. En el ámbito de la Administración General del Estado y sus organismos públicos y entidades de derecho público vinculados o dependientes, podrán celebrar convenios:

a) Los titulares de los Departamentos Ministeriales y los Presidentes o Directores de las citadas entidades y organismos públicos.

b) Los titulares de las Jefaturas de los Servicios de los Ministerios y de las citadas entidades y organismos públicos.

c) Los titulares de los Departamentos Ministeriales y los Directores y Subdirectores de las citadas entidades y organismos públicos.

d) Los titulares de las Secretarias Técnicas de los Ministerios y los altos cargos de las citadas entidades y organismos públicos.

610. La suscripción de convenios:

a) Deberá mejorar la eficiencia de la gestión local, facilitar la utilización coordinada de medios y servicios públicos, contribuir a la realización de actividades de utilidad pública o privada y cumplir con la legislación específica que resulte de aplicación.

b) Podrá mejorar la eficiencia de la gestión pública, facilitar la utilización conjunta de medios y servicios públicos, contribuir a la realización de actividades de utilidad pública y cumplir con la legislación de estabilidad financiera y sostenibilidad presupuestaria.

c) Deberá mejorar la eficiencia de la gestión pública, facilitar la utilización conjunta de medios y servicios públicos, contribuir a la realización de actividades de utilidad pública y cumplir con la legislación de estabilidad presupuestaria y sostenibilidad financiera.

d) Podrá mejorar la eficiencia de la gestión municipal, facilitar la utilización conjunta de medios y servicios públicos, contribuir a la realización de actividades comunes y cumplir con la legislación de estabilidad financiera.

611. Las aportaciones financieras que se comprometan a realizar los firmantes de un convenio:

a) No podrán ser superiores al coste de los recursos humanos y materiales necesarios para ejecución del convenio.

b) No podrán ser superiores a los gastos derivados de la ejecución del convenio.

c) Podrán ser superiores a los gastos derivados de la ejecución del convenio, liquidándose el remante cuando concluya la ejecución del convenio.

d) Podrán ser superiores al coste de los recursos para la ejecución del convenio y el remanente se aplicará al fondo de garantía del convenio.

612. Un convenio:

a) Podrá instrumentar una subvención y en ese caso deberá cumplir con lo previsto en la Ley General de Subvenciones y en la normativa autonómica de desarrollo que, en su caso, resulte aplicable.

b) Nunca podrá instrumentar una subvención. Las subvenciones se rigen por lo previsto en la Ley General de Subvenciones y en la normativa autonómica de desarrollo que, en su caso, resulte aplicable.

c) Podrá instrumentar una subvención y en ese caso deberá cumplir con lo previsto en la Ley General de Subvenciones y en la Ley Básica de Régimen Local.

d) Solo podrá instrumentar una subvención cuando se trate de convenios interadministrativos suscritos entre dos o más Comunidades Autónomas para la gestión y prestación de servicios propios de las mismas. En ese caso deberá cumplir con lo previsto en los Estatutos de Autonómica de las Comunidades Autónomas, la Ley General de Subvenciones y la Ley Básica de Régimen Local.

613. Los convenios se perfeccionan:

a) Por la prestación del consentimiento de las partes.

b) Por la publicación en el Boletín Oficial del Estado, sin perjuicio de su publicación facultativa en el boletín oficial de la comunidad autónoma o de la provincia que corresponda.

c) Cuando se comunica la suscripción del convenio al Registro Electrónico de Órganos e Instrumentos de Cooperación.

d) Por la publicación en el Boletín Oficial correspondiente y la inscripción en el Registro Electrónico de Órganos e Instrumentos de Cooperación.

614. Respecto al plazo de vigencia de los convenios, la LRJSP establece que:

a) No es necesario que los convenios tengan una duración determinada, dependerá de lo acordado por las partes.

b) Los convenios deberán tener una duración determinada, que no podrá ser superior a cuatro años, salvo que normativamente se prevea un plazo superior. En cualquier momento antes de la finalización dicho plazo, los firmantes del convenio podrán acordar unánimemente su prórroga por un periodo de hasta cuatro años adicionales o su extinción.

c) Los convenios tendrán una duración de cinco años, salvo que normativamente se prevea un plazo inferior. En cualquier momento antes de la finalización dicho plazo, los firmantes del convenio podrán acordar unánimemente su prórroga por un periodo de hasta cinco años adicionales o su extinción.

d) Los convenios tendrán una duración entre cuatro y diez años, salvo que normativamente se prevea un plazo inferior.

615. Cuando un órgano de la Unión Europea hubiera impuesto una sanción por los mismos hechos objeto de un procedimiento sancionador a nivel nacional, el órgano competente para resolver este segundo procedimiento deberá tener en cuenta la sanción impuesta, a los efectos de graduar la que, en su caso, deba imponer, pudiendo minorarla:

a) Siempre que concurra la identidad de fundamento.

b) Cuando no exista, en relación con los hechos, identidad de fundamento.

c) Cuando no exista, en relación con los hechos, identidad de sujeto y fundamento.

d) Siempre que concurra la identidad de sujeto.

616. Para la tramitación de un convenio, el texto del convenio se deberá acompañar de:

a) Una memoria justificativa donde se analice su necesidad y oportunidad, su impacto económico, el carácter no contractual de la actividad en cuestión, así como el cumplimiento de lo previsto en la LRJSP, sin perjuicio de las especialidades que la legislación autonómica pueda prever.

b) Una memoria de necesidad y oportunidad, que analizará su contribución a la realización de actividades de utilidad pública y el cumplimiento de la legislación de estabilidad presupuestaria y sostenibilidad financiera.

c) Una memoria justificativa donde se analice su necesidad y el impacto económico del convenio.

d) Una memoria justificativa donde se analice el impacto económico y el carácter no contractual de la actividad en cuestión, sin perjuicio de las peculiaridades que la legislación autonómica pueda prever.

617. ¿Será necesario solicitar el informe del servicio jurídico cuando se tramita un convenio que suscribe un organismo público vinculado a la Administración General del Estado?

a) Siempre se debe solicitar el informe del servicio jurídico correspondiente, que deberá emitirse en un plazo máximo de siete días hábiles desde su solicitud. Dicho informe será el primer documento que se incorpore al expediente relativo a la tramitación del convenio.

b) Siempre se debe solicitar el informe del servicio jurídico correspondiente, que deberá emitirse en un plazo máximo de diez días naturales desde su solicitud, transcurridos los cuales se continuará la tramitación. Dicho informe deberá emitirse e incorporarse al expediente antes de proceder al perfeccionamiento del convenio.

c) No será necesario solicitar el informe del servicio jurídico correspondiente cuando el convenio se ajuste a un modelo normalizado informado previamente por el citado servicio jurídico. En caso contrario, deberá solicitarse el informe del servicio jurídico, que deberá emitirse en un plazo máximo de siete días hábiles desde su solicitud, transcurridos los cuales se continuará la tramitación. Dicho informe deberá emitirse e incorporarse al expediente antes de proceder al perfeccionamiento del convenio.

d) No será necesario solicitar este informe cuando el convenio que se tramita fuera idéntico a otro ya formalizado con anterioridad y que se hubiera extinguido por cumplimiento del plazo de vigencia. En este caso, se incorporará al expediente el informe emitido, en su día, en relación al convenio extinguido. En los demás casos, se debe solicitar el informe del servicio jurídico correspondiente, que deberá emitirse en un plazo máximo de siete días hábiles desde su solicitud.

618. Los convenios se extinguen:

a) Por el cumplimiento de las actuaciones que constituyen su objeto o por incurrir en causa de resolución.

b) Por el cumplimiento de las actuaciones que constituyen su objeto o por cumplimiento del plazo de vigencia.

c) Por cumplimiento del plazo de vigencia o por incurrir en causa de resolución.

d) Por el cumplimiento de las actuaciones que constituyen su objeto o por acuerdo unánime de todos los firmantes.

619. ¿Cómo se denomina un acto o actuación realizada íntegramente a través de medios electrónicos por una Administración Pública en el marco de un procedimiento administrativo y en la que no haya intervenido de forma directa un empleado público?

a) Actuación electrónica automatizada.

b) Actuación administrativa certificada.

c) Actuación electrónica interoperable.

d) Actuación administrativa automatizada.

620. ¿La resolución del convenio conlleva una indemnización de los perjuicios causados?

a) Nunca, dado que un convenio es un acuerdo con efectos jurídicos adoptados por las Administraciones públicas, los organismos públicos y entidades de derecho público vinculados o dependientes o las Universidades públicas entre sí o con sujetos de derecho privado para un fin común.

b) Solo cuando el convenio se resuelve por incumplimiento de las obligaciones y compromisos asumidos por parte de alguno de los firmantes.

c) Solo cuando el convenio se resuelve por incumplimiento de las obligaciones y compromisos asumidos por parte de alguno de los firmantes y así se hubiera previsto en el propio convenio.

d) Solo cuando el convenio se resuelve por el transcurso del plazo de vigencia del convenio sin haberse acordado su prórroga y así se hubiera previsto en el propio convenio.

621. De acuerdo con la LRJSP, entre las causas de resolución de un convenio podemos citar la siguiente:

a) La falta de formalización de los mecanismos de seguimiento, vigilancia y control de la ejecución del convenio.

b) El acuerdo unilateral de alguna de las partes firmantes.

c) El cumplimiento de las actuaciones que constituyen su objeto.

d) Cualquier causa de resolución prevista en una ley que resulte de aplicación al convenio.

622. La concurrencia de sanciones supone que:

a) No podrán sancionarse los hechos que lo hayan sido penal o administrativamente, en los casos en que se aprecie identidad del sujeto, hecho y fundamento.

b) Podrán sancionarse los hechos que lo hayan sido penal o administrativamente, en los casos en que se aprecie identidad del sujeto.

c) Podrán sancionarse los hechos que lo hayan sido penal o administrativamente, en los casos en que se aprecie identidad de fundamento.

d) No podrán sancionarse los hechos que lo hayan sido civil, penal o administrativamente, en los casos en que se aprecie identidad del sujeto.

623. Los principios de la potestad sancionadora se encuentran regulados en:

a) Los artículos del 24 al 30 de la LRJSP.

b) Los artículos del 25 al 31 de la LRJSP.

c) Los artículos del 32 al 38 de la LRJSP.

d) Los artículos del 31 al 38 de la LRJSP.

624. El principio de proporcionalidad supone que:

a) Las disposiciones sancionadoras que deben ser aplicadas por las Administraciones públicas en el ejercicio de esta potestad serán las que se encuentren vigentes en el momento de acaecer los hechos constitutivos de infracción administrativa.

b) No podrán sancionarse los hechos que lo hayan sido penal o administrativamente, en los casos en que se aprecie identidad del sujeto, hecho y fundamento.

c) Las Administraciones públicas puedan ejercer la potestad sancionadora, siempre que haya sido expresamente reconocida la citada potestad por una norma con rango de ley, de acuerdo con el procedimiento establecido para su ejercicio y de conformidad con la LRJSP y la LPACAP, sin perjuicio de que, en el caso de las entidades locales, estas actuarán de acuerdo con lo consagrado en el título décimo primero de la ley reguladora de las Bases del Régimen Local, destinado a la regulación de la tipificación de las infracciones y sanciones por las entidades locales en materias determinadas.

d) En la determinación normativa del régimen sancionador, así como en la imposición de sanciones por las Administraciones Públicas se deberá observar la debida idoneidad y necesidad de la sanción a imponer y su adecuación a la gravedad del hecho constitutivo de la infracción.

625. Podrán ser sancionadas por hechos constitutivos de infracción administrativa:

a) Las personas físicas, que resulten responsables de los mismos a título de dolo o culpa.

b) Las personas físicas y las personas jurídicas, que resulten responsables de los mismos a título de dolo, salvo, las uniones y entidades sin personalidad jurídica y los patrimonios independientes o autónomos, que resulten responsables de los mismos a título de dolo o culpa.

c) Las personas físicas y jurídicas, así como, cuando una Ley les reconozca capacidad de obrar, los grupos de afectados, las uniones y entidades sin personalidad jurídica y los patrimonios independientes o autónomos, que resulten responsables de los mismos a título de dolo o culpa.

d) Las respuestas a) y c) son correctas.

626. El incumplimiento de la obligación de prevenir la comisión de infracciones administrativas por quienes se hallen sujetos a una relación de vinculación:

a) Se podrá tipificar como una infracción, en las leyes reguladoras de los distintos regímenes sancionadores.

b) No se podrán tipificar como infracción, por vulnerar el principio de culpabilidad.

c) No se podrán tipificar como infracción, por vulnerar el principio de personalidad de la sanción.

d) Se podrá tipificar como una infracción, solo en las leyes penales.

627. En la determinación normativa del régimen sancionador, la graduación de la sanción administrativa considerará especialmente alguno de los siguientes criterios:

a) El grado de intencionalidad.

b) La continuidad o reincidencia en la conducta infractora.

c) La naturaleza de los perjuicios causados.

d) La reincidencia, por comisión en el término de un año de más de una infracción de la misma naturaleza cuando así haya sido declarado por resolución firme en vía penal.

628. La realización de una pluralidad de omisiones que infrinjan el mismo o semejantes preceptos administrativos:

a) Serán sancionables como infracción constante, las omisiones que se establezcan en las leyes reguladores de los distintos regímenes sancionadores.

b) Las omisiones no podrán ser sancionables.

c) Solo serán sancionables las acciones como infracción continuada, en ejecución de un plan preconcebido o aprovechando idéntica ocasión.

d) Serán sancionables como infracción continuada, las omisiones en ejecución de un plan preconcebido o aprovechando idéntica ocasión.

629. El plazo de prescripción de las infracciones administrativas comenzará a contarse:

a) Desde el día en que la infracción se hubiera cometido.

b) Desde el día que la Administración tiene conocimiento de la infracción cometida.

c) Transcurrido un año desde que la infracción se hubiera cometido.

d) Desde el día que cualquier persona pone en conocimiento de la Administración la infracción cometida.

630. El establecimiento de una sede electrónica conlleva:

a) La potestad administrativa del titular respecto de la seguridad, disponibilidad, accesibilidad, neutralidad e interoperabilidad de los servicios a los que pueda accederse a través de la misma.

b) La competencia administrativa respecto de la integridad, disponibilidad y actualización de la información y los servicios a los que pueda accederse a través de la misma.

c) La responsabilidad del titular respecto de la integridad, veracidad y actualización de la información y los servicios a los que pueda accederse a través de la misma.

d) La potestad administrativa respecto de la integridad, seguridad, veracidad y actualización de la información y los servicios a los que pueda accederse a través de la misma.

631. Los sistemas de información y comunicaciones para la recogida, almacenamiento, procesamiento y gestión del censo electoral deberán ubicarse y prestarse:

a) Dentro del territorio de la Unión Europea.

b) Dentro del territorio nacional.

c) En cualquier territorio, siempre que respete las obligaciones internacionales asumidas por el Reino de España.

d) En cualquier territorio, siempre que respete las obligaciones establecidas por la Unión Europea.

632. Los documentos no electrónicos de las actuaciones administrativas, ¿deben ser almacenados por la Administración en soporte electrónico?

a) Sí. Todos los documentos utilizados en las actuaciones administrativas se almacenarán por medios electrónicos, salvo cuando no sea posible.

b) No. Solo existe obligación de almacenar electrónicamente los documentos que hayan entrado a la Administración de forma electrónica.

c) No. Cada documento se almacenará en el soporte de origen.

d) La Administración actuante solo está obligada a almacenar electrónicamente aquellos documentos que haya generado la propia Administración, durante la actuación administrativa.

633. Los documentos electrónicos que contengan actos administrativos que afecten a derechos o intereses de los particulares deberán conservarse:

a) En cualquier soporte, siempre que se asegurará la posibilidad de trasladar los datos a otros formatos y soportes que garanticen la integridad del documento.

b) En soportes de esta naturaleza, ya sea en el mismo formato a partir del que se originó el documento o en otro cualquiera que asegure la identidad e integridad de la información necesaria para reproducirlo.

c) En soportes de esta naturaleza y siempre en el mismo formato a partir de aquel en el que se originó el documento.

d) En cualquier soporte, siempre que se asegure la integridad de la información necesaria para reproducirlo.

634. El plazo de prescripción de las sanciones administrativas se interrumpirá:

a) Con la iniciación del procedimiento de ejecución de la sanción, volviendo a transcurrir el plazo si aquel está paralizado durante más de tres meses por causa no imputable al infractor.

b) Con la iniciación, con conocimiento del interesado, del procedimiento de ejecución de la sanción, volviendo a transcurrir el plazo si aquel está paralizado durante más de un mes por causa no imputable al infractor.

c) Con la iniciación del procedimiento de ejecución de la sanción, volviendo a transcurrir el plazo si aquel está paralizado durante más de un año por causa no imputable al infractor.

d) Con la iniciación, con conocimiento del interesado, del procedimiento de ejecución de la sanción, volviendo a transcurrir el plazo si aquel está paralizado durante más de un año por causa no imputable al infractor.

635. Los principios de prescripción y de concurrencia de sanciones en el ejercicio de la potestad sancionadora de la Administración se encuentran regulados en:

a) Los artículos 27 y 29 de la LRSJP.

b) Los artículos 29 y 31 de la LRSJP.

c) Los artículos 29 y 30 de la LRSJP.

d) Los artículos 30 y 31 de la LRSJP.

636. En supuesto de convenios de los que deriven compromisos financieros, ¿cuándo se liquida el convenio?

a) Solo cuando el convenio concluye en virtud de alguna de las causas de resolución.

b) Cuando la resolución del convenio se produce por incumplimiento de las obligaciones y compromisos asumidos por parte de alguno de los firmantes y así se hubiera previsto en el propio convenio.

c) Tanto en casos de cumplimiento (cuando su objeto se haya realizado en los términos y a satisfacción de ambas partes, de acuerdo con sus respectivas competencias), como en los casos de resolución del convenio, se procederá a liquidar el convenio, con el objeto de determinar las obligaciones y compromisos de cada una de las partes.

d) Solo cuando se hubiera previsto en el propio convenio.

637. ¿Qué convenios se deben remitir al Tribunal de Cuentas u órgano externo de fiscalización de la Comunidad Autónoma, según corresponda?

a) Cualquier convenio de cesión o adquisición de la titularidad de infraestructuras, dentro de los seis meses siguientes a la suscripción del mismo.

b) Cualquier convenio que tengan por objeto la creación de consorcios previstos en el artículo 123 de la LRJSP, dentro de los seis meses siguientes a la suscripción del mismo.

c) Cualquier convenio cuyos compromisos económicos asumidos superen los 600.000 euros, dentro de los tres meses siguientes a la suscripción del mismo.

d) Cualquier convenio del que se deriven compromisos financieros, dentro de los tres meses siguientes a la suscripción del mismo.

638. Los datos fiscales relacionados con tributos propios o cedidos:

a) Solo podrán ser objeto de transferencia a la Comisión Europea o a una organización internacional.

b) Solo podrán ser objeto de transferencia dentro del territorio de la Unión Europea o a una organización internacional reconocida por la Comisión Europea.

c) No podrán ser objeto de transferencia a un tercer país u organización internacional, con excepción de los que hayan sido objeto de una decisión de adecuación de la Comisión Europea o cuando así lo exija el cumplimiento de las obligaciones internacionales asumidas por el Reino de España.

d) En ningún caso podrán ser objeto de transferencia.

639. Las condiciones e instrumentos de creación de las sedes electrónicas están sujetas a los principios de:

a) Transparencia, publicidad, responsabilidad, calidad, seguridad, disponibilidad, accesibilidad, neutralidad e interoperabilidad. En todo caso deberá garantizarse la identificación del órgano titular de la sede, así como los medios disponibles para la formulación de sugerencias y quejas.

b) Transparencia y publicidad. En todo caso deberá garantizarse la identificación del órgano titular de la sede, así como los medios disponibles para la formulación de reclamaciones.

c) Transparencia, publicidad, calidad, seguridad, accesibilidad, neutralidad e interoperabilidad. En todo caso deberá garantizarse la identificación del órgano ante el que deberán titular formularse las sugerencias y quejas.

d) Transparencia, publicidad, responsabilidad, disponibilidad, accesibilidad, neutralidad e interoperabilidad. En todo caso deberá garantizarse la identificación del órgano ante el que deberán titular formularse las sugerencias y quejas.

640. ¿Cuáles son los sistemas de firma electrónica del personal al servicio de las Administraciones Públicas?

a) Los sistemas de firma electrónica del personal al servicio de las Administraciones Públicas quedan determinados en el Esquema Nacional de Seguridad, al objeto de garantizar la integridad, autenticidad, confidencialidad, calidad, protección y conservación de los documentos almacenados.

b) Cada Administración pública determinará los sistemas de firma electrónica que debe utilizar su personal.

c) Los sistemas de firma electrónica del personal al servicio de las Administraciones Públicas quedarán determinados en la legislación específica.

d) Los sistemas de firma electrónica del personal al servicio de las Administraciones públicas quedan determinados en el Esquema Nacional de Interoperabilidad y Esquema Nacional de Seguridad.

641. En relación con los sistemas de identificación de las Administraciones públicas, ¿cuáles son los sistemas de identificación de las Administraciones públicas?

a) Las Administraciones públicas podrán identificarse mediante el uso de un sello electrónico basado en un certificado electrónico reconocido o cualificado que reúna los requisitos exigidos por la legislación de firma electrónica. También se entenderá identificada la Administración pública respecto de la información que se publique como propia en su portal de internet.

b) Las Administraciones públicas podrán identificarse mediante el uso de la firma digital.

c) Las Administraciones públicas podrán identificarse mediante el uso del certificado digital. También se entenderá identificada la Administración pública respecto de la información que se publique en su portal de internet.

d) Las Administraciones públicas podrán identificarse mediante el uso de un sello electrónico basado en un certificado electrónico verificable o autenticado que reúna los requisitos exigidos por la legislación de los sellos electrónicos. También se entenderá identificada la Administración pública respecto de la información que se publique como propia en su portal de internet.

642. La publicación en las sedes electrónicas de informaciones, servicios y transacciones respetará los principios de:

a) Accesibilidad, interoperabilidad y uso de acuerdo con las normas establecidas al respecto, estándares abiertos y, en su caso, aquellos otros que sean de uso generalizado por los ciudadanos.

b) Accesibilidad y uso de acuerdo con las normas establecidas al respecto, estándares abiertos y, en su caso, aquellos otros que sean de uso generalizado por los ciudadanos.

c) Accesibilidad, tipicidad y uso de acuerdo con las normas establecidas al respecto, estándares abiertos o semiabierto y, en su caso, aquellos otros que sean de uso individualizado por los ciudadanos.

d) Accesibilidad, legalidad, proporcionalidad y uso de acuerdo con las normas establecidas al respecto, estándares cerrados y, en su caso, aquellos otros que sean de uso individualizado por los ciudadanos.

643. En el ejercicio de la competencia en la actuación administrativa automatizada, cada Administración Pública podrá determinar los supuestos de utilización de los siguientes sistemas de firma electrónica:

a) Sello electrónico de Administración pública, basado un código seguro de verificación vinculado a la Administración pública, que reúna los requisitos exigidos por la legislación de firma electrónica.

b) Certificado electrónico de Administración pública, basado en un sello electrónico que reúna los requisitos exigidos por la legislación del sello electrónico o código seguro de verificación vinculado a la Administración pública, en los términos y condiciones establecidos, permitiéndose en todo caso la comprobación de la integridad del documento mediante el acceso a la sede electrónica correspondiente.

c) Certificado electrónico de Administración pública, basado en un sello electrónico que reúna los requisitos exigidos por la legislación específica o código de verificación segura vinculado a la Administración pública, en los términos y condiciones establecidos, permitiéndose en todo caso la comprobación de la integridad del documento mediante el acceso a la firma electrónica correspondiente.

d) Sello electrónico de Administración pública, basado en certificado electrónico reconocido o cualificado que reúna los requisitos exigidos por la legislación de firma electrónica o código seguro de verificación vinculado a la Administración pública, en los términos y condiciones establecidos, permitiéndose en todo caso la comprobación de la integridad del documento mediante el acceso a la sede electrónica correspondiente.

644. Las sedes electrónicas dispondrán de sistemas que permitan el establecimiento de comunicaciones:

a) Transparentes siempre que sean necesario.

b) Neutrales siempre que sean necesario.

c) Accesibles siempre que sean necesarias.

d) Seguras siempre que sean necesarias.

645. En la determinación normativa del régimen sancionador, la graduación de la sanción considerará especialmente alguno de los siguientes criterios:

a) La persistencia, por comisión en el término de un año de más de una infracción de la misma naturaleza cuando así haya sido declarado por resolución firme en vía administrativa.

b) La reincidencia, por comisión en el término de un año de más de una infracción de la misma naturaleza cuando así haya sido declarado por resolución firme en vía administrativa.

c) La continuidad o persistencia en el perjuicio causado.

d) La continuidad o persistencia en la intencionalidad.

646. Será sancionable, como infracción continuada:

a) La realización de una pluralidad de acciones u omisiones que infrinjan el mismo o semejantes preceptos penales o administrativos, en ejecución de un plan preconcebido o aprovechando idéntica ocasión.

b) La realización de una pluralidad de acciones que infrinjan distintos preceptos administrativos, pero en ejecución de un plan preconcebido o aprovechando idéntica ocasión.

c) La realización de una pluralidad de omisiones que infrinjan distintos preceptos administrativos, por una pluralidad de sujetos.

d) La realización de una pluralidad de acciones u omisiones que infrinjan el mismo precepto administrativo, en ejecución con otros autores, en momentos distintos.

647. Las sanciones administrativas impuestas por faltas prescribirán:

a) Las muy graves prescribirán a los tres años, las impuestas por faltas graves a los dos años y las impuestas por faltas leves al año.

b) Según lo dispuesto en las leyes que las establezcan. Si estas no fijan plazos de prescripción, las sanciones impuestas por faltas muy graves prescribirán a los tres años, las impuestas por faltas graves a los dos años y las impuestas por faltas leves a los seis meses.

c) Las muy graves prescribirán a los tres años, las impuestas por faltas graves a los dos años y las impuestas por faltas leves a los seis meses.

d) Según lo dispuesto en las leyes que las establezcan. Si estas no fijan plazos de prescripción, las sanciones impuestas por faltas muy graves prescribirán a los tres años, las impuestas por faltas graves a los dos años y las impuestas por faltas leves al año.

648. En el caso de desestimación presunta del recurso de alzada interpuesto contra la resolución por la que se impone una sanción administrativa, el plazo de prescripción de la sanción comenzará a contarse:

a) Desde el día siguiente a aquel en que finalice el plazo legalmente previsto para la resolución de dicho recurso.

b) Desde el día en que finalice el plazo legalmente previsto para la resolución de dicho recurso.

c) Desde el día a siguiente a aquel en que finalice el plazo legalmente previsto para la interposición del recurso.

d) Desde el día en que finalice el plazo legalmente previsto para la interposición del recurso.

649. Los convenios suscritos entre dos o más Comunidades Autónomas para la gestión y prestación de servicios propios de las mismas:

a) Son convenios intradministrativos y se regirán por lo dispuesto en el Capítulo VI del Título Preliminar de la LRJSP (artículos 48 a 52 de la LRJSP).

b) Son convenios interadministrativos y se regirán por lo dispuesto en el Capítulo VI del Título Preliminar de la LRJSP (artículos 46 a 53 de la LRJSP), salvo en cuanto a sus requisitos y términos que se regirán por lo previsto en los respectivos Estatutos de Autonomía.

c) Son convenios intradministrativos y se regirán por lo dispuesto en la Ley Básica de Régimen Local (artículos 46 a 53 de la LBRL).

d) Son convenios interadministrativos y se regirán por lo dispuesto en el Capítulo VI del Título Preliminar de la LRJSP (artículos 47 a 53 de la LRJSP), salvo en cuanto a sus supuestos, requisitos y términos que se regirán por lo previsto en los respectivos Estatutos de Autonomía.

650. Las infracciones administrativas graves prescribirán:

a) A los tres años, en aquellos casos en que las leyes que las establezcan no determinen concretamente el tiempo de prescripción.

b) A los dos años, en aquellos casos en que las leyes que las establezcan no determinen concretamente el tiempo de prescripción.

c) Al año.

d) A los seis meses.

651. ¿Cómo se denomina el Título I de la Ley 40/2015, de 1 de octubre, de Régimen Jurídico del Sector Público ?

a) Relaciones interadministrativas.

b) Organización y funcionamiento del sector público institucional.

c) Administración General del Estado.

d) Disposiciones generales, principios de actuación y funcionamiento del sector público.

652. ¿Cuántos capítulos tiene el Título I de la Ley 40/2015, de 1 de octubre, de Régimen Jurídico del Sector Público?

a) Cinco.

b) Cuatro.

c) Tres.

d) Dos.

653. A tenor de lo dispuesto en el artículo 54.2 de la Ley 40/2015, de 1 de octubre, de Régimen Jurídico del Sector Público, las competencias en materia de organización administrativa, régimen de personal, procedimiento e inspección de servicios, no atribuidas específicamente conforme a una ley a ningún otro órgano de la Administración General del Estado, ni al Gobierno, corresponderán:

a) A la Presidencia del Gobierno.

b) Al Consejo de Ministros.

c) Al Ministerio de Hacienda y Administraciones Públicas.

d) Al Ministerio de la Presidencia, Justicia y Relaciones con las Cortes.

654. Según dispone el art. 54.1 de la Ley 40/2015, de 1 de octubre, de Régimen Jurídico del Sector Público, la Administración General del Estado actúa y se organiza de acuerdo con los principios establecidos en el artículo 3, así como los de:

a) Descentralización territorial y desconcentración funcional.

b) Descentralización territorial y funcional y desconcentración territorial.

c) Centralización territorial y funcional y desconcentración territorial.

d) Descentralización funcional y desconcentración funcional y territorial.

655. A tenor de la Ley de Régimen Jurídico del Sector Público, la Administración General del Estado comprende:

a) La Organización Territorial.

b) La Administración General del Estado en el exterior.

c) La Organización Central, que integra los Ministerios y los servicios comunes.

d) Todas las respuestas son correctas.

656. ¿Cuál de los siguientes no es uno de los órganos superiores de la organización central de la Administración General del Estado?

a) Los Subsecretarios.

b) Los Secretarios de Estado.

c) Los Ministros.

d) Todos los citados son órganos superiores de la organización central.

657. Señala cuál de los siguientes no es uno de los órganos directivos de la organización central de la Administración General del Estado:

a) Los Subsecretarios.

b) Los Secretarios de Estado.

c) Los Secretarios generales.

d) Los Secretarios generales técnicos.

658. ¿Qué rango atribuye la Ley 40/2015, de 1 de octubre, de Régimen Jurídico del Sector Público a los Delegados del Gobierno en las Comunidades Autónomas?

a) Secretario de Estado.
b) Subsecretario.
c) Subdirector General.
d) Director General.

659. A tenor de lo dispuesto en el art. 55.4 de la Ley 40/2015, de 1 de octubre, de Régimen Jurídico del Sector Público, ¿qué rango tienen los Subdelegados del Gobierno en las provincias?

a) Secretario de Estado.
b) Subsecretario.
c) Subdirector General.
d) Director General.

660. ¿Cómo denomina la Ley 40/2015, de 1 de octubre, de Régimen Jurídico del Sector Público, a los elementos organizativos básicos de las estructuras orgánicas?

a) Departamentos administrativos.
b) Unidades administrativas.
c) Áreas de administración.
d) Células administrativas.

661. ¿Quiénes de los siguientes serán nombrados de acuerdo con lo establecido en la Ley 50/1997, de 27 de noviembre, del Gobierno y en la Ley 3/2015, de 30 de marzo, reguladora del ejercicio del alto cargo de la Administración General del Estado?

a) Los Ministros únicamente.
b) Los Ministros y los Secretarios de Estado.
c) Los Ministros, los Secretarios de Estado y los Subsecretarios.
d) Los Ministros, los Secretarios de Estado, los Subsecretarios y los Secretarios Generales.

662. A tenor de la Ley de Régimen Jurídico del Sector Público la determinación del número, la denominación y el ámbito de competencia respectivo de los Ministerios y las Secretarías de Estado se establecen mediante:

a) Acuerdo del Consejo de Ministros.
b) Real Decreto del Presidente del Gobierno.
c) Real Decreto del Ministerio de Hacienda.
d) Real Decreto del Ministerio para la Transformación Digital y de la Función Pública.

663. Los Ministerios contarán, en todo caso, con:

a) Una Subsecretaría.
b) Una Secretaría de Estado.
c) Una Secretaría General.
d) Una Dirección General.

664. ¿Cuáles son, a tenor de la Ley de Régimen Jurídico del Sector Público los órganos de gestión de una o varias áreas funcionalmente homogéneas?

a) Las Secretarías Generales.
b) Las Subdirecciones Generales.
c) Las Secretarías Generales Técnicas.
d) Las Direcciones Generales.

665. Las Subsecretarías, las Secretarías Generales, las Secretarías Generales Técnicas, las Direcciones Generales, las Subdirecciones Generales, y órganos similares a los anteriores se crean, modifican y suprimen por:

a) Real Decreto del Ministro interesado.
b) Real Decreto del Presidente del Gobierno.
c) Real Decreto del Consejo de Ministros.
d) Real Decreto del Ministro de Hacienda.

666. ¿Qué categoría atribuye la Ley 40/2015, de 1 de octubre a los Secretarios Generales?

a) Subsecretario.
b) Director General.
c) Subdirector General.
d) El nivel que se determine en una relación de puestos de trabajo.

667. ¿Qué categoría atribuye la Ley 40/2015, de 1 de octubre a los Secretarios Generales Técnicos?

a) Subsecretario.
b) Director General.
c) Subdirector General.
d) El nivel que se determine en una relación de puestos de trabajo.

668. ¿Quién de los siguientes tiene atribuida expresamente la función de autorizar las comisiones de servicio con derecho a indemnización por cuantía exacta para altos cargos dependientes del Ministro?

a) El Ministro.
b) El Secretario de Estado.
c) El Subsecretario.
d) El Secretario General Técnico.

669. ¿Quién de los siguientes establece los programas de inspección de los servicios del Ministerio, así como determinar las actuaciones precisas para la mejora de los sistemas de planificación, dirección y organización y para la racionalización y simplificación de los procedimientos y métodos de trabajo, en el marco definido por el Ministerio de Hacienda y Administraciones Públicas?

a) Los Ministros.
b) Los Subsecretarios.
c) Los Secretarios Generales Técnicos.
d) Los Directores Generales.

670. Señala la respuesta correcta respecto a los Secretarios Generales y los Secretarios Generales técnicos:

a) Los Secretarios Generales técnicos serán nombrados y separados por Real Decreto del Presidente del Gobierno a propuesta del titular del Ministerio.
b) Los Secretarios Generales, con categoría de Director General, serán nombrados y separados por Real Decreto del Consejo de Ministros, a propuesta del titular del Ministerio o del Presidente del Gobierno.
c) Cuando las normas que regulan la estructura de un Ministerio prevean la existencia de un Secretario General, deberán determinar las competencias que le correspondan sobre un sector de actividad administrativa determinado.
d) Los Secretarios Generales técnicos, bajo la inmediata dependencia del Ministro, tendrán las competencias sobre servicios comunes que les atribuya el Real Decreto de estructura del Departamento y, en todo caso, las relativas a producción normativa, asistencia jurídica y publicaciones.

671. A tenor de lo dispuesto en la Ley 40/2015, de 1 de octubre, los Subdirectores Generales serán nombrados, respetando los principios de:

a) Mérito, capacidad y antigüedad.
b) Igualdad, mérito y legalidad.
c) Igualdad, mérito y capacidad.
d) Mérito, capacidad y oportunidad.

672. ¿Quién cesa a los Subdirectores Generales según establece la Ley de Régimen Jurídico del Sector Público?

a) El Ministro del que dependan.
b) El Secretario de Estado del que dependan.
c) El Subsecretario del que dependan.
d) Todas las respuestas son correctas.

673. ¿Quién convoca y resuelve pruebas selectivas de personal funcionario y laboral de un Ministerio?

a) El Ministro.
b) El Subsecretario.
c) El Secretario General.
d) El Secretario General técnico.

674. ¿Quién, a tenor de lo dispuesto en la Ley 40/2015, de 1 de octubre, ejerce la potestad disciplinaria del personal del Departamento por faltas graves o muy graves?

a) El Ministro.
b) El Subsecretario.
c) El Secretario General.
d) El Secretario General técnico.

675. ¿Quién, en un Ministerio, impone la sanción de separación del servicio por faltas muy graves?

a) El Ministro.
b) El Director General.
c) El Subdirector General.
d) El Secretario de Estado.

676. ¿Cuántas Delegaciones del Gobierno prevé la Ley 40/2015 que existan en España?

a) Una por provincia.
b) Una por cada Comunidad autónoma.
c) Una por cada Comunidad autónoma pluriprovincial.
d) Las que prevean los correspondientes Estatutos de Autonomía.

677. Por regla general, la sede de las Delegaciones del Gobierno radicará:

a) En cada una de las capitales de provincia.
b) En la ciudad en la que se encuentre el Consejo de Gobierno de la comunidad autónoma.
c) En Madrid, como capital de España.
d) Siempre en lugar distinto a aquel en que se encuentre la del gobierno de la comunidad autónoma.

678. Las Delegaciones del Gobierno están adscritas orgánicamente al Ministerio con competencias en:

a) Administraciones públicas.
b) Interior.
c) Hacienda.
d) Presidencia.

679. ¿Dónde está previsto por la LRJSP que existan Subdelegaciones del Gobierno?

a) En las capitales de todas las comunidades autónomas.
b) En las ciudades en las que no haya Delegación del Gobierno.
c) En cada provincia de las comunidades autónomas pluriprovinciales y en algunas uniprovinciales cuando así se justifique.
d) En las localidades de Ceuta y Melilla únicamente.

680. Según la LRJSP, ¿quién es el encargado de nombrar a los Directores Insulares de la Administración General del Estado?

a) El Delegado del Gobierno o el Subdelegado del Gobierno, cuando este último exista.
b) El Delegado del Gobierno.
c) El Consejo de Ministros.
d) El titular del Ministerio con competencias en Administraciones Públicas.

681. En las islas, las direcciones insulares sustituyen en sus funciones a:

a) Los Subdelegados del Gobierno.
b) Los Delegados del Gobierno.
c) Ningún otro órgano, pues son órganos con diferentes funciones.
d) Ningún otro órgano, pues pueden coexistir, si bien ejercen las mismas funciones que los Subdelegados del Gobierno.

682. ¿Cuál es el procedimiento para la provisión del puesto de Director Insular?

a) Libre designación.
b) Concurso oposición.
c) Oposición.
d) Méritos.

683. ¿Qué nivel de los Cuerpos y Escalas funcionariales de la Administración se exige para ser nombrado Director Insular?

a) A1.
b) A2.
c) B.
d) C1.

684. Los servicios territoriales de la Administración General del Estado en la comunidad autónoma, atendiendo al mejor cumplimiento de sus fines, se organizan en la Delegación del Gobierno en:

a) Servicios centrales y periféricos.
b) Servicios integrales y autónomos.
c) Integrados y no integrados.
d) Dependientes y funcionales.

685. La organización de los servicios territoriales no integrados en las Delegaciones del Gobierno se establecerá mediante Real Decreto cuando contemple unidades con nivel superior a:

a) Secretaría General.
b) Subdirección General.
c) Dirección General.
d) Dirección Territorial.

686. Los servicios territoriales no integrados, para la fijación de sus objetivos concretos de actuación y control de su ejecución, así como el funcionamiento de los servicios, dependen:

a) De la Delegación del Gobierno.
b) De la Intervención General de la Administración del Estado.
c) Del órgano central competente sobre el sector de actividad en el que aquellos operen.
d) De los órganos responsables de las relaciones con las Administraciones Territoriales y con los ciudadanos.

687. ¿A través de que órgano administrativo ejercen su supervisión y control la Delegación del Gobierno, o en su caso la Subdelegación del Gobierno, de los servicios territoriales integrados:

a) La Secretaría General.
b) Los órganos centrales de las áreas funcionales de la Delegación o Subdelegación del Gobierno.
c) El Servicio Jurídico del Estado.
d) El órgano central competente sobre el sector de actividad en el que aquellos operen.

688. ¿Quiénes son los representantes del Gobierno de la nación en el territorio de las comunidades autónomas?

a) Los Presidentes del Tribunal Superior de Justicia.
b) Los Delegados del Gobierno.
c) El Secretario de Estado de Administraciones Públicas.
d) Los Subdelegados del Gobierno y Directores Insulares en las respectivas comunidades autónomas.

689. ¿Qué rango otorga la LRJSP a los Delegados del Gobierno?

a) Secretarios Generales.
b) Secretarios de Estado.
c) Subsecretarios de Estado.
d) Secretarios Generales Técnicos.

690. Los Delegados del Gobierno serán nombrados y separados por:

a) El Presidente del Gobierno a propuesta del Ministerio competente en Administraciones Públicas.

b) Real Decreto del Consejo de Ministros.

c) El Parlamento a propuesta del Consejo de Ministros.

d) El Consejo de Gobierno de la comunidad autónoma a propuesta del Presidente del Gobierno de la nación.

691. Las ausencias, vacantes o enfermedades de los titulares de las Delegaciones del Gobierno, serán suplidas, en primer lugar, por:

a) El Subdelegado del Gobierno que el Delegado designe.

b) El Subdelegado del Gobierno de la provincia en la que tengan su sede.

c) El Secretario General de la Delegación del Gobierno.

d) El Delegado del Gobierno que designe el Consejo de Ministros a propuesta del Presidente del Gobierno.

692. En cuanto a las competencias de dirección y coordinación de la Administración General del Estado y sus Organismos públicos, los Delegados del Gobierno:

a) Dirigen directamente, coordinan y supervisan la actividad de todos los servicios en el territorio de la comunidad autónoma.

b) Nombran a los Subdelegados del Gobierno en las provincias de su ámbito de actuación y, en su caso, a los Directores Insulares.

c) Informan, con carácter preceptivo, de las propuestas de nombramiento de los Subdelegados del Gobierno en las provincias de su ámbito de actuación y, en su caso, a los Directores Insulares.

d) Nombran a los titulares de órganos territoriales de la Administración General del Estado y los Organismos públicos estatales de ámbito autonómico y provincial en la Delegación del Gobierno.

693. Es competencia de los Delegados del Gobierno relacionada con la información de la acción del Gobierno e información a los ciudadanos:

a) Enviar la información a los distintos Ministerios de los planes y programas que hayan de ejecutado sus respectivos servicios territoriales y Organismos públicos en su ámbito territorial.

b) Asumir las obligaciones de las restantes Administraciones Públicas en materia de información al ciudadano.

c) Requerir al Consejo de Gobierno de la comunidad Autónoma en la que tenga su sede para que remita información al Gobierno de las actividades de sus Administraciones Públicas y Organismos Autónomos.

d) Coordinar la información sobre los programas y actividades del Gobierno y la Administración General del Estado y sus Organismos públicos en la comunidad autónoma.

694. Los Delegados del Gobierno deben elevar un informe al Gobierno sobre el funcionamiento de los servicios públicos estatales en el ámbito autonómico. Pero, ¿con qué plazo y a través de qué órgano?

a) Bianualmente, a través del Ministerio con competencias en interior.

b) Anualmente, a través del Ministerio con competencias en Administraciones públicas.

c) Trimestralmente, a través del Ministerio con competencias en Hacienda.

d) Semestralmente, a través de su Secretaría General Técnica.

695. La competencia para resolver los recursos en vía administrativa interpuestos contra las resoluciones y actos dictados por los órganos de la Delegación la ostenta:

a) El Ministro competente por razón de la materia.

b) El Subdelegado del Gobierno o los Directores Insulares, en su caso.

c) El Ministro con competencias en Administraciones Públicas.

d) El Delegado del Gobierno.

696. ¿Cuál es el órgano competente para resolver las impugnaciones de resoluciones y actos del Delegado del Gobierno susceptibles de recurso administrativo y que no pongan fin a la vía administrativa?

a) El Ministerio competente en Administraciones Públicas.

b) El Ministerio con competencias en interior.

c) El Ministerio competente por razón de la materia.

d) El Presidente del Gobierno.

697. Las reclamaciones por responsabilidad patrimonial de las Administraciones Públicas por las acciones u omisiones atribuibles a los órganos de la Delegación del Gobierno se tramitarán y resolverán por:

a) El Delegado del Gobierno.

b) El Consejo de Ministros.

c) El Ministerio competente en Administraciones Públicas.

d) El Ministerio competente por razón de la materia.

698. ¿Cuándo podrán los Delgados del Gobierno suspender la ejecución de los actos impugnados dictados por los órganos de la Delegación del Gobierno?

a) Cuando se trate de servicios integrados.
b) Cuando no les corresponda la resolución del recurso.
c) Cuando les corresponda la resolución del recurso.
d) En todo caso.

699. La competencia de los Delegados del Gobierno de velar por el cumplimiento de las competencias atribuidas constitucionalmente al Estado y por la correcta aplicación de su normativa, incluye que puedan promover o interponer:

a) Conflictos colectivos.
b) Recursos de amparo sin necesidad de acreditar interés legítimo.
c) Conflictos de atribuciones.
d) Cuestiones de inconstitucionalidad.

700. Respecto a los objetivos contenidos en los planes y programas que hayan de ejecutar los servicios territoriales y los de los Organismos públicos, los Delegados del Gobierno ostentan frente a los Ministerios competentes la facultad de:

a) Impugnar sus decisiones.
b) Adoptar las decisiones que estimen convenientes, aun en contra de lo fijado.
c) Formular propuestas.
d) Rediseñar los objetivos mediante acuerdo conjunto con la comunidad autónoma en la que tenga su sede.

701. Para evitar la duplicidad de estructuras administrativas, tanto en la propia Administración General del Estado como con otras Administraciones públicas, los Delegados del Gobierno están legitimados para proponer medidas al respecto al Ministerio con competencias en:

a) Economía.
b) Administraciones públicas.
c) Interior.
d) Hacienda.

702. La coordinación de la utilización de los edificios de uso administrativo por la organización territorial de la Administración General del Estado y de los organismos públicos de ella dependientes en su ámbito territorial es competencia del:

a) Secretario General Técnico del Ministerio con competencias en hacienda.
b) Delegado del Gobierno.
c) Director General del Ministerio con competencias en Administraciones públicas.
d) Director General del Patrimonio del Estado.

703. Los Delegados del Gobierno ejercen las potestades públicas que les confieran las normas o que les sean desconcentradas o delegadas, pero la LRJSP cita expresamente las potestades:

a) Reglamentaria y autoorganizativa.
b) Tributaria y financiera.
c) Ejecutiva y revisora.
d) Sancionadora y expropiatoria.

704. ¿A quién corresponde la Jefatura de las Fuerzas de Seguridad del Estado en el ámbito de las comunidades autónomas?

a) Al Secretario de Estado de seguridad.
b) Al titular del Ministerio del Interior.
c) Al Delegado del Gobierno.
d) Al Secretario de Estado de Defensa.

Soluciones

601. c)	611. b)	621. d)	631. a)	641. a)	651. c)	661. b)	671. c)	681. d)	691. a)
602. a)	612. a)	622. a)	632. a)	642. b)	652. b)	662. b)	672. d)	682. a)	692. b)
603. c)	613. a)	623. b)	633. b)	643. d)	653. c)	663. a)	673. b)	683. a)	693. d)
604. a)	614. b)	624. d)	634. b)	644. d)	654. d)	664. d)	674. b)	684. c)	694. b)
605. d)	615. c)	625. d)	635. d)	645. b)	655. d)	665. c)	675. a)	685. b)	695. d)
606. a)	616. a)	626. a)	636. c)	646. b)	656. a)	666. a)	676. b)	686. c)	696. c)
607. d)	617. c)	627. c)	637. c)	647. d)	657. b)	667. b)	677. b)	687. a)	697. d)
608. b)	618. a)	628. d)	638. c)	648. a)	658. b)	668. b)	678. a)	688. b)	698. c)
609. a)	619. d)	629. a)	639. a)	649. d)	659. c)	669. b)	679. c)	689. c)	699. c)
610. c)	620. c)	630. c)	640. b)	650. b)	660. b)	670. b)	680. b)	690. b)	700. c)

705. Los Delegados del Gobierno podrán recabar de los titulares de los servicios territoriales la información que consideren oportuna, al objeto de garantizar una gestión coordinada y eficaz de los servicios estatales en el territorio:

a) Mediante el auxilio del titular del departamento correspondiente.

b) Por sí mismos, pero solo para el ejercicio de sus competencias.

c) En cualquier caso.

d) Previo requerimiento al titular del Ministerio al que se encuentren adscritos.

706. ¿Dónde tienen su sede los Subdelegados del Gobierno?

a) En cada provincia, salvo en las comunidades autónomas uniprovinciales, en las que no está prevista su existencia.

b) En la sede en la que la tenga el Consejo de Gobierno de la comunidad autónoma.

c) En aquellas capitales de provincia que no cuenten con Delegación del Gobierno.

d) En cada una de las provincias, aunque para las comunidades autónomas uniprovinciales no es obligatorio.

707. ¿De qué órgano dependen jerárquicamente los Subdelegado del Gobierno?

a) Del Consejo de Gobierno de la comunidad autónoma en la que se hallen.

b) De las Diputaciones Provinciales.

c) De los Delegados del Gobierno en la comunidad autónoma en la que radiquen.

d) Del titular del Ministerio con competencias en Administraciones públicas.

708. ¿Cuál es el nivel orgánico de los Subdelegados del Gobierno?

a) Subdirector general.

b) Director General.

c) Secretario General.

d) Secretario General Técnico.

709. Podrán ser nombrados Subdelegados del Gobierno mediante el procedimiento de libre designación entre funcionarios de carrera del Estado, de las Comunidades Autónomas o de las Entidades Locales, pertenecientes a Cuerpos o Escalas clasificados como Subgrupo:

a) B1.

b) C1.

c) A1.

d) A2.

710. En las Comunidades Autónomas uniprovinciales en las que no existe Subdelegado, ¿quién asume sus competencias en esa provincia?

a) El Secretario General de la Delegación del Gobierno.

b) El Delegado del Gobierno.

c) El Jefe del Gabinete de apoyo y asistencia.

d) Un Subdirector General del Ministerio con competencia en Administraciones públicas.

711. ¿Qué órgano estatal es el encargado de mantener las necesarias relaciones de cooperación y coordinación de la Administración General del Estado con las correspondientes entidades locales?

a) Los Directores Insulares.

b) Los Subdelegados del Gobierno.

c) Los titulares de los servicios territoriales en el ámbito de su actividad.

d) Los Delegados del Gobierno.

712. ¿Quién es el encargado de dirigir las Fuerzas y Cuerpos de Seguridad del Estado en una provincia en la que exista Subdelegación del Gobierno?

a) El Secretario de Estado de Interior.

b) El Subdelegado del Gobierno.

c) El Delegado del Gobierno.

d) El Secretario de Estado de Defensa.

713. ¿Qué labores encomienda la LRJSP a los Subdelegados del Gobierno respecto de los servicios territoriales no integrados?

a) La jefatura y dirección.

b) La supervisión e inspección.

c) Formular objetivos y proponer las medidas para el cumplimiento de sus fines.

d) La dirección y gestión de forma coordinada y eficaz.

714. ¿Cuál de las siguientes es una competencia de los Delegados del Gobierno?

a) Elevar un informe al Gobierno, sobre el funcionamiento de los servicios públicos estatales en el ámbito de su competencia.

b) Coordinar la utilización de los edificios administrativos en el ámbito territorial de su competencia.

c) Suspender la ejecución de los actos impugnados dictados por los órganos de la Subdelegación del Gobierno, cuando le corresponda resolver el recurso.

d) Ejercer la potestad expropiatoria en el ámbito de su competencia.

715. ¿Cuál de las siguientes potestades administrativas son atribuidas a los Subdelegados del Gobierno por la LRJSP?

a) La recaudatoria.
b) La autorganizativa.
c) La sancionadora.
d) La expropiatoria.

716. La estructura de las Delegaciones y Subdelegaciones del Gobierno se fija por:

a) Real Decreto.
b) Ley Orgánica.
c) Orden Ministerial.
d) Ley.

717. El órgano de gestión de los servicios comunes con los que debe contar, en todo caso, las Delegaciones y Subdelegaciones del Gobierno se denomina:

a) Servicio integrado.
b) Secretaría General.
c) Vicedelegación.
d) Subdirección General.

718. La integración de nuevos servicios territoriales o la desintegración de servicios territoriales ya integrados en las Delegaciones del Gobierno, se llevará a cabo mediante Real Decreto de Consejo de Ministros, a propuesta del:

a) Ministerio con competencias en Administraciones Públicas.
b) Consejo de Ministros.
c) Ministerio competente del área de actividad de dichos servicios.
d) Los órganos a que se refieren las respuestas a) y c), de forma conjunta.

719. La asistencia jurídica a las Delegaciones y Subdelegaciones del Gobierno se ejerce por:

a) La Abogacía del Estado.
b) El órgano consultivo correspondiente.
c) La Secretaría General Técnica.
d) Los servicios comunes.

720. ¿Qué órgano se encarga del control económico financiero de las Delegaciones y Subdelegaciones del Gobierno?

a) El Tribunal de Cuentas.
b) Los servicios comunes.
c) La Intervención General de la Administración del Estado.
d) La Agencia Tributaria de la Administración del Estado.

721. El órgano colegiado responsable de coordinar la actuación de la Administración periférica del Estado con los distintos Departamentos ministeriales se denomina:

a) Consejo Interadministrativo.
b) Comisión Interministerial.
c) Mesa Interministerial.
d) Consejo Interterritorial.

722. ¿Cuáles son los órganos colegiados de asistencia a las Delegaciones y Subdelegaciones del Gobierno?

a) Las Comisiones Interministeriales.
b) Los Consejos Interadministrativos.
c) Las Comisiones Territoriales.
d) Los Consejos Interministeriales.

723. ¿Cuál de las siguientes funciones están atribuidas a las Comisiones territoriales de asistencia a los Delegados y Subdelegados del Gobierno?

a) La coordinación de los órganos del área funcional integrados.
b) Asesoramiento en la elaboración de las propuestas de simplificación administrativa y racionalización en la utilización de los recursos.
c) Intervención y control económico financiero.
d) Información sobre la incidencia en el territorio de los programas de financiación estatal.

724. ¿Qué diferencias establece la LRJSP entre las Comisiones territoriales de asistencia al Delegado del Gobierno en las comunidades autónomas pluriprovinciales y las existentes en las uniprovinciales?

a) Ninguna.
b) Quien las preside.
c) Los órganos que la integran.
d) Las funciones que desarrollan.

725. El Servicio Exterior del Estado se rige en todo lo concerniente a su composición, organización, funciones, integración y personal por:

a) La LRJSP exclusivamente.
b) Su normativa propia y supletoriamente por la LRJSP.
c) Su normativa propia exclusivamente.
d) Los tratados internacionales, y en lo que estos no prevean por la LRJSP.

726. ¿A cuál de los siguientes principios están sometidas ¿las entidades que integran el sector público institucional?

a) Al principio de legalidad.
b) Al principio de eficiencia.
c) Al principio de transparencia.
d) Todas las respuestas anteriores son correctas.

727. Se configura como un registro público administrativo que garantiza la información pública y la ordenación de todas las entidades integrantes del sector público institucional cualquiera que sea su naturaleza jurídica:

a) El Registro Central.
b) El Inventario Central.
c) El Inventario de Entidades del Sector Público Estatal, Autonómico y Local.
d) El Registro de la Propiedad.

728. La integración y gestión del Inventario de Entidades del Sector Público Estatal, Autonómico y Local dependerá de:

a) La Intervención General de la Administración del Estado.
b) La Intervención Central.
c) La Fiscalía General.
d) El Gobierno Central.

729. La publicación del Inventario de Entidades del Sector Público Estatal, Autonómico y Local dependerá de:

a) La Intervención General de la Administración del Estado.
b) La Intervención Central.
c) La Fiscalía General.
d) El Gobierno Central.

730. El Inventario de Entidades del Sector Público contendrá, al menos:

a) Información de la naturaleza jurídica originaria.
b) Cantidad de financiación.
c) Estructura de dominio.
d) Justificación.

731. Será inscrita en el Inventario de Entidades del Sector Público contendrá, al menos:

a) La fusión de cualquier entidad integrante del sector público institucional.
b) La creación de cualquier entidad integrante del sector público institucional.
c) La transformación de cualquier entidad integrante del sector público institucional.
d) Todas las respuestas anteriores son correctas.

732. Notificará, a través de la intervención general de la Administración correspondiente, la información necesaria para la inscripción definitiva en el Inventario de Entidades del Sector Público Estatal, Autonómico y Local, en los términos previstos reglamentariamente, de los actos relativos a su creación, transformación, fusión o extinción:

a) El Gobierno.
b) Los Gobiernos autonómicos.
c) El titular del máximo órgano de dirección de la entidad.
d) El Interventor General.

733. La información necesaria para la inscripción definitiva en el Inventario de Entidades del Sector Público Estatal, Autonómico y Local, en los términos previstos reglamentariamente, de los actos relativos a su creación, transformación, fusión o extinción, debe realizarse:

a) En el plazo de diez días hábiles a contar desde que ocurra el acto inscribible.
b) En el plazo de quince días hábiles a contar desde que ocurra el acto inscribible.
c) En el plazo de treinta días hábiles a contar desde que ocurra el acto inscribible.
d) En el plazo de sesenta días hábiles a contar desde que ocurra el acto inscribible.

734. En relación con la inscripción definitiva, el titular del máximo órgano de dirección de la entidad, a través de la intervención general de la Administración correspondiente, notificará, electrónicamente a efectos de su inscripción, al Inventario de Entidades del Sector Público Estatal, Autonómico y Local, la norma o el acto jurídico de creación:

a) En el plazo de diez días hábiles desde la entrada en vigor de la norma o del acto, según corresponda.
b) En el plazo de quince días hábiles desde la entrada en vigor de la norma o del acto, según corresponda.
c) En el plazo de treinta días hábiles desde la entrada en vigor de la norma o del acto, según corresponda.
d) En el plazo de sesenta días hábiles desde la entrada en vigor de la norma o del acto, según corresponda.

735. La inscripción en el Inventario de Entidades del Sector Público Estatal, Autonómico y Local:

a) Se practicará dentro del plazo de 10 días hábiles siguientes a la recepción de la solicitud de inscripción.
b) Se practicará dentro del plazo de 15 días hábiles siguientes a la recepción de la solicitud de inscripción.

c) Se practicará dentro del plazo de 20 días hábiles siguientes a la recepción de la solicitud de inscripción.
d) Se practicará dentro del plazo de 30 días hábiles siguientes a la recepción de la solicitud de inscripción.

736. Para la asignación del Número de Identificación Fiscal definitivo y de la letra identificativa que corresponda a la entidad, de acuerdo con su naturaleza jurídica, por parte de la Administración Tributaria será necesaria la aportación de:

a) Descripción de la entidad.
b) La certificación de la inscripción de la entidad en el Inventario de Entidades del Sector Público Estatal, Autonómico y Local.
c) Copia simple de la inscripción de la entidad en el Inventario General.
d) Estar al corriente de pagos.

737. Son organismos públicos vinculados o dependientes de la Administración General del Estado:

a) Las autoridades administrativas independientes.
b) Las sociedades mercantiles estatales.
c) Las agencias estatales.
d) Son correctas las respuestas a) y c).

738. Los organismos públicos vinculados o dependientes de la Administración General del Estado, los cuales se clasifican en:

a) Organismos autónomos.
b) Entidades públicas empresariales.
c) Agencias estatales.
d) Todas las respuestas anteriores son correctas.

739. La Administración General del Estado o entidad integrante del sector público institucional estatal:

a) No podrá, por sí misma ni en colaboración con otras entidades públicas o privadas, crear, ni ejercer el control efectivo, directa ni indirectamente, sobre ningún otro tipo de entidad distinta de las enumeradas en este artículo, con independencia de su naturaleza y régimen jurídico.
b) Podrá, por sí misma y en colaboración con otras entidades públicas o privadas, crear, y ejercer el control efectivo, directa e indirectamente, sobre entidades distintas de las enumeradas en este artículo, con independencia de su naturaleza y régimen jurídico.

c) Podrá, por sí misma crear y ejercer el control efectivo, directa ni indirectamente, sobre ningún otro tipo de entidad distinta de las enumeradas en este artículo, con independencia de su naturaleza y régimen jurídico.
d) Podrá, en colaboración con otras entidades públicas o privadas, crear, y ejercer el control efectivo, directa e indirectamente, sobre entidades distintas de las enumeradas en este artículo, con independencia de su naturaleza y régimen jurídico.

740. Todas las entidades integrantes del sector público institucional estatal están sujetas desde su creación hasta su extinción a la supervisión continua del:

a) Ministerio de Hacienda y Administraciones Públicas, a través de la Intervención General de la Administración del Estado.
b) Ministerio de Hacienda y Administraciones Públicas, a través de la Inspección General de la Administración del Estado.
c) Ministerio de Interior.
d) Consejo de Ministros, a través de la Intervención General de la Administración del Estado.

741. Las actuaciones de control de eficacia y supervisión continua de las entidades integrantes del sector público institucional estatal tomarán en consideración:

a) La información económico financiera disponible.
b) El suministro de información por parte de los organismos públicos y entidades sometidas al Sistema de control de eficacia y supervisión continúa.
c) Las propuestas de las inspecciones de los servicios de los departamentos ministeriales.
d) Todas las respuestas anteriores son correctas.

742. Las entidades integrantes del sector público institucional:

a) Podrán ser consideradas medios propios y servicios técnicos de los poderes adjudicadores y del resto de entes y sociedades que no tengan la consideración de poder adjudicador cuando cumplan las condiciones y requisitos establecidos en la Ley.
b) Nunca podrán ser consideradas medios propios y servicios técnicos de los poderes adjudicadores y del resto de entes y sociedades que no tengan la consideración de poder adjudicador.
c) De forma excepcional, podrán ser consideradas medios propios y servicios técnicos de los poderes adjudicadores y del resto de entes y sociedades que no tengan la consideración de poder adjudicador.

d) Siempre serán consideradas medios propios y servicios técnicos de los poderes adjudicadores y del resto de entes y sociedades que no tengan la consideración de poder adjudicador cuando cumplan las condiciones y requisitos establecidos en la Ley.

743. Las entidades integrantes del sector público institucional:

a) Tendrán la consideración de medio propio y servicio técnico cuando se acredite que, además de disponer de medios suficientes e idóneos para realizar prestaciones en el sector de actividad que se corresponda con su objeto social, se cumplen con las indicaciones de la ley.

b) Nunca tendrán la consideración de medio propio y servicio técnico.

c) Excepcionalmente, tendrán la consideración de medio propio y servicio técnico cuando se acredite que, además de disponer de medios suficientes e idóneos para realizar prestaciones en el sector de actividad que se corresponda con su objeto social, se cumplen con las indicaciones de la ley.

d) Podrán tener la consideración de medio propio y servicio técnico cuando se acredite que, además de disponer de medios suficientes e idóneos para realizar prestaciones en el sector de actividad que se corresponda con su objeto social, se cumplen con las indicaciones de la ley.

744. En la denominación de las entidades integrantes del sector público institucional que tengan la condición de medio propio deberá figurar necesariamente la indicación:

a) "Medio Propio".

b) "Asunto Propio".

c) "M.P."

d) Son correctas las respuestas a) y c).

745. En el supuesto de creación de un nuevo medio propio y servicio técnico:

a) Solo deberá realizarse una propuesta de declaración.

b) Deberá acompañarse la propuesta de declaración de una memoria informativa y deberá ser informada por la Intervención General de la Administración del Estado.

c) Deberá acompañarse la propuesta de declaración de una memoria justificativa y deberá ser informada por la Intervención General de la Administración del Estado.

d) Solo es necesario que se informe debidamente a la Intervención General de la Administración del Estado.

746. Podrá transformarse y adoptar la naturaleza jurídica de agencia estatal:

a) Cualquier organismo autónomo.

b) Entidad pública empresarial.

c) Sociedad mercantil estatal.

d) Todas las respuestas anteriores son correctas.

747. ¿Cuándo un organismo autónomo se transforma en una sociedad mercantil estatal?

a) Lo hará conservando su personalidad jurídica, por cesión e integración global, en unidad de acto, de todo el activo y el pasivo de la entidad transformada con sucesión universal de derechos y obligaciones.

b) No conservará personalidad jurídica.

c) La transformación alterará las condiciones financieras de las obligaciones asumidas.

d) La transformación podrá ser entendida como causa de resolución de las relaciones jurídicas.

748. ¿Cuándo una agencia estatal se transforma en una sociedad mercantil estatal?

a) Lo hará conservando su personalidad jurídica, por cesión e integración global, en unidad de acto, de todo el activo y el pasivo de la entidad transformada con sucesión universal de derechos y obligaciones.

b) No conservará personalidad jurídica.

c) La transformación alterará las condiciones financieras de las obligaciones asumidas.

d) La transformación podrá ser entendida como causa de resolución de las relaciones jurídicas.

749. ¿Cuándo un organismo autónomo se transforma en una entidad pública estatal?

a) Lo hará conservando su personalidad jurídica, por cesión e integración global, en unidad de acto, de todo el activo y el pasivo de la entidad transformada con sucesión universal de derechos y obligaciones.

b) No conservará personalidad jurídica.

c) La transformación alterará las condiciones financieras de las obligaciones asumidas.

d) La transformación podrá ser entendida como causa de resolución de las relaciones jurídicas.

750. La transformación de la entidad se llevará a cabo:

a) Por Ley.

b) Por Ley Orgánica.

c) Por Real Decreto.

d) Por Orden.

751. Si la transformación de la entidad implica la modificación de la Ley de creación, la misma se llevará a cabo:

a) Por Ley.
b) Por Ley Orgánica.
c) Por Real Decreto.
d) Por Orden.

752. En el caso de la transformación en agencias estatales debe efectuarse:

a) Por Ley.
b) Por Ley Orgánica.
c) Por Real Decreto.
d) Por Orden.

753. Cuando un organismo autónomo se transforme en una entidad pública empresarial, la normativa deberá ir acompañada de:

a) Una memoria justificativa.
b) Un informe preceptivo de la Intervención General de la Administración del Estado en el que se valorará el cumplimiento de lo previsto en la Ley.
c) Un informe posterior de la Intervención General de la Administración del Estado en el que se valorará el cumplimiento de lo previsto en la Ley.
d) Son correctas las respuestas a) y b).

754. La memoria a aportar para la transformación debe contener:

a) Una justificación de la transformación por no poder asumir sus funciones manteniendo su naturaleza jurídica originaria.
b) Un análisis de eficiencia que incluirá una previsión del ahorro que generará la transformación y la acreditación de inexistencia de duplicidades con las funciones que ya desarrolle otro órgano, organismo público o entidad preexistente.
c) Un análisis de la situación en la que quedará el personal, indicando si, en su caso, parte del mismo se integrará, bien en la Administración General del Estado o bien en la entidad pública empresarial, sociedad mercantil estatal o fundación que resulte de la transformación.
d) Todas las respuestas anteriores son correctas.

755. Indica la respuesta incorrecta. La aprobación del Real Decreto de transformación conllevará:

a) La adaptación de la organización de los medios personales, materiales y económicos que resulte necesaria por el cambio de naturaleza jurídica.
b) La modificación del personal en la entidad transformada.

c) Los distintos tipos de personal de la entidad transformada tendrán los mismos derechos y obligaciones que les correspondan de acuerdo con la normativa que les sea de aplicación.
d) De la ejecución de las medidas de transformación no podrá derivarse incremento alguno de la masa salarial preexistente en la entidad transformada.

756. La adaptación, en su caso, de personal que conlleve la transformación:

a) Supondrá, por sí misma, la atribución de la condición de funcionario público al personal laboral que prestase servicios en la entidad transformada.
b) No supondrá, por sí misma, la atribución de la condición de funcionario público al personal laboral que prestase servicios en la entidad transformada.
c) Implica la consolidación indefinida, y sin posibilidad de modificación, de personal laboral.
d) Implica la atribución de funcionario interino al personal laboral.

757. Los creados para la realización de actividades administrativas, sean de fomento, prestación o de gestión de servicios públicos o de producción de bienes de interés público susceptibles de contraprestación son:

a) Organismos públicos dependientes o vinculados a la Administración General del Estado.
b) Agencias Estatales.
c) Fundaciones Estatales.
d) Sociedades mercantiles públicas.

758. Los creados para la realización las actividades de contenido económico reservadas a las Administraciones Públicas son:

a) Organismos públicos dependientes o vinculados a la Administración General del Estado.
b) Agencias Estatales.
c) Fundaciones Estatales.
d) Sociedades mercantiles públicas.

759. Los creados para la supervisión o regulación de sectores económicos son:

a) Organismos públicos dependientes o vinculados a la Administración General del Estado.
b) Agencias Estatales.
c) Fundaciones Estatales.
d) Sociedades mercantiles públicas.

760. Los organismos públicos:

a) No tienen personalidad jurídica.
b) Tienen personalidad jurídica privada.
c) Tienen personalidad jurídica pública diferenciada.
d) Adquieren la personalidad jurídica con el paso de los años.

761. Indica la respuesta incorrecta. Los organismos públicos:

a) No tienen autonomía de gestión.
b) Tienen patrimonio propio, pero no tesorería.
c) Tienen tesorería propia, pero no patrimonio.
d) Tienen patrimonio y tesorería propios.

762. Los organismos públicos:

a) Tienen todas las potestades administrativas.
b) No tienen potestades administrativas.
c) No disponen de potestad expropiatoria.
d) No disponen de potestad regulatoria.

763. Es el máximo órgano de gobierno del organismo público.

a) El Presidente.
b) El Consejo Rector.
c) El Ministro.
d) Son correctas las respuestas a) y b).

764. La clasificación de las entidades, conforme a su naturaleza y a los criterios previstos en la ley que regula el régimen retributivo de los máximos responsables y directivos en el sector público empresarial y otras entidades, corresponde al:

a) Ministro de Hacienda y Administraciones Públicas.
b) Ministro de Fomento.
c) Ministro de Interior.
d) Ministro de Trabajo.

765. A los efectos de órganos de gobierno, las entidades públicas serán clasificadas en:

a) Dos grupos.
b) Tres grupos.
c) Cuatro grupos.
d) Cinco grupos.

766. La creación de los organismos públicos se efectuará por:

a) Ley.
b) Ley Orgánica.
c) Decreto.
d) Reglamento.

767. El anteproyecto de ley de creación del organismo público que eleva:

a) Al Gobierno.
b) Al Consejo de Ministros.
c) Al Congreso de los Diputados.
d) A las Corts Generales.

768. El plan inicial de actuación contendrá, al menos:

a) Las razones que justifican la creación de un nuevo organismo público, por no poder asumir esas funciones otro ya existente, así como la constatación de que la creación no supone duplicidad con la actividad que desarrolle cualquier otro órgano o entidad preexistente.
b) La forma jurídica propuesta y un análisis que justifique que la elegida resulta más eficiente frente a otras alternativas de organización que se hayan descartado.
c) La fundamentación de la estructura organizativa elegida, determinando los órganos directivos y la previsión sobre los recursos humanos necesarios para su funcionamiento.
d) Todas las respuestas anteriores son correctas.

769. El plan inicial de actuación contendrá:

a) La programación anual de carácter estratégico para alcanzar los objetivos.
b) La programación bianual de carácter estratégico para alcanzar los objetivos.
c) La programación plurianual de carácter estratégico para alcanzar los objetivos.
d) La programación quinquenal de carácter estratégico para alcanzar los objetivos.

770. El plan inicial de actuación se actualiza:

a) Anualmente.
b) Bianualmente.
c) Trianualmente.
d) Cuando se quiera.

771. El plan anual de actuación deberá ser aprobado:

a) En enero.
b) En marzo.
c) Antes de junio.
d) En el último trimestre del año natural.

772. Los estatutos regularán, al menos:

a) Las funciones y competencias del organismo, con indicación de las potestades administrativas que pueda ostentar.

b) La determinación de su estructura organizativa, con expresión de la composición, funciones, competencias y rango administrativo que corresponda a cada órgano. Asimismo se especificarán aquellos de sus actos y resoluciones que agoten la vía administrativa.

c) El patrimonio que se les asigne y los recursos económicos que hayan de financiarlos.

d) Todas las respuestas anteriores son correctas.

773. Los estatutos de los organismos públicos se aprobarán por:

a) Real Decreto del Consejo de Ministros.

b) Ley del Congreso de los Diputados.

c) Decreto del Gobierno.

d) Ley del Parlamento.

774. Los estatutos deberán ser aprobados y publicados:

a) Con carácter previo a la entrada en funcionamiento efectivo del organismo público.

b) El día de inicio del funcionamiento efectivo del organismo público.

c) Con carácter posterior a la entrada en funcionamiento efectivo del organismo público.

d) El día de su creación.

775. La liquidación en caso de fusión del órgano deberá llevarse a cabo:

a) Durante el año siguiente a la aprobación de la norma reglamentaria de fusión.

b) Durante los dos años siguientes a la aprobación de la norma reglamentaria de fusión.

c) Durante los tres años siguientes a la aprobación de la norma reglamentaria de fusión.

d) Durante los cuatro años siguientes a la aprobación de la norma reglamentaria de fusión.

776. En relación a la definición de los organismos autónomos, establecida en el artículo 98 de la Ley 40/2015, indica la opción correcta:

a) Son entidades de derecho público o privado.

b) Tienen personalidad jurídica plena, tesorería y patrimonio propios y autonomía en su gestión.

c) Desarrollan actividades propias de la Administración Pública, tanto actividades de fomento, prestacionales, de gestión de servicios públicos o de producción de bienes de interés público, susceptibles de contraprestación, en calidad de organizaciones instrumentales diferenciadas y dependientes de esta.

d) Todas son correctas.

777. Según indica el artículo 99 de la Ley 40/2015, los organismos autónomos se regirán por lo dispuesto en:

a) La Ley del Régimen Jurídico del Sector Público

b) Ley de Procedimiento Administrativo Común de las Administraciones Públicas.

c) Ley de Contratos de las Administraciones Públicas.

d) Todas son correctas.

778. El personal al servicio de los organismos autónomos, según indica el artículo 100 de la Ley 40/2015:

a) Será, en todo caso, funcionario.

b) Será funcionario o laboral.

c) Se regirá por la Ley 40/2015.

d) Podrá ser funcionario, laboral o eventual.

779. El nombramiento de los titulares de los órganos de los organismos autónomos se regirá, según establece el artículo 100 de la Ley 40/2015:

a) Por el Derecho Privado.

b) Por el Derecho Público.

c) Por las normas aplicables a la Administración General del Estado.

d) Por el Derecho Público o Privado.

780. Los organismos autónomos, en cuanto a su régimen económico-financiero y patrimonial, tendrán, para el cumplimiento de sus fines, según establece el artículo 101 de la Ley 40/2015:

a) Un patrimonio propio, distinto del de la Administración Pública.

b) Un patrimonio dependiente del de la Administración Pública.

c) Un patrimonio propio, con vinculación a la Administración Pública.

d) Ninguna es correcta.

781. Los recursos económicos de los organismos autónomos podrán provenir de las siguientes fuentes. Indica la opción incorrecta:

a) Los bienes y valores que constituyen su patrimonio.

b) Los productos y rentas de dicho patrimonio.

c) Las consignaciones específicas que tuvieren asignadas en los presupuestos generales del Estado.

d) Las donaciones, legados, patrocinios y otras aportaciones de entidades públicas.

782. Los organismos autónomos aplicarán el régimen presupuestario, económico-financiero, de contabilidad y de control establecido por:

a) La Ley 58/2003, de 17 de diciembre, General Tributaria.
b) La Ley 47/2003, de 26 de noviembre, General Presupuestaria.
c) La Ley 40/2015, de 1 de octubre.
d) Ninguna es correcta.

783. ¿Qué personalidad tienen las entidades públicas empresariales?

a) Personalidad jurídica plena.
b) Personalidad jurídica propia.
c) Personalidad jurídica única.
d) Ninguna es correcta.

784. En la definición de entidad pública empresarial, "entidades de Derecho público, con personalidad jurídica propia, patrimonio propio y autonomía en su gestión, que se financian, en todo caso, con ingresos de mercado, y que junto con el ejercicio de potestades administrativas desarrollan actividades prestacionales, de gestión de servicios o de producción de bienes de interés público, susceptibles de contraprestación", ¿qué dato no es correcto?

a) No gozan de autonomía en su gestión.
b) No tienen patrimonio propio.
c) No desarrollan actividades prestacionales.
d) Se financian con ingresos de mercado, a excepción de aquellas que tengan la condición o reúnan los requisitos para ser declaradas medio propio personificado.

785. Las entidades públicas empresariales dependen:

a) En todo caso de la Administración General del Estado.
b) De la Administración General del Estado o de un Organismo autónomo vinculado o dependiente de esta.
c) Del organismo autónomo vinculado, en todo caso.
d) Ninguna es correcta.

786. Las entidades públicas empresariales se rigen:

a) En todo caso, por el Derecho privado.
b) En todo caso, por el Derecho público.
c) Por el Derecho privado, excepto en la formación de la voluntad de sus órganos.
d) Por el derecho administrativo especial, exclusivamente.

787. ¿Quién puede ejercer dentro de una entidad pública empresarial, las potestades atribuidas a las mismas?

a) Cualquier órgano regulado en sus Estatutos.
b) Órganos a los que los estatutos se les asigne expresamente esta facultad.
c) Órganos a los que los estatutos se les asigne expresamente esta facultad, previa autorización del Ministerio competente.
d) Ninguna es correcta.

788. Señala la respuesta correcta establecida en el artículo 105 de la Ley 40/2015:

a) Los órganos de las entidades públicas empresariales son asimilables en cuanto a su rango administrativo al de los órganos de la Administración General del Estado.
b) Los órganos de las entidades públicas empresariales no son asimilables en cuanto a su rango administrativo al de los órganos de la Administración General del Estado, en ningún caso.
c) Los órganos de las entidades públicas empresariales son asimilables en cuanto a su rango administrativo al de los órganos de la Administración General del Estado, salvo las excepciones que, a determinados efectos se fijen, en cada caso, en sus estatutos.
d) Los órganos de las entidades públicas empresariales no son asimilables en cuanto a su rango administrativo al de los órganos de la Administración General del Estado, salvo las excepciones que, a determinados efectos se fijen, en cada caso, en sus estatutos.

789. El personal de las entidades públicas empresariales se rige por:

a) El derecho laboral.
b) El derecho laboral, con las especificaciones dispuestas en el artículo 106 de la Ley 40/2015 y las excepciones relativas a los funcionarios públicos de la Administración General del Estado.
c) En todo caso, por el Real Decreto Legislativo 5/2015, de 30 de octubre.
d) Ninguna es correcta.

790. La selección del personal laboral de estas entidades se realizará conforme a las siguientes reglas, establecidas en el artículo 106 de la Ley 40/2015. Señala la opción incorrecta:

a) El personal directivo, que se determinará en los estatutos de la entidad, será nombrado con arreglo a los criterios establecidos en el apartado 11 del artículo 55, atendiendo a la experiencia en el desempeño de puestos de responsabilidad en la gestión pública o privada.
b) El resto del personal será seleccionado mediante convocatoria pública basada en los principios de igualdad, mérito y capacidad.

c) El personal eventual será nombrado con arreglo a criterios de idoneidad y en base al principio de especialidad.

d) Ninguna es correcta.

791. El Ministerio de Hacienda, en relación al régimen jurídico del personal y de contratación, establecido en el artículo 106 de la Ley 40/2015, efectuará controles específicos sobre la evolución de los gastos de personal y de la gestión de sus recursos humanos, ¿con qué periodicidad?

a) Anualmente.

b) Mensualmente.

c) Con la periodicidad adecuada.

d) En todo caso, trimestralmente.

792. La Ley de creación de cada entidad pública empresarial:

a) Podrá determinar las condiciones conforme a las cuales, los funcionarios de la Administración General del Estado, podrán cubrir destinos en la referida entidad.

b) Podrá establecer las competencias que a la misma correspondan sobre este personal que, en todo caso, serán las que tengan legamente atribuidas los Organismos Autónomos.

c) Deberá determinar las condiciones conforme a las cuales, los funcionarios de la Administración General del Estado, podrán cubrir destinos en la referida entidad, y establecerá, asimismo, las competencias que a la misma correspondan sobre este personal que, en todo caso, serán las que tengan legalmente atribuidas los Organismos autónomos.

d) Ninguna es correcta.

793. La contratación de las entidades públicas empresariales se rige por las previsiones contenidas al respecto en la legislación de contratos del sector público. ¿De qué legislación se trata?

a) Ley 58/2003.

b) Ley 9/2017.

c) Ley 47/2003.

d) Ley 3/2011.

794. Las entidades públicas empresariales podrán financiarse con los ingresos que se deriven de sus operaciones, obtenidos como contraprestación de sus actividades comerciales, y con los recursos económicos que provengan de las siguientes fuentes. Señala la incorrecta:

a) Los bienes y valores que constituyen su patrimonio.

b) Los productos y rentas de dicho patrimonio y cualquier otro recurso que pudiera serle atribuido.

c) Transferencias corrientes o de capital que procedan de las Administraciones o entidades privadas, aunque no se prevea en la Ley de creación.

d) Excepcionalmente, cuando así lo prevea la Ley de creación, por las consignaciones específicas que tuvieran asignadas en los Presupuestos Generales del Estado.

795. Para que una entidad pública empresarial pueda financiarse de una donación o legado:

a) Deberá estar asignado en los Presupuestos Generales del Estado.

b) Deberán proceder de Administraciones o entidades públicas.

c) Deberán proceder de entidades privadas y de particulares.

d) Ninguna es correcta.

796. Cuando una entidad pública empresarial tenga la consideración de productor de mercado:

a) Se entiende que se financia mayoritariamente con ingresos de mercado.

b) Se financiará según indica la Ley de Contratos.

c) Será declarada medio propio personificado.

d) Habrá que estar a lo dispuesto en la Ley General Presupuestaria.

797. En relación al régimen económico-financiero y patrimonial de las entidades públicas empresariales, excepcionalmente, cuando así lo prevea la Ley de creación, podrán financiarse con los recursos económicos que provengan de las siguientes fuentes:

a) Las consignaciones específicas que tuvieran asignadas en los Presupuestos Generales del Estado.

b) Las transferencias corrientes o de capital que procedan de las Administraciones o entidades públicas.

c) Las donaciones, legados, patrocinios y otras aportaciones de entidades privadas y de particulares.

d) Todas son correctas.

798. Establece el artículo 107 de la Ley 40/2015, en relación al régimen económico-financiero y patrimonial de las entidades públicas empresariales que la gestión y administración de sus bienes y derechos propios, así como de aquellos del Patrimonio de la Administración que se les adscriban para el cumplimiento de sus fines, será ejercida de acuerdo con lo previsto ¿en qué Ley?

a) Ley 33/2003, de 3 de noviembre.

b) Ley 9/2017, de 8 de noviembre.

c) Real Decreto Legislativo 5/2015, de 30 de octubre.

d) Ley 47/2003, de 26 de noviembre.

799. ¿Por qué Ley no se rigen las entidades públicas empresariales?

a) Ley 9/2017, de 8 de noviembre.
b) Ley 33/2003, de 3 de noviembre.
c) Ley 39/2015, de 1 de octubre.
d) Se rige por todas ellas.

800. ¿En qué casos, debe figurar en la denominación de un organismo público, la indicación de "entidad pública empresarial"?

a) En todos.
b) Depende de su denominación.
c) Cuando tenga naturaleza jurídica de entidad pública empresarial.
d) Ninguna es correcta.

801. De acuerdo con el artículo 109.1 de la Ley 40/2015, de 1 de octubre, de Régimen Jurídico del Sector Público, son autoridades administrativas independientes de ámbito estatal:

a) Las entidades de derecho público que la participación directa en su capital social de la Administración General del Estado o alguna de las entidades que, conforme a lo dispuesto en el artículo 84, integran el sector público institucional estatal, incluidas las sociedades mercantiles estatales, sea superior al 50 por 100. Para la determinación de este porcentaje, se sumarán las participaciones correspondientes a la Administración General del Estado y a todas las entidades integradas en el sector público institucional estatal, en el caso de que en el capital social participen varias de ellas.
b) Las entidades de derecho público que, bien porque la sociedad mercantil se encuentre en el supuesto previsto en el artículo 4 de la Ley 24/1988, de 28 de julio, del Mercado de Valores respecto de la Administración General del Estado o de sus organismos públicos vinculados o dependientes.

c) Las entidades de derecho público que, vinculadas a la Administración General del Estado y con personalidad jurídica propia, tienen atribuidas funciones de regulación o supervisión de carácter externo sobre sectores económicos o actividades determinadas, por requerir su desempeño de independencia funcional o una especial autonomía respecto de la Administración General del Estado.
d) Entidades de derecho público, con personalidad jurídica propia y diferenciada, creadas por varias Administraciones públicas o entidades integrantes del sector público institucional, entre sí o con participación de entidades privadas, para el desarrollo de actividades de interés común a todas ellas dentro del ámbito de sus competencias.

802. Conforme al artículo 109.1 de la Ley 40/2015, de 1 de octubre, de Régimen Jurídico del Sector Público, en las autoridades administrativas independientes de ámbito estatal, la independencia funcional o una especial autonomía deberá determinarse en una norma con rango de:

a) Decreto.
b) Ley.
c) Decreto ley.
d) Orden del Ministerio de Hacienda.

803. Según el artículo 109.2 de la Ley 40/2015, de 1 de octubre, de Régimen Jurídico del Sector Público, las autoridades administrativas independientes actuarán, en el desarrollo de su actividad y para el cumplimiento de sus fines, con independencia de:

a) Cualquier interés empresarial o comercial.
b) Cualquier interés industrial o comercial.
c) Cualquier interés empresarial o bancario.
d) Cualquier interés industrial o bancario.

Soluciones

701. b)	711. b)	721. b)	731. d)	741. d)	751. c)	761. d)	771. d)	781. d)	791. c)
702. b)	712. b)	722. c)	732. c)	742. a)	752. a)	762. c)	772. d)	782. b)	792. c)
703. d)	713. b)	723. c)	733. c)	743. a)	753. d)	763. d)	773. a)	783. b)	793. b)
704. c)	714. b)	724. c)	734. c)	744. d)	754. c)	764. a)	774. a)	784. d)	794. c)
705. b)	715. c)	725. b)	735. b)	745. c)	755. b)	765. b)	775. b)	785. b)	795. c)
706. d)	716. a)	726. d)	736. b)	746. d)	756. b)	766. a)	776. c)	786. c)	796. a)
707. c)	717. b)	727. c)	737. c)	747. a)	757. a)	767. b)	777. d)	787. b)	797. d)
708. a)	718. d)	728. a)	738. d)	748. a)	758. a)	768. d)	778. b)	788. d)	798. a)
709. c)	719. a)	729. a)	739. a)	749. a)	759. a)	769. c)	779. c)	789. b)	799. d)
710. b)	720. c)	730. c)	740. a)	750. c)	760. c)	770. a)	780. a)	790. c)	800. c)

804. De acuerdo con el artículo 110.1 de la Ley 40/2015, de 1 de octubre, de Régimen Jurídico del Sector Público, las autoridades administrativas independientes se regirán por:

a) La Ley 40/2015, de 1 de octubre, de Régimen Jurídico del Sector Público, por lo previsto en la Ley 33/2003, de 3 de noviembre, y por el ordenamiento jurídico privado, salvo en las materias en que le sea de aplicación la normativa presupuestaria, contable, de personal, de control económico-financiero y de contratación.

b) Su Ley de creación, sus estatutos y la legislación especial de los sectores económicos sometidos a su supervisión y, supletoriamente y en cuanto sea compatible con su naturaleza y autonomía, por lo dispuesto en esta ley, en particular la Ley del Procedimiento Administrativo Común de las Administraciones Públicas, la Ley 47/2003, de 26 de noviembre, el Real Decreto Legislativo 3/2011, de 14 de noviembre, la Ley 33/2003, de 3 de noviembre, así como el resto de las normas de derecho administrativo general y especial que le sea de aplicación. En defecto de norma administrativa, se aplicará el derecho común.

c) En la Ley 40/2015, de 1 de octubre, de Régimen Jurídico del Sector Público, en la normativa autonómica de desarrollo y sus estatutos.

d) En la Ley 40/2015, de 1 de octubre, de Régimen Jurídico del Sector Público, en su norma de creación, y el resto de las normas de derecho administrativo general y especial que le sea de aplicación.

805. Según lo dispuesto en el artículo 110.2 de la Ley 40/2015, de 1 de octubre, de Régimen Jurídico del Sector Público, las autoridades administrativas independientes estarán sujetas al principio de sostenibilidad financiera de acuerdo con lo previsto en:

a) La Ley 47/2003, de 26 de noviembre.

b) El Real Decreto Legislativo 3/2011, de 14 de noviembre.

c) La Ley 33/2003, de 3 de noviembre.

d) La Ley Orgánica 2/2012, de 27 de abril.

806. De acuerdo con el artículo 111.1 a) de la Ley 40/2015, de 1 de octubre, de Régimen Jurídico del Sector Público, se entiende por sociedad mercantil estatal aquella sociedad mercantil sobre la que se ejerce control estatal:

a) Bien porque la participación directa, en su capital social de la Administración General del Estado o alguna de las entidades que, conforme a lo dispuesto en el artículo 84, integran el sector público institucional estatal, incluidas las sociedades mercantiles estatales, sea superior al 30 por 100.

b) Bien porque la participación directa, en su capital social de la Administración General del Estado o alguna de las entidades que, conforme a lo dispuesto en el artículo 84, integran el sector público institucional estatal, incluidas las sociedades mercantiles estatales, sea superior al 40 por 100.

c) Bien porque la participación directa, en su capital social de la Administración General del Estado o alguna de las entidades que, conforme a lo dispuesto en el artículo 84, integran el sector público institucional estatal, incluidas las sociedades mercantiles estatales, sea superior al 50 por 100.

d) Bien porque la participación directa, en su capital social de la Administración General del Estado o alguna de las entidades que, conforme a lo dispuesto en el artículo 84, integran el sector público institucional estatal, incluidas las sociedades mercantiles estatales, sea superior al 60 por 100.

807. Conforme al artículo 111.1 b) de la Ley 40/2015, de 1 de octubre, de Régimen Jurídico del Sector Público, se entiende por sociedad mercantil estatal aquella sociedad mercantil porque:

a) La sociedad mercantil se encuentre en el supuesto previsto en el artículo 4 de la Ley 47/2003, de 26 de noviembre, de la Presupuestaria General del Estado, respecto de la Administración General del Estado o de sus organismos públicos vinculados o dependientes.

b) La sociedad mercantil se encuentre en el supuesto previsto en el artículo 4 de la Ley 24/1988, de 28 de julio, del Mercado de Valores, respecto de la Administración General del Estado o de sus organismos públicos vinculados o dependientes.

c) La sociedad mercantil se encuentre en el supuesto previsto en el artículo 4 de la Ley de Contratos del Sector Publico, respecto de la Administración General del Estado o de sus organismos públicos vinculados o dependientes.

d) La sociedad mercantil se encuentre en el supuesto previsto en el artículo 4 de la Ley 39/2015, de 1 de octubre, de Procedimiento Administrativo Común de las Administraciones Publicas, respecto de la Administración General del Estado o de sus organismos públicos vinculados o dependientes.

808. Según el artículo 112 de la Ley 40/2015, de 1 de octubre, de Régimen Jurídico del Sector Público, ¿quiénes realizarán la supervisión general sobre el funcionamiento de la sociedad mercantil estatal, conforme prevé la Ley 33/2003, de 3 de noviembre, del Patrimonio de las Administraciones públicas?

a) La Administración General del Estado y las entidades integrantes del sector público institucional, en cuanto titulares del capital social de las sociedades mercantiles estatales.

b) Los accionistas.

c) Los titulares de la Intervención de la Administración General del Estado.

d) Los ministerios competentes en materia de Hacienda y Administración pública.

809. De acuerdo con el artículo 112 de la Ley 40/2015, de 1 de octubre, de Régimen Jurídico del Sector Público, ¿quiénes perseguirán la eficiencia, transparencia y buen gobierno en la gestión de dichas sociedades mercantiles, para lo cual promoverán las buenas prácticas y códigos de conducta adecuados a la naturaleza de cada entidad?

a) La Administración General del Estado y las entidades integrantes del sector público institucional, en cuanto titulares del capital social de las sociedades mercantiles estatales.

b) Los accionistas.

c) Los titulares de la Intervención de la Administración General del Estado.

d) Los ministerios competentes en materia de Hacienda y Administración pública.

810. Según lo dispuesto en el artículo 113 de la Ley 40/2015, de 1 de octubre, de Régimen Jurídico del Sector Público, las sociedades mercantiles estatales se regirán por:

a) La Ley 40/2015, de 1 de octubre, de Régimen Jurídico del Sector Público, por lo previsto en la Ley 33/2003, de 3 de noviembre, y por el ordenamiento jurídico privado, salvo en las materias en que le sea de aplicación la normativa presupuestaria, contable, de personal, de control económico-financiero y de contratación.

b) Su Ley de creación, sus estatutos y la legislación especial de los sectores económicos sometidos a su supervisión y, supletoriamente y en cuanto sea compatible con su naturaleza y autonomía, por lo dispuesto en esta Ley, en particular lo dispuesto para organismos autónomos, la Ley del Procedimiento Administrativo Común de las Administraciones Públicas, la Ley 47/2003, de 26 de noviembre, el Real Decreto Legislativo 3/2011, de 14 de noviembre, la Ley 33/2003, de 3 de noviembre, así como el resto de las normas de derecho administrativo general y especial que le sea de aplicación. En defecto de norma administrativa, se aplicará el derecho común.

c) En la Ley 40/2015, de 1 de octubre, de Régimen Jurídico del Sector Público, en la normativa autonómica de desarrollo y sus estatutos.

d) En la Ley 40/2015, de 1 de octubre, de Régimen Jurídico del Sector Público, en su norma de creación, y el resto de las normas de derecho administrativo general y especial que le sea de aplicación.

811. De acuerdo con el artículo 113 de la Ley 40/2015, de 1 de octubre, de Régimen Jurídico del Sector Público, las sociedades mercantiles estatales:

a) Podrán disponer de facultades que impliquen el ejercicio de policía pública, sin perjuicio de que excepcionalmente la ley pueda atribuirle el ejercicio de potestades administrativas.

b) En ningún caso podrán disponer de facultades que impliquen el ejercicio de autoridad pública, sin perjuicio de que excepcionalmente la ley pueda atribuirle el ejercicio de potestades administrativas.

c) En ningún caso podrán disponer de potestades administrativas, sin perjuicio de que excepcionalmente la ley pueda atribuirle el ejercicio de facultades que impliquen el ejercicio de autoridad pública.

d) En ningún caso podrán disponer de facultades que impliquen el ejercicio de policía pública, sin perjuicio de que excepcionalmente la ley pueda atribuirle el ejercicio de potestades administrativas.

812. Conforme al artículo 114 de la Ley 40/2015, de 1 de octubre, de Régimen Jurídico del Sector Público, la creación de una sociedad mercantil estatal o la adquisición de este carácter de forma sobrevenida será autorizada mediante:

a) Ley.

b) Acuerdo del Ministro de Hacienda.

c) Acuerdo del Consejo de Ministros.

d) Acuerdo del ministro de Administración pública.

813. Según el artículo 114 de la Ley 40/2015, de 1 de octubre, de Régimen Jurídico del Sector Público, la creación de una sociedad mercantil estatal o la adquisición de este carácter de forma sobrevenida será autorizada mediante un acto jurídico, que deberá ser acompañado de:

a) Unos estatutos y de un plan de intervención.

b) Una propuesta de estatutos y de un plan de intervención.

c) Unos estatutos y de un plan de inspección.

d) Una propuesta de estatutos y de un plan de actuación.

814. De acuerdo con el artículo 114 de la Ley 40/2015, de 1 de octubre, de Régimen Jurídico del Sector Público, al acuerdo de creación de la sociedad mercantil estatal se acompañará un informe preceptivo favorable de:

a) La Intervención General de la Administración del Estado.

b) El Ministerio de Presidencia.

c) El Ministerio de Economía.

d) El Tribunal de Cuentas.

815. Según lo dispuesto en el artículo 114.1 de la Ley 40/2015, de 1 de octubre, de Régimen Jurídico del Sector Público, el Programa de Actuación Plurianual que deben elaborar las sociedades mercantiles estatales cada año, se elaborará conforme a:

a) La Ley 47/2003, de 26 de noviembre.
b) El Real Decreto Legislativo 3/2011, de 14 de noviembre.
c) La Ley 33/2003, de 3 de noviembre.
d) La Ley Orgánica 2/2012, de 27 de abril.

816. De acuerdo con el artículo 114.1 de la Ley 40/2015, de 1 de octubre, de Régimen Jurídico del Sector Público, la falta de aprobación del plan de actuación de las sociedades mercantiles estatales dentro del plazo anual fijado, por causa imputable a la sociedad y hasta tanto se subsane la omisión, llevará aparejada:

a) La liquidación de las sociedades mercantiles estatales.
b) La disolución de las sociedades mercantiles estatales.
c) La paralización de las aportaciones que deban realizarse a favor de la sociedad con cargo a los presupuestos generales del Estado.
d) La paralización de las actividades de las sociedades mercantiles estatales.

817. Conforme al artículo 114.2 de la Ley 40/2015, de 1 de octubre, de Régimen Jurídico del Sector Público, la liquidación de una sociedad mercantil estatal recaerá en:

a) Un órgano de la Administración General del Estado o en una entidad integrante del sector público institucional estatal.
b) El Ministerio de Presidencia.
c) El Ministerio de Economía.
d) La Intervención General de la Administración del Estado.

818. Según el artículo 115.1 de la Ley 40/2015, de 1 de octubre, de Régimen Jurídico del Sector Público, 1. la responsabilidad que le corresponda al empleado público como miembro del consejo de administración será directamente asumida por:

a) La Administración General del Estado que lo designó.
b) El Ministerio de Presidencia.
c) El Ministerio de Economía.
d) El Tribunal de Cuentas.

819. De acuerdo con el artículo 114.2 de la Ley 40/2015, de 1 de octubre, de Régimen Jurídico del Sector Público, la responsabilidad que le corresponda al empleado público como miembro de la entidad u órgano liquidador de una sociedad mercantil estatal, será directamente asumida por la entidad o la Administración General del Estado que lo designó, quien podrá exigir de oficio al empleado público la responsabilidad que, en su caso, corresponda cuando concurra:

a) Dolo, o culpa o negligencia leves, conforme a lo previsto en las leyes administrativas en materia de responsabilidad contable.
b) Dolo, o culpa o negligencia graves, conforme a lo previsto en las leyes administrativas en materia de responsabilidad patrimonial.
c) Dolo, o culpa o negligencia muy graves, conforme a lo previsto en las leyes administrativas en materia de responsabilidad patrimonial.
d) Dolo, o culpa o negligencia graves, conforme a lo previsto en las leyes administrativas en materia de responsabilidad contable.

820. Según lo dispuesto en el artículo 116.1 de la Ley 40/2015, de 1 de octubre, de Régimen Jurídico del Sector Público, al autorizar la constitución de una sociedad mercantil estatal con forma de sociedad anónima, de acuerdo con lo previsto en el artículo 166.2 de la Ley 33/2003, de 3 de noviembre, ¿quién podrá atribuir a un ministerio, cuyas competencias guarden una relación específica con el objeto social de la sociedad, la tutela funcional de la misma?

a) El Ministerio de Hacienda.
b) El Ministerio de Presidencia.
c) El Ministerio de Economía.
d) El Consejo de Ministros.

821. De acuerdo con el artículo 116.3 de la Ley 40/2015, de 1 de octubre, de Régimen Jurídico del Sector Público, ¿quién ejercerá el control de eficacia e instruirá a la sociedad respecto a las líneas de actuación estratégica y establecerá las prioridades en la ejecución de las mismas, y propondrá su incorporación a los Presupuestos de Explotación y Capital y Programas de Actuación Plurianual?

a) La Dirección General del Patrimonio del Estado.
b) El Ministerio de tutela.
c) El Ministerio de Hacienda.
d) El Ministerio de Economía.

822. Conforme al artículo 116.4 de la Ley 40/2015, de 1 de octubre, de Régimen Jurídico del Sector Público, en casos excepcionales, debidamente justificados, ¿quién podrá dar instrucciones a las sociedades, para que realicen determinadas actividades, cuando resulte de interés público su ejecución?

a) La titular de la Dirección General del Patrimonio del Estado.
b) El titular del Ministerio de tutela.
c) El titular del Ministerio de Hacienda.
d) La Intervención General de la Administración del Estado.

823. Según el artículo 117.1 de la Ley 40/2015, de 1 de octubre, de Régimen Jurídico del Sector Público, las sociedades mercantiles estatales elaborarán anualmente:

a) Un presupuesto de explotación y capital y un plan de actuación que forma parte del Programa Plurianual, que se integrarán con el Presupuesto General del Estado.
b) Un presupuesto de explotación y capital y un plan de actuación que forma parte del Programa Plurianual, que se integrarán con el Presupuesto del Ministerio de tutela.
c) Un presupuesto de explotación y capital y un plan de actuación que forma parte del Programa Plurianual, que se integrarán con el Presupuesto Ministerio de Hacienda.
d) Un presupuesto de explotación y capital y un plan de actuación que forma parte del Programa Plurianual, que se integrarán con el Presupuesto Ministerio de Economía.

824. De acuerdo con el artículo 117.2 de la Ley 40/2015, de 1 de octubre, de Régimen Jurídico del Sector Público, las sociedades mercantiles estatales formularán y rendirán sus cuentas de acuerdo con:

a) Los principios y normas de contabilidad recogidos en la Ley 47/2003, de 26 de noviembre y disposiciones que lo desarrollan.
b) Los principios y normas de contabilidad recogidos en el Código de Comercio y el Plan General de Contabilidad y disposiciones que lo desarrollan.
c) Los principios y normas de contabilidad recogidos en la Ley 33/2003, de 3 de noviembre y disposiciones que lo desarrollan.
d) Los principios y normas de contabilidad recogidos en la Ley Orgánica 2/2012, de 27 de abril y disposiciones que lo desarrollan.

825. Según lo dispuesto en el artículo el artículo 117.3 de la Ley 40/2015, de 1 de octubre, de Régimen Jurídico del Sector Público, sin perjuicio de las competencias atribuidas al Tribunal de Cuentas, la gestión económico financiera de las sociedades mercantiles estatales estará sometida al control de:

a) La titular de la Dirección General del Patrimonio del Estado.
b) El titular del Ministerio de tutela.
c) El titular del Ministerio de Hacienda.
d) La Intervención General de la Administración del Estado.

826. De acuerdo con el artículo 117.4 de la Ley 40/2015, de 1 de octubre, de Régimen Jurídico del Sector Público, el personal de las sociedades mercantiles estatales, incluido el que tenga condición de directivo, se regirá por:

a) El Código de Comercio, así como por las normas que le sean de aplicación en función de su adscripción al sector público estatal, incluyendo siempre entre las mismas la normativa presupuestaria, especialmente lo que se establezca en las leyes de Presupuestos Generales del Estado.
b) El Derecho laboral, así como por las normas que le sean de aplicación en función de su adscripción al sector público estatal, incluyendo siempre entre las mismas la normativa presupuestaria, especialmente lo que se establezca en las leyes de Presupuestos Generales del Estado.
c) El Derecho Estatuto Básico del Empleado Público, así como por las normas que le sean de aplicación en función de su adscripción al sector público estatal, incluyendo siempre entre las mismas la normativa presupuestaria, especialmente lo que se establezca en las leyes de Presupuestos Generales del Estado.
d) El Derecho mercantil, así como por las normas que le sean de aplicación en función de su adscripción al sector público estatal, incluyendo siempre entre las mismas la normativa presupuestaria, especialmente lo que se establezca en las leyes de Presupuestos Generales del Estado.

827. Conforme al artículo 118.1 de la Ley 40/2015, de 1 de octubre, de Régimen Jurídico del Sector Público, los consorcios son:

a) Las entidades de derecho público que, bien porque la participación directa, en su capital social de la Administración General del Estado o alguna de las entidades que, conforme a lo dispuesto en el artículo 84, integran el sector público institucional estatal, incluidas las sociedades mercantiles estatales, sea superior al 50 por 100.

Para la determinación de este porcentaje, se sumarán las participaciones correspondientes a la Administración General del Estado y a todas las entidades integradas en el sector público institucional estatal, en el caso de que en el capital social participen varias de ellas.

b) Las entidades de derecho público que, bien porque la sociedad mercantil se encuentre en el supuesto previsto en el artículo 4 de la Ley 24/1988, de 28 de julio, del Mercado de Valores respecto de la Administración General del Estado o de sus organismos públicos vinculados o dependientes.

c) Las entidades de derecho público que, vinculadas a la Administración General del Estado y con personalidad jurídica propia, tienen atribuidas funciones de regulación o supervisión de carácter externo sobre sectores económicos o actividades determinadas, por requerir su desempeño de independencia funcional o una especial autonomía respecto de la Administración General del Estado.

d) Entidades de derecho público, con personalidad jurídica propia y diferenciada, creadas por varias Administraciones Públicas o entidades integrantes del sector público institucional, entre sí o con participación de entidades privadas, para el desarrollo de actividades de interés común a todas ellas dentro del ámbito de sus competencias.

828. Según el artículo 118.2 de la Ley 40/2015, de 1 de octubre, de Régimen Jurídico del Sector Público, los consorcios podrán realizar actividades de:

a) Fomento, caucionáles o de gestión común de servicios públicos y cuantas otras estén previstas en las leyes.

b) Fomento, prestacionales o de concesión común de servicios privados y cuantas otras estén previstas en las leyes.

c) Fomento, prestacionales o de gestión común de servicios públicos y cuantas otras estén previstas en las leyes.

d) Fomento, prestacionales o de gestión común de servicios privados y cuantas otras estén previstas en las leyes.

829. De acuerdo con el artículo 118.3 de la Ley 40/2015, de 1 de octubre, de Régimen Jurídico del Sector Público, los consorcios podrán utilizarse para la gestión de los servicios públicos, en el marco de:

a) Los acuerdos de cooperación transfronteriza en que participen las Administraciones españolas, y de acuerdo con las previsiones de los acuerdos internacionales ratificados por España en la materia.

b) Los acuerdos de cooperación transfronteriza en que participen las Administraciones españolas, y de acuerdo con las previsiones de los convenios internacionales ratificados por España en la materia.

c) Los convenios de cooperación transfronteriza en que participen las Administraciones españolas, y de acuerdo con las previsiones de los acuerdos internacionales ratificados por España en la materia.

d) Los convenios de cooperación transfronteriza en que participen las Administraciones españolas, y de acuerdo con las previsiones de los convenios internacionales ratificados por España en la materia.

830. Según lo dispuesto en el artículo 119.1 de la Ley 40/2015, de 1 de octubre, de Régimen Jurídico del Sector Público, los consorcios se regirán por lo establecido en:

a) La Ley 40/2015, de 1 de octubre, de Régimen Jurídico del Sector Público, por lo previsto en la Ley 33/2003, de 3 de noviembre, y por el ordenamiento jurídico privado, salvo en las materias en que le sea de aplicación la normativa presupuestaria, contable, de personal, de control económico-financiero y de contratación.

b) Su Ley de creación, sus estatutos y la legislación especial de los sectores económicos sometidos a su supervisión y, supletoriamente y en cuanto sea compatible con su naturaleza y autonomía, por lo dispuesto en esta Ley, en particular lo dispuesto para organismos autónomos, la Ley del Procedimiento Administrativo Común de las Administraciones Públicas, la Ley 47/2003, de 26 de noviembre, el Real Decreto Legislativo 3/2011, de 14 de noviembre, la Ley 33/2003, de 3 de noviembre, así como el resto de las normas de derecho administrativo general y especial que le sea de aplicación. En defecto de norma administrativa, se aplicará el derecho común.

c) En la Ley 40/2015, de 1 de octubre, de Régimen Jurídico del Sector Público, en la normativa autonómica de desarrollo y sus estatutos.

d) En la Ley 40/2015, de 1 de octubre, de Régimen Jurídico del Sector Público, en su norma de creación, y el resto de las normas de derecho administrativo general y especial que le sea de aplicación.

831. De acuerdo con el 119.2 de la Ley 40/2015, de 1 de octubre, de Régimen Jurídico del Sector Público, en lo no previsto en esta Ley, en la normativa autonómica aplicable, ni en sus Estatutos sobre el régimen del derecho de separación, disolución, liquidación y extinción, se estará a lo previsto en:

a) El Código de Comercio, así como por las normas que le sean de aplicación en función de su adscripción al sector público estatal, incluyendo siempre entre las mismas la normativa presupuestaria, especialmente lo que se establezca en las leyes de Presupuestos Generales del Estado.

b) El Derecho laboral, así como por las normas que le sean de aplicación en función de su adscripción al sector público estatal, incluyendo siempre entre las mismas la normativa presupuestaria, especialmente lo que se establezca en las leyes de Presupuestos Generales del Estado.

c) El Código Civil sobre la sociedad civil, salvo el régimen de liquidación, que se someterá a lo dispuesto en el artículo 97, y en su defecto, el Real Decreto Legislativo 1/2010, de 2 de julio.

d) La Ley 7/1985, de 2 de abril, y en la Ley 27/2013, de 21 de diciembre, de racionalización y sostenibilidad de la Administración Local sobre los Consorcios locales tendrán carácter supletorio respecto a lo dispuesto en esta ley.

832. Conforme al artículo 119.3 de la Ley 40/2015, de 1 de octubre, de Régimen Jurídico del Sector Público, sobre los Consorcios locales, tendrán carácter supletorio respecto a lo dispuesto en esta Ley:

a) El Código de Comercio, así como por las normas que le sean de aplicación en función de su adscripción al sector público estatal, incluyendo siempre entre las mismas la normativa presupuestaria, especialmente lo que se establezca en las leyes de Presupuestos Generales del Estado.

b) El Derecho laboral, así como por las normas que le sean de aplicación en función de su adscripción al sector público estatal, incluyendo siempre entre las mismas la normativa presupuestaria, especialmente lo que se establezca en las leyes de Presupuestos Generales del Estado.

c) El Código Civil sobre la sociedad civil, salvo el régimen de liquidación, que se someterá a lo dispuesto en el artículo 97, y en su defecto, el Real Decreto Legislativo 1/2010, de 2 de julio.

d) La Ley 7/1985, de 2 de abril, y en la Ley 27/2013, de 21 de diciembre, de racionalización y sostenibilidad de la Administración Local sobre los Consorcios locales tendrán carácter supletorio respecto a lo dispuesto en esta Ley."

833. Según el artículo 120.1 de la Ley 40/2015, de 1 de octubre, de Régimen Jurídico del Sector Público, los estatutos de cada consorcio determinarán:

a) La Administración pública de tutela.

b) El Ministerio de tutela.

c) El Ministerio al que estará adscrito.

d) La Administración pública a la que estará adscrito.

834. De acuerdo con el artículo 120.2 de la Ley 40/2015, de 1 de octubre, de Régimen Jurídico del Sector Público, el consorcio quedará adscrito, en cada ejercicio presupuestario y por todo este periodo, a una Administración pública, de acuerdo con una serie de criterios, ordenados por prioridad en su aplicación y referidos a la situación en:

a) El primer día del ejercicio presupuestario.

b) El primer día hábil del ejercicio presupuestario.

c) El último día del ejercicio presupuestario.

d) El último día hábil del ejercicio presupuestario.

835. Según lo dispuesto en el artículo de la Ley 40/2015, de 1 de octubre, de Régimen Jurídico del Sector Público, el consorcio quedará adscrito, en cada ejercicio presupuestario y por todo este periodo, a una Administración pública, de acuerdo con una serie de criterios, ordenados por prioridad en su aplicación, ¿cuál de los siguientes, ocupa el primer lugar?

a) Tenga facultades para nombrar o destituir a la mayoría de los miembros del personal directivo.

b) Disponga de un mayor control sobre la actividad del consorcio debido a una normativa especial.

c) Disponga de la mayoría de votos en los órganos de gobierno.

d) Tenga facultades para nombrar o destituir a la mayoría de los miembros de los órganos ejecutivos.

836. De acuerdo con el artículo 120.3 de la Ley 40/2015, de 1 de octubre, de Régimen Jurídico del Sector Público, en el supuesto de que participen en el consorcio entidades privadas, el consorcio:

a) Tendrá ánimo de lucro.

b) No tendrá ánimo de lucro.

c) Tendrá carácter mercantil.

d) Adoptará la forma de sociedad mercantil.

837. Conforme al artículo 120.4 de la Ley 40/2015, de 1 de octubre, de Régimen Jurídico del Sector Público, cualquier cambio de adscripción a una Administración pública, cualquiera que fuere su causa, conllevará la modificación de los estatutos del consorcio en un plazo no superior a:

a) Tres meses, contados desde el inicio del ejercicio presupuestario siguiente a aquel en se produjo el cambio de adscripción.

b) Cuatro meses, contados desde el inicio del ejercicio presupuestario siguiente a aquel en se produjo el cambio de adscripción.

c) Seis meses, contados desde el inicio del ejercicio presupuestario siguiente a aquel en se produjo el cambio de adscripción.

d) Nueve meses, contados desde el inicio del ejercicio presupuestario siguiente a aquel en se produjo el cambio de adscripción.

838. Según el artículo 121.1 de la Ley 40/2015, de 1 de octubre, de Régimen Jurídico del Sector Público, el personal al servicio de los consorcios:

a) Podrá ser funcionario o laboral.
b) No podrá ser funcionario.
c) No podrá ser laboral.
d) Será necesariamente laboral.

839. De acuerdo con el artículo 121.1 de la Ley 40/2015, de 1 de octubre, de Régimen Jurídico del Sector Público, el personal al servicio de los consorcios habrá de proceder de:

a) La Administración pública de tutela, en cuyo caso su régimen jurídico será el de la Administración pública de adscripción.
b) El Ministerio de tutela, en cuyo caso su régimen jurídico será el de la Administración pública de adscripción.
c) El ministerio al que estará adscrito, en cuyo caso su régimen jurídico será el de la Administración pública de adscripción.
d) Las Administraciones participantes, en cuyo caso su régimen jurídico será el de la Administración pública de adscripción.

840. Según lo dispuesto en el artículo 121.1 de la Ley 40/2015, de 1 de octubre, de Régimen Jurídico del Sector Público, las retribuciones del personal al servicio de los consorcios:

a) En ningún caso podrán superar las establecidas para puestos de trabajo equivalentes en la Administración pública de tutela.
b) En ningún caso podrán superar las establecidas para puestos de trabajo equivalentes en el Ministerio de tutela.
c) En ningún caso podrán superar las establecidas para puestos de trabajo equivalentes en el ministerio al que estará adscrito.
d) En ningún caso podrán superar las establecidas para puestos de trabajo equivalentes en las Administraciones participantes.

841. De acuerdo con el artículo 121.1 de la Ley 40/2015, de 1 de octubre, de Régimen Jurídico del Sector Público, excepcionalmente, cuando no resulte posible contar con personal procedente de las Administraciones participantes en el consorcio en atención a la singularidad de las funciones
a desempeñar o cuando, tras un anuncio público de convocatoria para la cobertura de un puesto de trabajo restringida a las administraciones consorciadas, no fuera posible cubrir dicho puesto, ¿quién podrá autorizar la contratación de personal por parte del consorcio para el ejercicio de dichas funciones, en los términos previstos en la correspondiente Ley de Presupuestos Generales del Estado?

a) El Ministerio de tutela, u órgano competente de la Administración a la que se adscriba el consorcio.
b) El Ministerio de Hacienda y Función Pública (actualmente de Transformación Digital y Función Pública), u órgano competente de la Administración a la que se adscriba el consorcio.
c) El ministerio al que se le adscriba, u órgano competente de la Administración a la que se adscriba el consorcio.
d) El ministerio con competencia en materia de presidencia, u órgano competente de la Administración a la que se adscriba el consorcio.

842. Conforme al artículo 122.1 de la Ley 40/2015, de 1 de octubre, de Régimen Jurídico del Sector Público, los consorcios estarán sujetos al régimen de presupuestación, contabilidad y control de:

a) El Ministerio de tutela, u órgano competente de la Administración a la que se adscriba el consorcio.
b) El Ministerio de Hacienda y Función Pública (actualmente de Transformación Digital y Función Pública), u órgano competente de la Administración a la que se adscriba el consorcio.
c) La Administración pública a la que estén adscritos, sin perjuicio de su sujeción a lo previsto en la Ley Orgánica 2/2012, de 27 de abril.
d) El ministerio al que se le adscriba, u órgano competente de la Administración a la que se adscriba el consorcio.

843. Según el artículo 122.2 de la Ley 40/2015, de 1 de octubre, de Régimen Jurídico del Sector Público, en los consorcios, a efectos de determinar la financiación por parte de las Administraciones consorciadas, se tendrán en cuenta, mediante el análisis de los desembolsos efectivos de todas las aportaciones realizadas:

a) Los compromisos estatutarios.
b) Los compromisos convencionales.
c) La financiación real.
d) Todas las respuestas son correctas.

844. De acuerdo con el artículo 122.3 de la Ley 40/2015, de 1 de octubre, de Régimen Jurídico del Sector Público, ¿quién deberá realizar la auditoría de cuentas anuales de aquellos consorcios en los que, a fecha de cierre del ejercicio, concurran, al menos, dos de las tres circunstancias indicadas en el referido artículo?

a) El órgano de control interno del Ministerio de tutela.

b) El órgano de control interno del Ministerio de Hacienda y Función Pública (actualmente de Transformación Digital y Función Pública).

c) El órgano de control interno de la Administración pública a la que estén adscritos.

d) El órgano de control interno del ministerio al que se le adscriba.

845. Según lo dispuesto en el artículo 122. 3 de la Ley 40/2015, de 1 de octubre, de Régimen Jurídico del Sector Público, se realizará una auditoría de cuentas anuales a aquellos consorcios en los que, a fecha de cierre del ejercicio, concurran, al menos, dos de las tres circunstancias indicadas en el referido artículo. Entre estas circunstancias, el total de las partidas de activo supere:

a) 2.000.000 euros.

b) 2.200.000 euros.

c) 2.400.000 euros.

d) 2.600.000 euros.

846. De acuerdo con el artículo 122. 3 de la Ley 40/2015, de 1 de octubre, de Régimen Jurídico del Sector Público, se realizará una auditoría de cuentas anuales a aquellos consorcios en los que, a fecha de cierre del ejercicio, concurran, al menos, dos de las tres circunstancias indicadas en el referido artículo. Entre estas circunstancias, el importe total de sus ingresos por gestión ordinaria en el caso de los consorcios del sector público administrativo, o la suma del importe de la cifra de negocios más otros ingresos de gestión, en el caso de los pertenecientes al sector público empresarial, sea superior a:

a) 2.000.000 euros.

b) 2.200.000 euros.

c) 2.400.000 euros.

d) 2.600.000 euros.

847. Conforme al artículo 122.3 de la Ley 40/2015, de 1 de octubre, de Régimen Jurídico del Sector Público, se realizará una auditoría de cuentas anuales a aquellos consorcios en los que, a fecha de cierre del ejercicio, concurran, al menos, dos de las tres circunstancias indicadas en el referido artículo. Entre estas circunstancias, el número medio de trabajadores empleados durante el ejercicio sea superior a:

a) 30.

b) 40.

c) 50.

d) 60.

848. Según el artículo 122.3 de la Ley 40/2015, de 1 de octubre, de Régimen Jurídico del Sector Público, se realizará una auditoría de cuentas anuales a aquellos consorcios en los que, a fecha de cierre del ejercicio, concurran, al menos, dos de las tres circunstancias indicadas en el referido artículo. No obstante, los límites indicados cuando la estructura y composición de los consorcios adscritos a una administración así lo requiera, podrán modificarse mediante:

a) Orden Ministerial.

b) Acuerdo del Consejo de Ministros.

c) Ley.

d) Decreto del Consejo de Ministros.

849. De acuerdo con el artículo 122.3 de la Ley 40/2015, de 1 de octubre, de Régimen Jurídico del Sector Público, se realizará una auditoría de cuentas anuales a aquellos consorcios en los que, a fecha de cierre del ejercicio, concurran, al menos, dos de las tres circunstancias indicadas en el referido artículo. Dichas circunstancias se aplicarán teniendo en cuenta lo siguiente:

a) Cuando un consorcio, en la fecha de cierre del ejercicio, pase a cumplir dos de las citadas circunstancias, o bien cese de cumplirlas, tal situación únicamente producirá efectos en cuanto a lo señalado si se repite durante dos ejercicios consecutivos.

b) En el primer ejercicio económico desde su constitución o su adscripción al sector público correspondiente, los consorcios cumplirán lo dispuesto en los apartados anteriormente mencionados si reúnen, al cierre de dicho ejercicio, al menos dos de las tres circunstancias que se señalan.

c) Aun cuando, según las circunstancias señaladas, no exista obligación de someter las cuentas anuales de un consorcio a auditoría de cuentas, los órganos de control interno podrán, en todo caso, incluir su realización en sus planes anuales de control y auditoría.

d) Todas las repuestas son correctas.

850. Según lo dispuesto en el artículo 123.4 de la Ley 40/2015, de 1 de octubre, de Régimen Jurídico del Sector Público, los consorcios deberán formar parte de:

a) Los presupuestos e incluirse en la cuenta general del Ministerio de tutela.
b) Los presupuestos e incluirse en la cuenta general del Ministerio de Hacienda y Función Pública (actualmente de Transformación Digital y Función Pública).
c) Los presupuestos e incluirse en la cuenta general de la Administración pública a la que estén adscritos.
d) Los presupuestos e incluirse en la cuenta general del ministerio al que se le adscriba.

851. De acuerdo con el artículo 122.5 de la Ley 40/2015, de 1 de octubre, de Régimen Jurídico del Sector Público, los consorcios se regirán por:

a) Las normas patrimoniales del Ministerio de tutela.
b) Las normas patrimoniales del Ministerio de Hacienda y Función Pública (actualmente de Transformación Digital y Función Pública).
c) Las normas patrimoniales de la Administración pública a la que estén adscritos.
d) Las normas patrimoniales del ministerio al que se le adscriba.

852. Conforme al artículo 123.1 de la Ley 40/2015, de 1 de octubre, de Régimen Jurídico del Sector Público, los consorcios se crearán mediante:

a) Orden Ministerial.
b) Convenio suscrito por las Administraciones, organismos públicos o entidades participantes.
c) Ley.
d) Decreto del Consejo de Ministros.

853. Según el artículo 123.2 de la Ley 40/2015, de 1 de octubre, de Régimen Jurídico del Sector Público, en los consorcios en los que participe la Administración General del Estado o sus organismos públicos y entidades vinculados o dependientes se requerirá que su creación se autorice por:

a) Orden Ministerial.
b) Convenio suscrito por las Administraciones, organismos públicos o entidades participantes.
c) Ley.
d) Decreto del Consejo de Ministros.

854. De acuerdo con el artículo 123.2 de la Ley 40/2015, de 1 de octubre, de Régimen Jurídico del Sector Público, en los consorcios en los que participe la Administración General del Estado o sus organismos públicos y entidades vinculados o dependientes se requerirá autorización previa:

a) Del Ministerio de tutela.
b) Del ministerio al que se le adscriba.

c) De las Cortes Generales.
d) Del Consejo de Ministros.

855. Según lo dispuesto en el artículo 123.2 de la Ley 40/2015, de 1 de octubre, de Régimen Jurídico del Sector Público, en los consorcios en los que participe la Administración General del Estado, la competencia para la suscripción del convenio no podrá ser objeto de delegación, y corresponderá:

a) Al titular del departamento ministerial de tutela.
b) Al titular del departamento ministerial participante.
c) Al titular del máximo órgano de dirección del organismo.
d) Al Consejo de Ministros.

856. De acuerdo con el artículo 123.2 de la Ley 40/2015, de 1 de octubre, de Régimen Jurídico del Sector Público, en los consorcios en los que participe organismos públicos y entidades vinculados o dependientes de la Administración General del Estado, la competencia para la suscripción del convenio no podrá ser objeto de delegación, y corresponderá:

a) Al titular del departamento ministerial de tutela.
b) Al titular del departamento ministerial participante.
c) Al titular del máximo órgano de dirección del organismo.
d) Al Consejo de Ministros.

857. Conforme al artículo 123.2.c) de la Ley 40/2015, de 1 de octubre, de Régimen Jurídico del Sector Público, del convenio del consorcio formarán parte:

a) Los estatutos.
b) Un plan de actuación.
c) Una proyección presupuestaria trienal.
d) Todas las respuestas son correctas.

858. Según el artículo 123. 2 de la Ley 40/2015, de 1 de octubre, de Régimen Jurídico del Sector Público, el convenio suscrito de los consorcios en los que participe la Administración General del Estado o sus organismos públicos y entidades vinculados o dependientes junto con los estatutos, así como sus modificaciones, serán objeto de publicación en:

a) El «Boletín Oficial del Estado».
b) El Diario Oficial de la Unión Europea.
c) El tablón de Edictos del Ministerio con competencias en administración institucional.
d) Todas las respuestas son correctas.

859. De acuerdo con el artículo 124 de la Ley 40/2015, de 1 de octubre, de Régimen Jurídico del Sector Público, los estatutos de cada consorcio determinarán la Administración Pública a la que estará adscrito, así como su régimen orgánico, funcional y financiero de acuerdo con lo previsto en esta Ley, y, al menos, los siguientes aspectos (señala la respuesta incorrecta):

a) Sede, objeto, fines y funciones.
b) Identificación de participantes en el consorcio, así como las aportaciones de sus miembros.
c) Órganos de gobiernos y administración, así como su composición y funcionamiento, con indicación expresa del régimen de adopción de acuerdos.
d) Causas de liquidación.

860. Según lo dispuesto en el artículo 124.b) de la Ley 40/2015, de 1 de octubre, de Régimen Jurídico del Sector Público, a estos efectos, en aplicación del principio de responsabilidad previsto en el artículo 8 de la Ley Orgánica 2/2012, de 27 de abril, los estatutos incluirán:

a) Cláusulas que contemplen la suspensión temporal del derecho de voto cuando las Administraciones o entidades consorciadas incumplan manifiestamente sus obligaciones para con el consorcio.
b) Fórmulas tendentes al aseguramiento de las cantidades comprometidas por las entidades consorciadas con carácter previo a la realización de las actividades presupuestadas.
c) Cláusulas que contemplen la suspensión temporal del derecho a la participación en la formación de los acuerdos cuando las Administraciones o entidades consorciadas incumplan manifiestamente sus obligaciones para con el consorcio.
d) Todas las repuestas son correctas.

861. De acuerdo con el artículo 125.1 de la Ley 40/2015, de 1 de octubre, de Régimen Jurídico del Sector Público, señala la respuesta incorrecta:

a) Los miembros de un consorcio, al que le resulte de aplicación lo previsto en esta Ley o en la Ley 7/1985, de 2 de abril, podrán separarse del mismo en cualquier momento siempre que se haya señalado término para la duración del consorcio.
b) Cuando el consorcio tenga una duración determinada, cualquiera de sus miembros podrá separase antes de la finalización del plazo si alguno de los miembros del consorcio hubiera incumplido alguna de sus obligaciones estatutarias y, en particular, aquellas que impidan cumplir con el fin para el que fue creado el consorcio.

c) Cuando el consorcio tenga una duración determinada, cualquiera de sus miembros podrá separase antes de la finalización del plazo si alguno de los miembros del consorcio hubiera incumplido la obligación de realizar aportaciones al fondo patrimonial.
d) Cuando un municipio deje de prestar un servicio, de acuerdo con lo previsto en la Ley 7/1985, de 2 de abril, y ese servicio sea uno de los prestados por el Consorcio al que pertenece, el municipio podrá separarse del mismo.

862. Conforme al artículo 125.2 de la Ley 40/2015, de 1 de octubre, de Régimen Jurídico del Sector Público, el derecho de separación habrá de ejercitarse mediante escrito notificado al máximo órgano de gobierno de:

a) La Administración pública de adscripción.
b) El consorcio.
c) El ministerio de adscripción.
d) El ministerio con competencias en administración institucional.

863. Según el artículo 126.1 de la Ley 40/2015, de 1 de octubre, de Régimen Jurídico del Sector Público, el ejercicio del derecho de separación de un miembro de un consorcio produce, salvo excepciones:

a) La liquidación del consorcio.
b) La suspensión del consorcio.
c) La disolución del consorcio.
d) La extinción del consorcio.

864. Conforme al artículo 126.2 a) de la Ley 40/2015, de 1 de octubre, de Régimen Jurídico del Sector Público, cuando el ejercicio del derecho de separación del miembro de un consorcio, no conlleve la disolución del consorcio, ¿cómo se calculará la cuota de separación que corresponda a quien ejercite su derecho de separación?

a) De acuerdo con la participación que le hubiera correspondido en el saldo resultante del patrimonio neto, de haber tenido lugar la liquidación, teniendo en cuenta el criterio de reparto dispuesto en los estatutos.
b) De acuerdo con la participación que le hubiera correspondido en el saldo resultante del patrimonio neto, de haber tenido lugar la suspensión, teniendo en cuenta el criterio de reparto dispuesto en los estatutos.
c) De acuerdo con la participación que le hubiera correspondido en el saldo resultante del patrimonio neto, de haber tenido lugar la extinción, teniendo en cuenta el criterio de reparto dispuesto en los estatutos.
d) De acuerdo con la participación que le hubiera correspondido en el saldo resultante del patrimonio neto, de haber tenido lugar la disolución, teniendo en cuenta el criterio de reparto dispuesto en los estatutos.

865. Según lo dispuesto en el artículo 127.2 de la Ley 40/2015, de 1 de octubre, de Régimen Jurídico del Sector Público, el máximo órgano de gobierno del consorcio al adoptar el acuerdo de disolución nombrará un liquidador que será:

a) Un órgano del consorcio.

b) Un órgano o entidad, vinculada o dependiente, de la Administración pública a la que el consorcio esté adscrito.

c) Un órgano o entidad, vinculada o dependiente, del ministerio de adscripción.

d) Un órgano o entidad, vinculada o dependiente, del ministerio con competencias en administración institucional.

866. De acuerdo con el artículo 127.2 de la Ley 40/2015, de 1 de octubre, de Régimen Jurídico del Sector Público, la entidad o la Administración pública que designó al empleado público como miembro de la entidad u órgano liquidador podrá exigirle de oficio la responsabilidad en que hubiera incurrido cuando hubiera concurrido:

a) Dolo, o culpa o negligencia leves, conforme a lo previsto en las leyes administrativas en materia de responsabilidad contable.

b) Dolo, o culpa o negligencia graves, conforme a lo previsto en las leyes administrativas en materia de responsabilidad patrimonial.

c) Dolo, o culpa o negligencia muy graves, conforme a lo previsto en las leyes administrativas en materia de responsabilidad patrimonial.

d) Dolo, o culpa o negligencia graves, conforme a lo previsto en las leyes administrativas en materia de responsabilidad contable.

867. Conforme al artículo 127.3 de la Ley 40/2015, de 1 de octubre, de Régimen Jurídico del Sector Público, el liquidador calculará la cuota de liquidación que corresponda a cada miembro del consorcio de conformidad con lo previsto en los estatutos. Si no estuviera previsto en los estatutos, se calculará la mencionada cuota:

a) De acuerdo con la participación que le corresponda en el saldo resultante del patrimonio neto tras la liquidación, teniendo en cuenta que el criterio de reparto será el dispuesto en los estatutos.

b) De acuerdo con la participación que le corresponda en el saldo resultante del patrimonio neto, tras la suspensión, teniendo en cuenta el criterio de reparto dispuesto en los estatutos.

c) De acuerdo con la participación que le corresponda en el saldo resultante del patrimonio neto, tras la extinción, teniendo en cuenta el criterio de reparto dispuesto en los estatutos.

d) De acuerdo con la participación que le corresponda en el saldo resultante del patrimonio neto, tras la disolución, teniendo en cuenta el criterio de reparto dispuesto en los estatutos.

868. Según el artículo 127.4 de la Ley 40/2015, de 1 de octubre, de Régimen Jurídico del Sector Público, en el supuesto de disolución del consorcio, ¿quién acordará la forma y condiciones en que tendrá lugar el pago de la cuota de liquidación en el supuesto en que esta resulte positiva?

a) La Administración pública de adscripción.

b) El consorcio.

c) El ministerio de adscripción.

d) El ministerio con competencias en administración institucional.

869. De acuerdo con el artículo 127.5 de la Ley 40/2015, de 1 de octubre, de Régimen Jurídico del Sector Público, en caso de disolución del consorcio, las entidades consorciadas podrán acordar, la cesión global de activos y pasivos a otra entidad del sector público jurídicamente adecuada con la finalidad de mantener la continuidad de la actividad y alcanzar los objetivos del consorcio que se extingue, con la mayoría que:

a) Se establezca en los estatutos, o a falta de previsión estatutaria por mayoría absoluta.

b) Se establezca en los estatutos, o a falta de previsión estatutaria por mayoría simple.

c) Se establezca en los estatutos, o a falta de previsión estatutaria por unanimidad.

d) Se establezca en los estatutos, o a falta de previsión estatutaria por mayoría de 3/5.

870. Según lo dispuesto en el artículo 128.1 de la Ley 40/2015, de 1 de octubre, de Régimen Jurídico del Sector Público, son fundaciones del sector público estatal aquellas que reúnan alguno de los requisitos siguientes:

a) Que se constituyan de forma inicial, con una aportación mayoritaria, directa o indirecta, de la Administración General del Estado o cualquiera de los sujetos integrantes del sector público institucional estatal, o bien reciban dicha aportación con posterioridad a su constitución.

b) Que el patrimonio de la fundación esté integrado en más de un 50 % por bienes o derechos aportados o cedidos por la Administración General del Estado o cualquiera de los sujetos integrantes del sector público institucional estatal con carácter permanente.

c) La mayoría de derechos de voto en su patronato corresponda a representantes de la Administración General del Estado o del sector público institucional estatal.

d) Todas las respuestas son correctas.

871. De acuerdo con el artículo 132.3 de la Ley 40/2015, de 1 de octubre, de Régimen Jurídico del Sector Público, el personal de las fundaciones del sector público estatal, incluido el que tenga condición de directivo, se regirá por:

a) El Código de Comercio, así como por las normas que le sean de aplicación en función de su adscripción al sector público estatal, incluyendo siempre entre las mismas la normativa presupuestaria, especialmente lo que se establezca en las leyes de Presupuestos Generales del Estado.

b) El Derecho laboral, así como por las normas que le sean de aplicación en función de su adscripción al sector público estatal, incluyendo siempre entre las mismas la normativa presupuestaria, especialmente lo que se establezca en las leyes de Presupuestos Generales del Estado.

c) El Derecho Estatuto Básico del Empleado Público, así como por las normas que le sean de aplicación en función de su adscripción al sector público estatal, incluyendo siempre entre las mismas la normativa presupuestaria, especialmente lo que se establezca en las leyes de Presupuestos Generales del Estado.

d) El Derecho mercantil, así como por las normas que le sean de aplicación en función de su adscripción al sector público estatal, incluyendo siempre entre las mismas la normativa presupuestaria, especialmente lo que se establezca en las leyes de Presupuestos Generales del Estado.

872. Conforme al artículo 137 de la Ley 40/2015, de 1 de octubre, de Régimen Jurídico del Sector Público, la creación de fondos carentes de personalidad jurídica en el sector público estatal se efectuará por:

a) Real Decreto de Consejo de Ministros, a propuesta conjunta del titular del Ministerio de Hacienda y Administraciones Públicas y del ministerio que ejerza el protectorado, que estará determinado en sus Estatutos.

b) Ley.

c) Acuerdo de Consejo de Ministros, a propuesta conjunta del titular del Ministerio de Hacienda y Administraciones Públicas y del ministerio que ejerza el protectorado, que estará determinado en sus Estatutos.

d) Informe preceptivo favorable del Ministerio de Hacienda y Administraciones Públicas o la Intervención General de la Administración del Estado, según se determine reglamentariamente.

873. Según el artículo 126.1 de la Ley 40/2015, de 1 de octubre, de Régimen Jurídico del Sector Público, el ejercicio del derecho de separación de un miembro de un consorcio produce la disolución del consorcio salvo que el resto de sus miembros, de conformidad con lo previsto en sus estatutos, acuerden su continuidad y sigan permaneciendo en el consorcio, al menos:

a) Dos Administraciones, o entidades u organismos públicos vinculados o dependientes de más de una Administración.

b) Tres Administraciones, o entidades u organismos públicos vinculados o dependientes de más de una Administración.

c) Cuatro Administraciones, o entidades u organismos públicos vinculados o dependientes de más de una Administración.

d) Cinco Administraciones, o entidades u organismos públicos vinculados o dependientes de más de una Administración.

874. De acuerdo con el artículo 115.2 de la Ley 40/2015, de 1 de octubre, de Régimen Jurídico del Sector Público, la Administración General del Estado podrá exigir de oficio al empleado público que designó como miembro del consejo de administración la responsabilidad en que hubiera incurrido por los daños y perjuicios causados en sus bienes o derechos cuando hubiera concurrido:

a) Dolo, o culpa o negligencia leves, conforme a lo previsto en las leyes administrativas en materia de responsabilidad contable.

b) Dolo, o culpa o negligencia graves, conforme a lo previsto en las leyes administrativas en materia de responsabilidad patrimonial.

c) Dolo, o culpa o negligencia muy graves, conforme a lo previsto en las leyes administrativas en materia de responsabilidad patrimonial.

d) Dolo, o culpa o negligencia graves, conforme a lo previsto en las leyes administrativas en materia de responsabilidad contable.

875. Según lo dispuesto en el artículo 114 de la Ley 40/2015, de 1 de octubre, de Régimen Jurídico del Sector Público, la creación de una sociedad mercantil estatal o la adquisición de este carácter de forma sobrevenida será autorizada mediante acuerdo del Consejo de Ministros que deberá ser acompañado de una propuesta de estatutos y de un plan de actuación que contendrá, al menos:

a) Las razones que justifican la creación de la sociedad por no poder asumir esas funciones otra entidad ya existente, así como la inexistencia de duplicidades.

b) Un análisis que justifique que la forma jurídica propuesta resulta más eficiente frente a la creación de un organismo público u otras alternativas de organización que se hayan descartado.

c) Los objetivos anuales y los indicadores para medirlos.

d) Todas las respuestas son correctas.

876. La lealtad institucional:

a) Solo es obligatoria en el desarrollo de la actividad del Gobierno de la Nación.

b) Es un principio que rige la relación entre diferentes Administraciones públicas que actúan y se relacionan con otras Administraciones.

c) Es exigible en las relaciones entre el Poder Ejecutivo y el Poder Legislativo.

d) Las respuestas a) y c) son correctas.

877. La garantía e igualdad en el ejercicio de los derechos de todos los ciudadanos en sus relaciones con las diferentes Administraciones:

a) Solo es obligatoria en el desarrollo de la actividad del Gobierno de la Nación.

b) Es un principio que rige la relación entre diferentes Administraciones públicas actúan y se relacionan con otras Administraciones.

c) Es exigible en las relaciones entre el Poder Ejecutivo y el Poder Legislativo.

d) Las respuestas a) y c) son correctas.

878. La solidaridad interterritorial de acuerdo con la Constitución:

a) Solo es obligatoria en el desarrollo de la actividad del Gobierno de la Nación.

b) Es un principio que rige la relación entre diferentes Administraciones públicas actúan y se relacionan con otras Administraciones.

c) Es exigible en las relaciones entre el Poder Ejecutivo y el Poder Legislativo.

d) Solo es obligatoria en las relaciones entre el Estado y las Comunidades Autónomas.

879. La solidaridad interterritorial de acuerdo con la Constitución:

a) Solo es obligatoria en el desarrollo de la actividad del Gobierno de la Nación.

b) Es un principio que rige la relación entre diferentes Administraciones Públicas actúan y se relacionan con otras Administraciones.

c) Es exigible en las relaciones entre el Poder Ejecutivo y el Poder Legislativo.

d) Solo es obligatoria en las relaciones entre el Estado y las Comunidades Autónomas.

880. El deber de actuar con el resto de Administraciones públicas para el logro de fines comunes se conoce como:

a) Colaboración.

b) Cooperación.

c) Coordinación.

d) Eficiencia.

881. Cuando dos o más Administraciones públicas, de manera voluntaria y en ejercicio de sus competencias, asumen compromisos específicos en aras de una acción común, estamos ante la:

a) Colaboración.

b) Cooperación.

c) Coordinación.

d) Eficiencia.

882. ¿En virtud de qué principio una Administración pública y, singularmente, la Administración General del Estado, tiene la obligación de garantizar la coherencia de las actuaciones de las diferentes Administraciones públicas afectadas por una misma materia para la consecución de un resultado común, cuando así lo prevé la Constitución y el resto del ordenamiento jurídico?

a) Colaboración.

b) Cooperación.

c) Coordinación.

d) Eficiencia.

883. Es un deber de la Administración pública:

a) Respetar el ejercicio legítimo por las otras Administraciones de sus competencias.

b) Facilitar a las otras Administraciones la información que precisen sobre la actividad que desarrollen en el ejercicio de sus propias competencias o que sea necesaria para que los ciudadanos puedan acceder de forma integral a la información relativa a una materia.

c) Prestar, en el ámbito propio, la asistencia que las otras Administraciones pudieran solicitar para el eficaz ejercicio de sus competencias.

d) Todas las respuestas anteriores son correctas.

884. La asistencia y colaboración entre las Administraciones públicas:

a) Se podrá negar si no uno no se siente cómodo.

b) Solo podrá negarse cuando el organismo público o la entidad del que se solicita no esté facultado para prestarla de acuerdo con lo previsto en su normativa específica y en ningún otro caso.

c) Podrá negarse cuando el organismo público no disponga de medios suficientes para ello o cuando, de hacerlo, causara un perjuicio grave a los intereses cuya tutela tiene encomendada o al cumplimiento de sus propias funciones o cuando la información solicitada tenga carácter confidencial o reservado.

d) No es necesario motivar la negativa a prestar la asistencia.

885. Deberán colaborar y auxiliarse para la ejecución de sus actos que hayan de realizarse o tengan efectos fuera de sus respectivos ámbitos territoriales:

a) La Administración General del Estado y las de las Comunidades Autónomas.

b) La Administración de las Comunidades Autónomas y las de las Entidades Locales.

c) La Administración General del Estado, las de las Comunidades Autónomas y las de las Entidades Locales.

d) La Administración General del Estado y las de las Entidades Locales.

886. El suministro de información, datos, documentos o medios probatorios que se hallen a disposición del organismo público o la entidad al que se dirige la solicitud y que la Administración solicitante precise disponer para el ejercicio de sus competencias:

a) Es una técnica a través de la que se deriva la obligación del deber de colaboración.

b) Es una técnica a través de la que se deriva la obligación del deber de coordinación.

c) Es una técnica a través de la que se deriva la obligación del deber de eficiencia.

d) Es una técnica a través de la que se deriva la obligación del deber de seguridad jurídica.

887. El desarrollo de la Plataforma Digital de Colaboración entre las Administraciones públicas como instrumento destinado a facilitar las relaciones y el soporte electrónico de los órganos integrantes del sistema de Conferencias Sectoriales y en general de los órganos de cooperación, así como de otras de plataformas comunes para el intercambio de datos en el ámbito de todas las Administraciones públicas:

a) Es una técnica a través de la que se deriva la obligación del deber de colaboración.

b) Es una técnica a través de la que se deriva la obligación del deber de coordinación.

c) Es una técnica a través de la que se deriva la obligación del deber de eficiencia.

d) Es una técnica a través de la que se deriva la obligación del deber de seguridad jurídica.

888. La creación y mantenimiento de sistemas integrados de información administrativa con el fin de disponer de datos actualizados, completos y permanentes referentes a los diferentes ámbitos de actividad administrativa en todo el territorio nacional:

a) Es una técnica a través de la que se deriva la obligación del deber de colaboración.

b) Es una técnica a través de la que se deriva la obligación del deber de coordinación.

c) Es una técnica a través de la que se deriva la obligación del deber de eficiencia.

d) Es una técnica a través de la que se deriva la obligación del deber de seguridad jurídica.

889. El deber de asistencia y auxilio, para atender las solicitudes formuladas por otras Administraciones para el mejor ejercicio de sus competencias, en especial cuando los efectos de su actividad administrativa se extiendan fuera de su ámbito territorial:

a) Es una técnica a través de la que se deriva la obligación del deber de colaboración.

b) Es una técnica a través de la que se deriva la obligación del deber de coordinación.

c) Es una técnica a través de la que se deriva la obligación del deber de eficiencia.

d) Es una técnica a través de la que se deriva la obligación del deber de seguridad jurídica.

890. Las Administraciones:

a) Cooperaran Cooperarán al servicio del interés general.

b) Cooperaran Cooperarán al servicio del interés particular.

c) Podrán acordar de manera voluntaria la forma de ejercer sus respectivas competencias que mejor sirva al principio de cooperación.

d) Son correctas las respuestas a) y c).

891. La formalización de relaciones de cooperación:

a) Requerirá la aceptación expresa de las partes, formulada en acuerdos de órganos de cooperación o en convenios.

b) No requerirá la aceptación expresa de las partes.

c) Requerirá la aceptación expresa o tácita de las partes.

d) Requerirá la aceptación expresa de las partes, pero no en convenios.

892. Se podrá dar cumplimiento al principio de cooperación de acuerdo con las técnicas que las Administraciones interesadas estimen más adecuadas. Una de las mismas es:

a) La participación en órganos de cooperación, con el fin de deliberar y, en su caso, acordar medidas en materias sobre las que tengan competencias diferentes Administraciones públicas.

b) La participación en órganos consultivos de otras Administraciones públicas.
c) La participación de una Administración pública en organismos públicos o entidades dependientes o vinculados a otra Administración diferente.
d) Todas las respuestas anteriores son correctas.

893. La cooperación se formaliza:

a) En resoluciones.
b) En convenios y acuerdos.
c) En órdenes.
d) En dictámenes.

894. Los órganos de cooperación:

a) Son siempre estatales.
b) Son siempre autonómicos.
c) Son órganos de composición multilateral o bilateral.
d) Son siempre bilaterales.

895. En relación con los órganos de cooperación:

a) Siempre tienen una composición multilateral.
b) Son de ámbito general.
c) Están constituidos por representantes de la Administración General del Estado, de las Administraciones de las Comunidades o Ciudades de Ceuta y Melilla.
d) No pueden ser constituidos por órganos de la administración local.

896. Los órganos de cooperación se regirán:

a) Solo por la normativa específica.
b) Únicamente por la Ley 40/2015.
c) Principalmente por la Ley 39/2015.
d) Por lo dispuesto en esta Ley y por las disposiciones específicas que les sean de aplicación.

897. Los órganos de cooperación entre distintas Administraciones públicas en los que participe la Administración General del Estado:

a) Se deben comunicar para que sean eficientes.
b) Deberán inscribirse en el Registro estatal de Órganos e Instrumentos de Cooperación.
c) Deberán inscribirse en el Registro Civil.
d) Deberán inscribirse en el Registro Mercantil.

898. La inscripción en el Registro estatal de Órganos e Instrumentos de Cooperación de la participación de la Administración General del Estado en órganos de cooperación:

a) Es informativa.
b) Es recomendable.
c) Es necesaria para que resulte válida su sesión constitutiva.
d) Es necesaria para su eficiencia.

899. Los órganos de cooperación podrán adoptar acuerdos a través de un procedimiento simplificado y por suscripción sucesiva de las partes, por cualquiera de las formas admitidas en Derecho:

a) Siempre y en todo caso.
b) Nunca.
c) Salvo oposición por alguna de las partes.
d) Solo de forma excepcional.

900. Es un órgano de cooperación multilateral entre el Gobierno de la Nación y los respectivos Gobiernos de las Comunidades Autónomas y está formada por el presidente del Gobierno, que la preside, y por los presidentes de las Comunidades Autónomas y de las Ciudades de Ceuta y Melilla:

a) La Conferencia de Presidentes.
b) El Congreso de Gobernantes.
c) La Conferencia Ministerial.
d) La Conferencia General.

Soluciones

801. c)	811. b)	821. b)	831. c)	841. b)	851. c)	861. a)	871. b)	881. b)	891. a)
802. b)	812. c)	822. b)	832. d)	842. c)	852. b)	862. b)	872. b)	882. c)	892. d)
803. a)	813. d)	823. a)	833. d)	843. d)	853. c)	863. c)	873. a)	883. d)	893. b)
804. a)	814. a)	824. b)	834. a)	844. c)	854. d)	864. a)	874. b)	884. c)	894. c)
805. d)	815. a)	825. d)	835. c)	845. c)	855. b)	865. b)	875. d)	885. c)	895. c)
806. c)	816. c)	826. b)	836. b)	846. c)	856. c)	866. b)	876. b)	886. a)	896. d)
807. b)	817. a)	827. d)	837. c)	847. c)	857. d)	867. a)	877. b)	887. a)	897. b)
808. b)	818. a)	828. c)	838. a)	848. c)	858. a)	868. b)	878. b)	888. a)	898. c)
809. a)	819. b)	829. d)	839. d)	849. d)	859. b)	869. c)	879. b)	889. a)	899. c)
810. a)	820. d)	830. c)	840. d)	850. c)	860. b)	870. d)	880. a)	890. d)	900. a)

901. La Conferencia de Presidentes:

a) Es un órgano de cooperación multilateral.
b) Es un órgano de cooperación bilateral.
c) Es un órgano de cooperación unilateral.
d) No es un órgano de cooperación.

902. La Conferencia de Presidentes:

a) Está formada por el presidente del Gobierno y los de las Comunidades Autónomas y de las Ciudades de Ceuta y Melilla.
b) Está formado por los presidentes de las Comunidades Autónomas.
c) Está formado por los presidentes de las Comunidades Autónomas y de las Ciudades de Ceuta y Melilla.
d) Está formada por el presidente del Gobierno y los de las Ciudades de Ceuta y Melilla.

903. Preside la Conferencia de Presidentes:

a) Cada medio año un presidente diferente, autonómico o del Estado.
b) El presidente del Gobierno.
c) Los presidentes de las Comunidades Autónomas.
d) Los presidentes de las Ciudades de Ceuta y Melilla.

904. Tiene por objeto la deliberación de asuntos y la adopción de acuerdos de interés para el Estado y las Comunidades Autónomas:

a) La Conferencia General.
b) La Conferencia Sectorial.
c) La Conferencia de Presidentes.
d) La Conferencia de Regiones.

905. Está asistida para la preparación de sus reuniones por un Comité preparatorio del que forman parte un ministro del Gobierno, que lo preside, y un Consejero de cada Comunidad Autónoma:

a) La Conferencia General.
b) La Conferencia Sectorial.
c) La Conferencia de Presidentes.
d) La Conferencia de Regiones.

906. Las Conferencias Sectoriales, u órganos sometidos a su régimen jurídico con otra denominación:

a) No es necesario que se inscriban en Registro alguno.
b) Habrán de inscribirse en el Registro Electrónico estatal de Órganos e Instrumentos de Cooperación para su válida constitución.

c) Habrán de inscribirse en el Registro Electrónico estatal de Órganos e Instrumentos de Cooperación para que desplieguen efectos.
d) No habrán de inscribirse en el Registro Electrónico estatal de Órganos e Instrumentos de Cooperación para su válida constitución.

907. Es un órgano de cooperación, de composición multilateral y ámbito sectorial determinado, que reúne, como presidente, al miembro del Gobierno que, en representación de la Administración General del Estado, resulte competente por razón de la materia, y a los correspondientes miembros de los Consejos de Gobierno, en representación de las Comunidades Autónomas y de las Ciudades de Ceuta y Melilla:

a) La Conferencia General.
b) La Conferencia Sectorial.
c) La Conferencia de Presidentes.
d) La Conferencia de Regiones.

908. La Conferencia Sectorial:

a) Es un órgano de cooperación multilateral.
b) Es un órgano de cooperación bilateral.
c) Es un órgano de cooperación unilateral.
d) No es un órgano de cooperación.

909. Forman parte de la Conferencia Sectorial:

a) El presidente del Gobierno.
b) El miembro del Gobierno que, en representación de la Administración General del Estado.
c) Los correspondientes miembros de los Consejos de Gobierno, en representación de las Comunidades Autónomas y de las Ciudades de Ceuta y Melilla.
d) Son correctas las respuestas b) y c).

910. El presidente de la Conferencia Sectorial es:

a) El presidente del Gobierno.
b) El miembro del Gobierno que, en representación de la Administración General del Estado, resulte competente por razón de la materia.
c) Va rotando la presidencia entre los presidentes de las Comunidades Autónomas.
d) No tiene presidente.

911. Cada Conferencia Sectorial dispondrá:

a) De una ley interna de organización.
b) De un reglamento de organización y funcionamiento interno aprobado por sus miembros.
c) De un reglamento de organización y funcionamiento interno aprobado por el Gobierno.
d) De un reglamento de organización y funcionamiento interno aprobado por las Comunidades Autónomas.

912. Las Conferencias Sectoriales pueden ejercer funciones:

a) Consultivas.
b) Decisorias.
c) De coordinación orientadas a alcanzar acuerdos sobre materias comunes.
d) Todas las respuestas anteriores son correctas.

913. Establecer planes específicos de cooperación entre Comunidades Autónomas en la materia sectorial correspondiente, procurando la supresión de duplicidades, y la consecución de una mejor eficiencia de los servicios públicos es una función de:

a) La Conferencia General.
b) La Conferencia Sectorial.
c) La Conferencia de Presidentes.
d) La Conferencia de Regiones.

914. Intercambiar información sobre las actuaciones programadas por las distintas Administraciones públicas, en ejercicio de sus competencias, y que puedan afectar a las otras Administraciones es una función de:

a) La Conferencia General.
b) La Conferencia Sectorial.
c) La Conferencia de Presidentes.
d) La Conferencia de Regiones.

915. Acordar la organización interna de la Conferencia Sectorial y de su método de trabajo es una función de:

a) La Conferencia General.
b) La Conferencia Sectorial.
c) La Conferencia de Presidentes.
d) La Conferencia de Regiones.

916. Acordar la convocatoria de las reuniones de la Conferencia Sectorial:

a) Corresponde al presidente del Gobierno.
b) Corresponde al ministro que la presida.
c) Corresponde al Consejo de Administración.
d) Corresponde a las Comunidades Autónomas.

917. El Presidente de la Conferencia Sectorial debe convocarla:

a) Al menos, una vez a la semana.
b) Al menos, una vez al mes.
c) Al menos, una vez al cuatrimestre.
d) Al menos, una vez al año.

918. El Presidente de la Conferencia Sectorial debe convocarla:

a) Siempre que algún miembro de lo pida.
b) Siempre que lo soliciten al menos una tercera parte de sus miembros.
c) Siempre que lo soliciten al menos la mitad de sus miembros.
d) Siempre que lo soliciten al menos dos terceras partes de sus miembros.

919. Cuando sean los miembros los que soliciten la convocatoria de la reunión de la Conferencia Sectorial:

a) Deberán solicitar permiso al Presidente del Gobierno.
b) Deberán solicitar permiso al ministro competente en la materia.
c) La solicitud deberá incluir la propuesta de orden del día.
d) La solicitud deberá incluir la firma de todos sus miembros.

920. La convocatoria de la Conferencia Sectorial:

a) Puede ir acompañada de los documentos relativos a la misma.
b) Puede contener el orden del día previsto para cada sesión.
c) En la misma no se pueden examinar asuntos que no figuren en el orden del día, salvo que todos los miembros de la Conferencia Sectorial manifiesten su conformidad.
d) Todas las respuestas anteriores son incorrectas.

921. El orden del día de cada reunión de la Conferencia Sectorial:

a) Será propuesto por el presidente.
b) Deberá especificar el carácter consultivo, decisorio o de coordinación de cada uno de los asuntos a tratar.
c) Será propuesto por cualquiera de los miembros.
d) Son correctas las respuestas a) y b).

922. Cuando la conferencia sectorial hubiera de reunirse con el objeto exclusivo de informar un proyecto normativo, la convocatoria:

a) Deberá realizarse de forma presencial.
b) Podrá efectuarse por medios electrónicos, telefónicos o audiovisuales, que garanticen la intercomunicación entre ellos y la unidad de acto.
c) No podrá efectuarse por videoconferencia.
d) Solo se puede realizar por teléfono.

923. Cuando la conferencia sectorial hubiera de reunirse con el objeto exclusivo de informar un proyecto normativo, la constitución:

a) Deberá realizarse de forma presencial.
b) Podrá efectuarse por medios electrónicos, telefónicos o audiovisuales, que garanticen la intercomunicación entre ellos y la unidad de acto.
c) No podrá efectuarse por videoconferencia.
d) Solo se puede realizar por teléfono.

924. Cuando la conferencia sectorial hubiera de reunirse con el objeto exclusivo de informar un proyecto normativo, la adopción de acuerdos:

a) Deberá realizarse de forma presencial.
b) Podrá efectuarse por medios electrónicos, telefónicos o audiovisuales, que garanticen la intercomunicación entre ellos y la unidad de acto.
c) No podrá efectuarse por correo electrónico.
d) Solo se puede realizar por teléfono.

925. La elaboración de las actas de las reuniones de las Conferencias Sectoriales:

a) Solo se pueden realizar en papel.
b) Solo se pueden realizar en documento público.
c) Pueden realizarse a través de medios electrónicos.
d) Pueden realizarse telefónicamente.

926. La remisión de las actas de las reuniones de las Conferencias Sectoriales:

a) Solo se pueden realizar en papel.
b) Solo se pueden realizar en documento público.
c) Pueden realizarse a través de medios electrónicos.
d) Pueden realizarse telefónicamente.

927. Cada Conferencia Sectorial tendrá:

a) Un secretario.
b) Dos secretarios.
c) Tres secretarios.
d) Cuatro secretarios.

928. El Secretario de la Conferencia Sectorial:

a) Se establece por la minoría de sus miembros.
b) Se establece por la mayoría simple de sus miembros.
c) Se establece por la mayoría absoluta de sus miembros.
d) Será designado por el Presidente de la Conferencia Sectorial.

929. Preparar las reuniones de la Conferencia Sectorial y asistir a ellas, es una función de:

a) El Secretario.
b) El presidente.
c) El miembro más antiguo.
d) El miembro de mayor edad.

930. El Secretario de la Conferencia Sectorial:

a) Solo prepara las reuniones de la misma.
b) Puede acudir a las reuniones con voz y con voto.
c) Puede acudir a las reuniones sin voz y sin voto.
d) Puede acudir a las reuniones sin voz y pero con voto.

931. Recibir los actos de comunicación de los miembros de la Conferencia Sectorial y, por tanto, las notificaciones, peticiones de datos, rectificaciones o cualquiera otra clase de escritos de los que deba tener conocimiento es una función de:

a) El Secretario.
b) El presidente.
c) El miembro más antiguo.
d) El miembro de mayor edad.

932. Redactar y autorizar las actas de las sesiones de la Conferencia Sectorial es una función de:

a) El Secretario.
b) El presidente.
c) El miembro más antiguo.
d) El miembro de mayor edad.

933. Expedir certificaciones de las consultas, recomendaciones y acuerdos aprobados y custodiar la documentación generada con motivo de la celebración de sus reuniones de la Conferencia Sectorial es una función de:

a) El Secretario.
b) El presidente.
c) El miembro más antiguo.
d) El miembro de mayor edad.

934. La adopción de decisiones de la Conferencia Sectorial:

a) Requerirá la previa votación de los miembros.
b) No requerirá la previa votación de los miembros.
c) Requerirá un acuerdo previo de los miembros.
d) Requerirá una decisión previa del presidente.

935. La votación para la adopción de decisiones de la Conferencia Sectorial:

a) Se producirá por la representación que cada Administración pública tenga y no por los distintos miembros de cada una de ellas.
b) Se producirá por la representación de los distintos miembros de cada una de las Administraciones.
c) Se producirá por la representación de las Comunidades Autónomas con más representación.
d) Todas las respuestas anteriores son incorrectas.

936. Las decisiones que adopte la Conferencia Sectorial podrán revestir la forma de:

a) Acuerdo.
b) Recomendación.
c) Son correctas las respuestas a) y b).
d) Cualquier forma.

937. En el ámbito de la Conferencia Sectorial, supone un compromiso de actuación en el ejercicio de las respectivas competencias:

a) El acuerdo.
b) La resolución.
c) La recomendación.
d) La orden.

938. En el ámbito de la Conferencia Sectorial, son de obligado cumplimiento y directamente exigibles:

a) El acuerdo.
b) La resolución.
c) La recomendación.
d) La orden.

939. En el ámbito de la Conferencia Sectorial, será certificado en acta:

a) El acuerdo.
b) La resolución.
c) La recomendación.
d) La orden.

940. En el ámbito de la Conferencia Sectorial, el acuerdo:

a) Siempre es de obligado cumplimiento.
b) Nunca es de obligado cumplimiento.
c) Es de obligado cumplimiento salvo para quienes hayan votado en contra mientras no decidan suscribirlos con posterioridad.
d) También es de obligado cumplimiento para quienes hayan votado en contra.

941. Cuando la Administración General del Estado ejerza funciones de coordinación, de acuerdo con el orden constitucional de distribución de competencias del ámbito material respectivo, el Acuerdo que se adopte en la Conferencia Sectorial, y en el que se incluirán los votos particulares que se hayan formulado:

a) Será de obligado cumplimiento para todas las Administraciones públicas integrantes de la Conferencia Sectorial, con independencia del sentido de su voto, siendo exigibles conforme a lo establecido en la Ley 29/1998, de 13 de julio.
b) No será de obligado cumplimiento para todas las Administraciones públicas integrantes de la Conferencia Sectorial, con independencia del sentido de su voto, siendo exigibles conforme a lo establecido en la Ley 29/1998, de 13 de julio.
c) Será de obligado cumplimiento para todas las Administraciones públicas integrantes de la Conferencia Sectorial, solo para los que hayan votado a favor.
d) Será de obligado cumplimiento solo para las Administraciones mayoritarias.

942. Las Conferencias Sectoriales:

a) Podrán adoptar planes conjuntos, de carácter multilateral, entre la Administración General del Estado y la de las Comunidades Autónomas, para comprometer actuaciones conjuntas para la consecución de los objetivos comunes, que tendrán la naturaleza de Acuerdo de la conferencia sectorial.
b) Adoptarán planes conjuntos que no se publicarán en el «Boletín Oficial del Estado».
c) Podrán adoptar planes conjuntos, de carácter bilateral, entre la Administración General del Estado y la de las Comunidades Autónomas, para comprometer actuaciones conjuntas para la consecución de los objetivos comunes, que tendrán la naturaleza de Acuerdo de la conferencia sectorial.
d) Podrán adoptar planes unitarios, de carácter multilateral, entre la Administración General del Estado y la de las Comunidades Autónomas, para comprometer actuaciones conjuntas para la consecución de los objetivos comunes, que tendrán la naturaleza de Acuerdo de la conferencia sectorial.

943. El acuerdo aprobatorio de los planes deberá especificar, según su naturaleza:

a) Los objetivos de interés común a cumplir.
b) Las actuaciones a desarrollar por cada Administración.
c) Las aportaciones de medios personales y materiales de cada Administración.
d) Todas las respuestas anteriores son correctas.

944. Tiene como finalidad expresar la opinión de la Conferencia Sectorial sobre un asunto que se somete a su consulta:

a) El acuerdo.
b) La resolución.
c) La recomendación.
d) La orden.

945. En relación con la recomendación:

a) Los miembros de la Conferencia Sectorial se comprometen a orientar su actuación en esa materia de conformidad con lo previsto, salvo quienes hayan votado en contra mientras no decidan suscribirla con posterioridad.
b) Los miembros de la Conferencia Sectorial se comprometen a orientar su actuación en esa materia de conformidad con lo previsto, en todo caso.
c) Los miembros de la Conferencia Sectorial no se comprometen a orientar su actuación en esa materia de conformidad con lo previsto.
d) Los miembros de la Conferencia Sectorial tratarán de orientar su actuación en esa materia de conformidad con lo previsto.

946. Si algún miembro se aparta de la Recomendación:

a) Deberá motivarlo e incorporar dicha justificación en el correspondiente expediente.
b) No es necesario justificarse.
c) Se debe justificar, pero de manera informal.
d) No es necesario incorporar la justificación al expediente.

947. Es el órgano de trabajo y apoyo de carácter general de la Conferencia Sectorial:

a) La Comisión General.
b) La Comisión Sectorial.
c) La Comisión Consultiva.
d) La Comisión Asesora.

948. La Comisión Sectorial:

a) Está constituida por el Secretario de Estado u órgano superior de la Administración General del Estado designado al efecto por el ministro correspondiente.
b) No forman parte de la misma los representantes de cada Comunidad Autónoma.
c) No forman parte de la misma los representantes de la Ciudad de Ceuta y de la Ciudad Melilla.
d) Está constituida por el presidente del Gobierno.

949. Presidirá la Comisión Sectorial:

a) El miembro de mayor edad.
b) El miembro más antiguo.
c) El presidente de la Conferencia Sectorial.
d) El Secretario de Estado u órgano superior de la Administración General del Estado designado al efecto por el ministro correspondiente.

950. El ejercicio de las funciones propias de la secretaría de la Comisión Sectorial corresponderá:

a) A un funcionario del ministerio correspondiente.
b) Al Secretario de la Conferencia Sectorial.
c) Al ministro correspondiente.
d) Al presidente del Gobierno.

951. La preparación de las reuniones de la Conferencia Sectorial, para lo que tratará los asuntos incluidos en el orden del día de la convocatoria es una función:

a) Del presidente del Gobierno.
b) Del presidente de la Conferencia Sectorial.
c) De la Comisión Sectorial.
d) De la Secretaria General.

952. El seguimiento de los acuerdos adoptados por la Conferencia Sectorial es una función:

a) Del presidente del Gobierno.
b) Del presidente de la Conferencia Sectorial.
c) De la Comisión Sectorial.
d) De la Secretaria General.

953. El seguimiento y evaluación de los Grupos de trabajo constituidos es una función:

a) Del ministro competente.
b) Del presidente de la Conferencia Sectorial.
c) De la Comisión Sectorial.
d) De la Secretaria General.

954. Las Conferencias Sectoriales:

a) No podrán crear Grupos de trabajo.
b) Podrán crear Grupos de trabajo.
c) Podrán crear Grupos de trabajo pero solo de carácter permanente.
d) Podrán crear Grupos de trabajo pero solo de carácter temporal.

955. Los Grupos de trabajo de las Conferencias Sectoriales:

a) Podrán ser de carácter permanente o temporal.
b) Podrán ser formados por Directores Generales, Subdirectores Generales o equivalentes de las diferentes Administraciones públicas que formen

parte de dicha Conferencia, para llevar a cabo las tareas técnicas que les asigne la Conferencia Sectorial o la Comisión Sectorial.

c) Podrán ser invitados expertos de reconocido prestigio en la materia a tratar.

d) Todas las respuestas anteriores son correctas.

956. El director del Grupo de trabajo:

a) Será un representante de la Administración General del Estado.

b) Será un representante del Gobierno.

c) Será un representante del Estado.

d) Será un representante de las Comunidades Autónomas.

957. El director del Grupo de trabajo de la Conferencia Sectorial, con el fin de recabar propuestas o formular consultas:

a) Podrá solicitar con el voto favorable de la mayoría de sus miembros, la participación en el mismo de las organizaciones representativas de intereses afectados.

b) Podrá solicitar con el voto favorable de la mitad de sus miembros, la participación en el mismo de las organizaciones representativas de intereses afectados.

c) Podrá solicitar con el voto favorable de un tercio de sus miembros, la participación en el mismo de las organizaciones representativas de intereses afectados.

d) Podrá solicitar con el voto favorable de un quinto de sus miembros, la participación en el mismo de las organizaciones representativas de intereses afectados.

958. Son órganos de cooperación de composición bilateral que reúnen, por un número igual de representantes, a miembros del Gobierno, en representación de la Administración General del Estado, y miembros del Consejo de Gobierno de la Comunidad Autónoma o representantes de la Ciudad de Ceuta o de la Ciudad de Melilla:

a) Las Comisiones Bilaterales de Cooperación.

b) Las Comisiones Multilaterales de Cooperación.

c) Las Comisiones Bilaterales de Información.

d) Las Comisiones Bilaterales de Consulta.

959. En la Comisiones Bilaterales de Cooperación:

a) Solo está representada la Administración General del Estado.

b) Solo están representadas la Administraciones autonómicas.

c) Están representadas la Administración General del Estado, la Comunidad Autónoma y la Ciudad de Ceuta o de la Ciudad de Melilla.

d) Hay mayoritariamente miembros del Gobierno Central.

960. Ejercen funciones de consulta y adopción de acuerdos que tengan por objeto la mejora de la coordinación entre las respectivas Administraciones en asuntos que afecten de forma singular a la Comunidad Autónoma, a la Ciudad de Ceuta o a la Ciudad de Melilla:

a) Las Comisiones Bilaterales de Cooperación.

b) Las Comisiones de Coordinación.

c) Las Comisiones Bilaterales de Información.

d) Las Comisiones Bilaterales de Consulta.

961. Para el desarrollo de su actividad, las Comisiones Bilaterales de Cooperación podrán:

a) Crear Grupos de trabajo.

b) Crear Equipos de trabajo.

c) Establecer proyectos.

d) Establecer líneas de trabajo.

962. Las decisiones adoptadas por las Comisiones Bilaterales de Cooperación revestirán la forma de:

a) Contratos.

b) Resoluciones.

c) Acuerdos.

d) Recomendaciones.

963. Los acuerdos de las Comisiones Bilaterales de Cooperación:

a) Pueden ser expresos o tácitos.

b) No serán de obligado cumplimiento.

c) Serán certificados en acta.

d) Siempre se tomarán al inicio de la reunión.

964. Cuando la proximidad territorial o la concurrencia de funciones administrativas así lo requiera, podrán crearse:

a) Comisiones Autonómicas.

b) Comisiones por materias.

c) Comisiones Territoriales de Coordinación.

d) Comisiones Territoriales de Información.

965. Las Comisiones Territoriales de Coordinación:

a) Son de composición multilateral, entre Administraciones cuyos territorios sean coincidentes o limítrofes.

b) Son de composición multilateral, entre Administraciones del Estado.

c) Son de composición bilateral, entre Administraciones del Estado.

d) Son de composición bilateral, entre Administraciones cuyos territorios sean coincidentes o limítrofes.

966. La finalidad de las Comisiones Territoriales de Coordinación es:

a) Mejorar la coordinación de la prestación de servicios.
b) Prevenir duplicidades.
c) Mejorar la eficiencia y calidad de los servicios.
d) Todas las respuestas anteriores son correctas.

967. Las decisiones adoptadas por las Comisiones Territoriales de Cooperación revestirán la forma de:

a) Contratos.
b) Resoluciones.
c) Acuerdos.
d) Recomendaciones.

968. Los acuerdos de las Comisiones Territoriales de Cooperación:

a) Pueden ser expresos o tácitos.
b) No serán de obligado cumplimiento.
c) Serán certificados en acta.
d) Siempre se tomarán al inicio de la reunión.

969. Los acuerdos de las Comisiones Territoriales de Cooperación:

a) Serán obligatorios para todos.
b) Serán de obligado cumplimiento para las Administraciones que lo suscriban.
c) Serán de obligado cumplimiento para las Administraciones que lo suscriban, pero no exigibles.
d) Serán de obligado cumplimiento para todas las Administraciones.

970. Acordar la convocatoria de las reuniones de las Comisiones Territoriales de Cooperación:

a) Corresponde al presidente del Gobierno.
b) Corresponde al ministro que la presida.
c) Corresponde al Consejo de Administración.
d) Corresponde a las Comunidades Autónomas.

971. El presidente de las Comisiones Territoriales de Cooperación debe convocarlas:

a) Al menos, una vez a la semana.
b) Al menos, una vez al mes.
c) Al menos, una vez al cuatrimestre.
d) Al menos, una vez al año.

972. El presidente de las Comisiones Territoriales de Cooperación debe convocarlas:

a) Siempre que algún miembro de lo pida.
b) Siempre que lo soliciten al menos una tercera parte de sus miembros.

c) Siempre que lo soliciten al menos la mitad de sus miembros.
d) Siempre que lo soliciten al menos dos terceras partes de sus miembros.

973. Cuando sean los miembros los que soliciten la convocatoria de la reunión de las Comisiones Territoriales de Cooperación:

a) Deberán solicitar permiso al presidente del Gobierno.
b) Deberán solicitar permiso al ministro competente en la materia.
c) La solicitud deberá incluir la propuesta de orden del día.
d) La solicitud deberá incluir la firma de todos sus miembros.

974. La convocatoria de las Comisiones Territoriales de Cooperación:

a) Puede ir acompañada de los documentos relativos a la misma.
b) Puede contener el orden del día previsto para cada sesión.
c) En la misma no se pueden examinar asuntos que no figuren en el orden del día, salvo que todos los miembros de la Conferencia Sectorial manifiesten su conformidad.
d) Todas las respuestas anteriores son incorrectas.

975. El orden del día de cada reunión de las Comisiones Territoriales de Cooperación:

a) Será propuesto por el presidente.
b) Deberá especificar el carácter consultivo, decisorio o de coordinación de cada uno de los asuntos a tratar.
c) Será propuesto por cualquiera de los miembros.
d) Son correctas las respuestas a) y b).

976. Cuando las Comisiones Territoriales de Cooperación de reunirse con el objeto exclusivo de informar un proyecto normativo, la convocatoria:

a) Deberá realizarse de forma presencial.
b) Podrá efectuarse por medios electrónicos, telefónicos o audiovisuales, que garanticen la intercomunicación entre ellos y la unidad de acto.
c) No podrá efectuarse por videoconferencia.
d) Solo se puede realizar por teléfono.

977. La elaboración de las actas de las reuniones de las Comisiones Territoriales de Cooperación:

a) Solo se pueden realizar en papel.
b) Solo se pueden realizar en documento público.
c) Pueden realizarse a través de medios electrónicos.
d) Pueden realizarse telefónicamente.

978. La remisión de las actas de las reuniones de las Comisiones Territoriales de Cooperación:

a) Solo se pueden realizar en papel.
b) Solo se pueden realizar en documento público.
c) Pueden realizarse a través de medios electrónicos.
d) Pueden realizarse telefónicamente.

979. El Secretario de las Comisiones Territoriales de Cooperación:

a) Solo prepara las reuniones de la misma.
b) Puede acudir a las reuniones con voz y con voto.
c) Puede acudir a las reuniones sin voz y sin voto.
d) Puede acudir a las reuniones sin voz y pero con voto.

980. Recibir los actos de comunicación de los miembros de las Comisiones Territoriales de Cooperación y, por tanto, las notificaciones, peticiones de datos, rectificaciones o cualquiera otra clase de escritos de los que deba tener conocimiento es una función de:

a) El secretario.
b) El presidente.
c) El miembro más antiguo.
d) El miembro de mayor edad.

981. Redactar y autorizar las actas de las sesiones de las Comisiones Territoriales de Cooperación es una función de:

a) El secretario.
b) El presidente.
c) El miembro más antiguo.
d) El miembro de mayor edad.

982. Expedir certificaciones de las consultas, recomendaciones y acuerdos aprobados y custodiar la documentación generada con motivo de la celebración de sus reuniones de las Comisiones Territoriales de Cooperación es una función de:

a) El secretario.
b) El presidente.
c) El miembro más antiguo.
d) El miembro de mayor edad.

983. Comprende el conjunto de criterios y recomendaciones en materia de seguridad, conservación y normalización de la información, de los formatos y de las aplicaciones que deberán ser tenidos en cuenta por las Administraciones públicas para la toma de decisiones tecnológicas que garanticen la interoperabilidad:

a) El Esquema Nacional de Interoperabilidad.
b) El Esquema Nacional de Interrelación.
c) El Esquema Nacional de Tecnológico.
d) El Esquema Nacional de Relaciones.

984. Tiene por objeto establecer la política de seguridad en la utilización de medios electrónicos en el ámbito de la presente ley, y está constituido por los principios básicos y requisitos mínimos que garanticen adecuadamente la seguridad de la información tratada:

a) El Esquema Nacional de Interoperabilidad.
b) El Esquema Nacional de Interrelación.
c) El Esquema Nacional de Tecnológico.
d) El Esquema Nacional de Relaciones.

985. Las Administraciones cedentes y cesionarias:

a) Harán las gestiones de forma gratuita.
b) Podrán acordar la repercusión del coste de adquisición o fabricación de las aplicaciones cedidas.
c) Deberán acordar la repercusión del coste de adquisición o fabricación de las aplicaciones cedidas.
d) No computan el coste de la gestión.

986. Cuando de ello se derive una mayor transparencia en el funcionamiento de la Administración pública o se fomente con ello la incorporación de los ciudadanos a la Sociedad de la información, las aplicaciones:

a) Serán declaradas de utilidad pública.
b) Serán declaradas de uso social.
c) Podrán ser declaradas como de fuentes abiertas.
d) Podrán ser declaradas como de fuentes flexibles.

987. Las Administraciones públicas, con carácter previo a la adquisición, desarrollo o al mantenimiento a lo largo de todo el ciclo de vida de una aplicación:

a) Deberán consultar en el directorio general de aplicaciones, dependiente de la Administración General del Estado, si existen soluciones disponibles para su reutilización, que puedan satisfacer total o parcialmente las necesidades, mejoras o actualizaciones que se pretenden cubrir, y siempre que los requisitos tecnológicos de interoperabilidad y seguridad así lo permitan.
b) Deberán consultar en el directorio general de aplicaciones, dependiente de la Administración General del Estado, si existen soluciones disponibles para su reutilización, que puedan satisfacer total o parcialmente las necesidades, mejoras o actualizaciones que se pretenden cubrir, y siempre que los requisitos tecnológicos de interoperabilidad y seguridad así lo permitan, solo cuando se realicen con medios propios.

c) Deberán consultar en el directorio general de aplicaciones, dependiente de la Administración General del Estado, si existen soluciones disponibles para su reutilización, que puedan satisfacer total o parcialmente las necesidades, mejoras o actualizaciones que se pretenden cubrir, y siempre que los requisitos tecnológicos de interoperabilidad y seguridad así lo permitan, solo cuando se deba proceder a la contratación de los servicios correspondientes.

d) Deberán consultar en el directorio general de aplicaciones, dependiente de la Administración Autonómica, si existen soluciones disponibles para su reutilización, que puedan satisfacer total o parcialmente las necesidades, mejoras o actualizaciones que se pretenden cubrir, y siempre que los requisitos tecnológicos de interoperabilidad y seguridad así lo permitan.

988. En el Directorio General de Aplicaciones:

a) Solo constan las disponibles de la Administración General del Estado.

b) Solo constan las disponibles de las Administraciones Autonómicas.

c) Constarán tanto las aplicaciones disponibles de la Administración General del Estado como las disponibles en los directorios integrados de aplicaciones del resto de Administraciones.

d) No constan las disponibles en las Administraciones locales.

989. En el caso de existir una solución disponible para su reutilización total o parcial de las aplicaciones en el Directorio General:

a) Las Administraciones públicas estarán obligadas a su uso, salvo que la decisión de no reutilizarla se justifique en términos de eficiencia.

b) Las Administraciones públicas estarán obligadas a su uso, en todo caso.

c) Las Administraciones públicas no estarán obligadas a su uso.

d) Las Administraciones públicas estarán obligadas a su uso, pero de forma excepcional.

990. Los directorios de aplicaciones:

a) Deberán ser plenamente interoperables con el directorio general de la Administración General del Estado, de modo que se garantice su compatibilidad informática e interconexión.

b) Deberán ser plenamente intercoordinados con el directorio general de la Administración General del Estado, de modo que se garantice su compatibilidad informática e interconexión.

c) Deberán ser plenamente interoperables con el directorio general de la Administración General del Estado, de modo que se garantice su compatibilidad técnica.

d) Todas las respuestas anteriores son incorrectas.

991. En la Comunidad Autónoma del País Vasco, a efectos de lo dispuesto en el artículo segundo, se entenderá por Administraciones públicas:

a) Las Diputaciones Forales y las Administraciones institucionales de ellas dependientes o vinculadas.

b) Las Diputaciones Provinciales.

c) Las Provincias.

d) Las ciudades.

992. En las Ciudades de Ceuta y Melilla:

a) No hay representación del Gobierno.

b) No hay representación de la Ciudad Autónoma.

c) Existirá un Delegado del Gobierno que representará al Gobierno de la Nación en su territorio.

d) Existirá un Diputado del Gobierno que representará al Gobierno de la Nación en su territorio.

993. Las disposiciones contenidas en la presente Ley que hagan referencia a los Delegados del Gobierno en las Comunidades Autónomas:

a) Se entienden cancelados.

b) Se entienden nulos.

c) Se deberán entender también referidas a los Delegados del Gobierno en las Ciudades de Ceuta y Melilla.

d) Se deberán entender también referidas a los Delegados del Gobierno en el Estado.

994. En las Ciudades de Ceuta y Melilla:

a) Existirá una Comisión de asistencia al Delegado del Gobierno.

b) La Comisión de asistencia al Delegado del Gobierno es presidida por el mismo.

c) La Comisión de asistencia al Delegado del Gobierno es integrada por el Secretario General y los responsables de los servicios territoriales.

d) Todas las respuestas anteriores son correctas.

995. Todas las entidades y organismos públicos que en el momento de la entrada en vigor de esta Ley tengan la condición de medio propio en el ámbito estatal deberán adaptarse a lo previsto en esta Ley en el plazo de:

a) Un mes a contar desde su entrada en vigor.

b) Tres meses a contar desde su entrada en vigor.

c) Seis meses a contar desde su entrada en vigor.

d) Un año a contar desde su entrada en vigor.

996. El registro electrónico de los órganos de cooperación:

a) Dependerá del Registro Central.
b) Será dependiente de la Secretaría de Estado de Administraciones Públicas.
c) Será dependiente del ministro competente en la materia.
d) Está en proceso de creación.

997. La creación, modificación o extinción de los órganos de cooperación, así como la suscripción, extinción, prórroga o modificación de cualquier convenio celebrado por la Administración General del Estado o alguno de sus organismos públicos o entidades vinculados o dependientes deberá ser comunicada por el órgano de esta que lo haya suscrito, en el plazo de:

a) Un día desde que ocurra el hecho inscribible.
b) Tres días desde que ocurra el hecho inscribible.
c) Cinco días desde que ocurra el hecho inscribible.
d) Diez días desde que ocurra el hecho inscribible.

998. Los Departamentos Ministeriales que ejerzan la Secretaría de los órganos de cooperación deberán comunicar al registro:

a) Antes del 10 de enero de cada año los órganos de cooperación que hayan extinguido.
b) Antes del 30 de enero de cada año los órganos de cooperación que hayan extinguido.

c) Antes del 30 de marzo de cada año los órganos de cooperación que hayan extinguido.
d) Antes del 30 de septiembre de cada año los órganos de cooperación que hayan extinguido.

999. El ministro de Hacienda y Administraciones Públicas elevará al Consejo de Ministros un informe sobre la actividad de los órganos de cooperación existentes, así como sobre los convenios vigentes a partir de los datos y análisis proporcionados por el Registro Electrónico estatal de Órganos e Instrumentos de Cooperación:

a) Mensualmente.
b) Trimestralmente.
c) Anualmente.
d) Quinquenalmente.

1000. Quedarán extinguidos los órganos de cooperación:

a) Que no se hayan reunido en un plazo de dos años desde su creación o en un plazo de dos años desde la entrada en vigor de esta ley.
b) Que no se hayan reunido en un plazo de tres años desde su creación o en un plazo de tres años desde la entrada en vigor de esta ley.
c) Que no se hayan reunido en un plazo de cuatro años desde su creación o en un plazo de cuatro años desde la entrada en vigor de esta ley.
d) Que no se hayan reunido en un plazo de cinco años desde su creación o en un plazo de cinco años desde la entrada en vigor de esta ley.

Soluciones

901. a)	**911.** b)	**921.** d)	**931.** a)	**941.** a)	**951.** c)	**961.** a)	**971.** d)	**981.** a)	**991.** a)
902. a)	**912.** c)	**922.** b)	**932.** a)	**942.** a)	**952.** c)	**962.** c)	**972.** b)	**982.** a)	**992.** c)
903. b)	**913.** b)	**923.** b)	**933.** a)	**943.** d)	**953.** c)	**963.** b)	**973.** c)	**983.** a)	**993.** c)
904. c)	**914.** b)	**924.** b)	**934.** a)	**944.** c)	**954.** b)	**964.** c)	**974.** c)	**984.** a)	**994.** d)
905. c)	**915.** b)	**925.** c)	**935.** a)	**945.** a)	**955.** d)	**965.** a)	**975.** d)	**985.** b)	**995.** c)
906. b)	**916.** b)	**926.** c)	**936.** c)	**946.** a)	**956.** a)	**966.** d)	**976.** b)	**986.** c)	**996.** b)
907. b)	**917.** d)	**927.** a)	**937.** a)	**947.** b)	**957.** a)	**967.** c)	**977.** c)	**987.** a)	**997.** c)
908. a)	**918.** b)	**928.** d)	**938.** a)	**948.** a)	**958.** a)	**968.** c)	**978.** c)	**988.** c)	**998.** b)
909. d)	**919.** c)	**929.** a)	**939.** a)	**949.** d)	**959.** c)	**969.** b)	**979.** d)	**989.** a)	**999.** c)
910. b)	**920.** c)	**930.** d)	**940.** c)	**950.** a)	**960.** a)	**970.** b)	**980.** a)	**990.** a)	**1000.** d)

Cómo acceder al Curso

Test para oposiciones sobre la Ley 40/2015, de 1 de octubre, de Régimen Jurídico del Sector Público (1.000 preguntas de examen)
30 días gratis 1.000 test online Ley 39/2015

El uso de los códigos **es exclusivo de los compradores de los productos de Editorial MAD**. Cada producto posee un código único y de un solo uso. Es personal e intransferible y da acceso a servicios y contenidos adicionales. Editorial MAD se reserva el derecho de hacer cuantas comprobaciones sean necesarias para identificar al legítimo poseedor del código y dejar de dar servicio a quien haga uso fraudulento del mismo, además de emprender cuantas acciones legales estime oportunas según la legislación vigente.

Deberás acceder a:

mad.es/registro-campus

Si una vez aceptadas las condiciones de uso del Campus decides hacer uso del mismo, necesitarás del siguiente código de acceso junto con los códigos del resto de títulos que se exigen (si fuera el caso):

JT7HFDBPRC